Viola Roggenkamp

Erika Mann

Eine jüdische Tochter

VIOLA ROGGENKAMP

Erika Mann

Eine jüdische Tochter

Über Erlesenes und Verleugnetes
in der Frauengenealogie
der Familie Mann-Pringsheim

Arche

Umschlag: Max Bartholl, Frankfurt am Main
Umschlagfoto: © Monacensia. Literaturarchiv und Bibliothek, München
Satz: Greiner & Reichel, Köln
Druck und Bindung: Clausen & Bosse, Leck
Printed in Germany
ISBN 3-7160-2344-2

Erika Mann, um 1930

Inhalt

Das Besondere

»Ich wußte auch nicht, daß meine Mutter aus einem jüdischen Haus stammte, später erzählte sie mir, daß sie es als Kind auch nicht gewußt habe.«
Golo Mann

Links: Erika Mann
Mitte (von li. nach re.): Monika,
Golo, Michael, Katia, Klaus, Elisabeth
und Erika Mann. München, um 1919
Rechts: Katia Mann

Worüber ich schreiben will, hätte Erika Mann nicht gefallen, und ihrer Mutter Katia Mann auch nicht. Ich will über das Jüdische in der Familie des deutschen Dichters Thomas Mann schreiben. Von seiner Seite kam es nicht. Es kam mit der Familie seiner Frau und ist von den Frauen verschwiegen und verleugnet worden. Wahrscheinlich fanden sie es besser so. Katia Mann war jüdisch, ihre Eltern waren Juden, und also waren durch sie auch ihre und Thomas Manns Kinder jüdisch. Doch sie waren alle getauft. Und sofort stellt sich die Frage: Darf ich dann von ihnen als jüdisch schreiben? Daß sie getauft war, wird für Erika Mann nichts Besonderes gewesen sein. Jedoch das Jüdische, das ihr mitgegeben war, verschwieg sie. War es ihr unwichtig? Oder heikel? War deutsch und jüdisch zu sein nicht richtig deutsch genug neben dem deutschen Dichter, ihrem Vater? Erika Mann hat Antisemitismus in ihrer Lebensspanne von so ziemlich allen Seiten beobachten können: nach dem Ersten Weltkrieg, in der Nazizeit, nach der Staatsgründung Israels. Sie wurde 1905 geboren und starb 1969. Das jüdische Thema, wann immer sie sich damit befaßte, als Kabarettistin, als Reporterin während des Zweiten Weltkriegs, als Berichterstatterin beim Nürnberger Kriegsverbrecherprozeß, sie hat es nie auf sich bezogen.

Unter deutschen Juden war es üblich, so zu tun, als sei jüdisch und deutsch zu sein kein Problem. Man wollte daran glauben, trotz stets gegenwärtigem Antisemitismus. Am besten redete man nicht darüber. Weder vor dem Kaiser noch unter dem Kaiser noch nach dem Kaiser. Als würde jüdisch zu sein erst dann zum Problem, wenn man darüber redete. Wozu also darüber reden? Während der Nazizeit wurde unentwegt über Juden geredet. Und danach wieder gar nicht. Nicht in der Bundesrepublik und nicht in der DDR.

Heute ist das anders. Sechzig Jahre nach der Vernichtung der europäischen Judenheit ist man in Deutschland darum bemüht, die nachgebliebenen Spuren jüdischen Lebens von einst zu konservieren, die Überreste aufzulesen. Die war Jüdin, der war Jude, und die auch, da war die Mutter jüdisch und da der Vater. Menschen, von denen man es nie angenommen hatte. Und warum nicht? Weil sie einem so deutsch vorkamen. Und nun also Erika Mann. Ist es nicht eine erfreuliche Entdeckung, daß die Kinder der »deutschen Windsors«, wie der Literaturkritiker Marcel Reich-Ranicki die Manns einmal genannt hat, daß also ausgerechnet die Töchter und Söhne von Thomas und Katia Mann jüdisch genannt werden dürfen? Man hätte es längst wissen können. Schon lange ist es auffindbar in den veröffentlichten Biographien, Briefwechseln, Tagebüchern der Manns und um die Manns herum. Es taucht auf, entgleitet wieder und geht verloren. Daß Heinrich Mann in erster Ehe mit einer Jüdin verheiratet war? Ja, das war immer etwas anderes. Erstens, weil es Heinrich und nicht Thomas war, und zweitens, weil Erikas Tante Mimi, Maria Mann-Kanová, aus dem Osten kam, eine Ostjüdin. Ostjuden waren für Westjuden schon immer jüdischer, und für Antisemiten auch.

Erika Mann war getauft, evangelisch, wie schon ihre Mutter und deren Mutter und deren Mutter. Nun gut, dann waren sie eben jüdisch und getauft. Das kommt vor, das gehört zur Geschichte der europäischen Judenheit im christlichen Abendland seit etwa zweitausend Jahren. Ein frommer Jude wird seine getaufte Tochter als gestorben betrauern, aber eben als eine gestorbene jüdische Tochter, nicht als eine Christin, und genauso seinen Sohn. Die Taufe soll das Jüdische auslöschen. Aber sie tut es nicht. Auch das belegt die Geschichte der Judenheit.

Für sie selbst und für alle, die über sie nachgedacht und geschrieben haben, ist Erika Mann ausschließlich die Tochter ihres Vaters, seine Kopfgeburt. Als Tochter ihrer Mutter scheint es sie nicht zu geben. Erika Mann war die Erstgeborene, und sie war sein »kühnes, herrliches Kind«, wie Thomas Mann sie in großer Bewegung nannte. Mit dieser Angleichung an das germanisch-wagnerische Vater-Tochter-Paar, Göttergott Wotan und Walküre Brünnhilde, hatte Erika Mann scheinbar keine Schwierigkeiten. Das Jüdische ihrer mütterlichen Familie kam für sie nicht in Betracht, sie machte keinen Gebrauch davon. Viel lieber sah sie in ihren dunklen Augen, in ihren dunklen Haaren und in ihrer vielseitig künstlerischen Begabung das Brasilianische der Urgroßmutter Maria da Silva, einer der väterlichen Familie verwandten, doch gänzlich unbekannt gebliebenen Urwaldschönheit, die jung verstarb, Thomas Manns Großmutter mütterlicherseits, auf die sich der Lübecker Enkel von der Ostsee gern berief, wenn es um seine Besonderheiten ging.

Daß sie in ihren Talenten Hedwig Dohm verbunden sein könnte, ihrer jüdischen Urgroßmutter mütterlicherseits, der Schriftstellerin, der Polemikerin und bekannten Feministin, oder ihrer jüdischen Großmutter Hedwig Pringsheim, geborene Dohm, der Mutter ihrer Mutter, der Schauspielerin und Feuilletonistin, viel eher diesen jüdischen Müttern als der fernen brasilianischen Unbekannten, das scheint der Tochter Katia Manns nicht eingefallen zu sein. Beheimatet war das Jüdische für Erika Mann im begehrten Gegenüber. Ihre beiden großen Lieben, die Schauspielerin Therese Giehse und der Dirigent Bruno Walter, waren Juden. Sie selbst bezog sich ins Jüdische nicht ein, rührte es nicht an, nicht für sich. Ihre Mutter verfügte darüber allein. Katia Mann, erzählte Erikas jüngste Schwester Elisabeth, sei »immer vollkommen rasend« geworden, wenn sie auf ihr Jüdischsein angesprochen wurde. »Unsinn! Alles Unsinn!«[1]

Typisch jüdisch, könnte man sagen. Trotz jüdischer Eltern und jüdischer Großeltern, trotz weitverzweigter jüdischer Verwandtschaft behauptete Katia Mann das Gegenteil. Gewiß, man war mütterlicherseits in der dritten Generation getauft, und zwar aus Überzeugung, nämlich aus der Überzeugung heraus, daß es für Juden so besser sei. Nicht aber Katia Manns Vater und dessen Familie; Alfred Pringsheim lehnte die Taufe ab. Der Mathematikprofessor, Frauenliebhaber und Liebhaber von Wagners Musik war zudem ein reicher Jude, reich geworden durch die Eisenbahninvestitionen seines Vaters in Schlesien. Bildung, Lebensart und Geld, viel Geld. Doch die Taufe nicht. Nicht die geschmeidige Unterwerfung. Hätte er die Taufe auch noch genommen, seine Neider hätten wenigstens sagen können, kein reiner Christ, bloß ein getaufter Jud. Alfred Pringsheims Lieblingskind war Katia, sie war die einzige Tochter neben vier Brüdern. Sie wäre lieber ein Junge geworden und hatte es schwer, sich mit ihrer Weiblichkeit abzufinden. An der konnte sie nichts ändern. Vom Jüdischen trennte sie sich entschieden ab und hatte mit dieser Abtrennung ihr Leben lang zu tun. Das Ringen der deutschen Judenheit um Anerkennung und Selbstbestimmung als deutsche Staatsbürger wurde in jüdischen Menschen wie Katia Mann zu einem Ringen mit dem eigenen Jüdischen.

Als Ehefrau von Thomas Mann und Mutter ihrer gemeinsamen Kinder scheint Katia Manns Verleugnung ideal zu passen. Darf es sein, daß eine jüdische Frau den großen deutschen Dichter Thomas Mann heiratete und daß ihre gemeinsamen Kinder immerhin doch als jüdische Deutsche bezeichnet werden können? Was war der Familie Mann das Jüdische wert? Was war es Katia Mann wert? Was ihrer erstgeborenen Tochter Erika? Und was ist es der deutschen

Außenwelt wert im Zusammenhang mit gerade dieser Familie? »Ich wußte auch nicht, daß meine Mutter aus einem jüdischen Haus stammte«, schreibt Golo Mann in seinen *Erinnerungen*, »später erzählte sie mir, daß sie es als Kind auch nicht gewußt habe.«[2] Da saß der alt gewordene Sohn vor seiner alten Mutter, und wie zwei uralte Kinder tauschten sie sich aus über das, was die Eltern verheimlicht und ihnen dadurch auch vorenthalten hatten: das eigene Jüdische, das Besondere, das Kostbare. Kostbar gerade auch nach 1945 im Gegenüber zu den anderen Deutschen, gerade nach der Schoa.

Verschwiegenem in der Familie geht etwas voraus, und das hinterläßt Spuren. Auf diesen Spuren kommt es von draußen wieder herein: Thomas Mann, der andere, der von außen kam, notierte über die junge Katia Pringsheim, die so gar keine Lust zeigte, ihn zu heiraten: »Dies fremdartige, gütige und doch egoistische, willenlos höfliche kleine Judenmädchen! Ich kann mir kaum noch denken, daß sie je das Ja über die Lippen bringen wird.«[3] Draußen wußte man davon. Und nach Erikas Geburt schrieb Thomas an seinen Bruder Heinrich: »Die Kleine, die auf Wunsch der Mutter Erika heißen soll, verspricht, sehr hübsch zu werden. Momentweise glaube ich, ein klein bischen Judenthum durchblicken zu sehen, was mich jedesmal sehr heiter stimmt.«[4] Übrigens fehlt dieser Brief in der dreibändigen Briefsammlung, die Erika Mann nach dem Tod ihres Vaters ediert und veröffentlicht hat. Gleichgültig war demnach auch ihr das Jüdischsein nicht, sondern wesentlich genug, daß sie diesen Brief des Vaters wegließ.[5] Ein Brief obendrein, in dem es überhaupt und ganz im besonderen um Jüdisches ging, nämlich um Thomas Manns Novelle *Wälsungenblut*, »eine Judengeschichte« nannte er sie, die ihm erheblichen Ärger mit Katias Vater einbringen sollte.

Die deutsche wie die jüdische Außenwelt wußte es immer, von München bis Lübeck sprach man darüber. Thomas Mann hatte die Jüdin Katia Pringsheim geheiratet. Es war bekannt und war Thema, da es kein Thema sein sollte, nicht in Verbindung mit ihm. Das war so im Februar 1905 bei seiner Einheirat in diese angesehene Familie – gerade vier Jahre zuvor war *Buddenbrooks* erschienen –, das war genauso siebzig Jahre später, als die 91jährige Katia Mann in Lübeck 1975 den Feierlichkeiten zu seinem 100. Geburtstag beiwohnte, in Begleitung ihrer Tochter Elisabeth sowie ihrer Söhne Golo und Michael. Lübeck feierte Thomas Mann wie nie zuvor. Als hätte es ein Zuvor niemals gegeben. Im Juni 1975 saß im Lübecker Stadttheater erste Reihe Mitte Frau Katia Mann, eingerahmt von Lübecks ersten Repräsentanten, die – wie sollte es auch anders sein – zuvor Nazis und Sozis gewesen waren. Die Sozis gab es noch immer, und Nazi war niemand gewesen. Zwischen ihnen bewegte sich die kleine alte Dame, mal gestützt von Elisabeth, mal von Golo, und souverän absolvierte sie heiter das mehrtägige Programm. Das Publikum wußte es nicht mehr so genau. War Katia Mann jüdisch? Halb? Viertel? Doch nicht etwa voll?

Im Machtbereich Hitler-Deutschlands bedrohte die rassistische Bruchrechnerei auch die Töchter und Söhne des Ehepaars Mann. Ab September 1935, nach der Verabschiedung der sogenannten Nürnberger Rassengesetze, mußte das jedem in der Familie klar sein. Indessen ging es im Exil scheinbar nur um Thomas Mann und um seine Manuskripte, die gerettet werden mußten. Ihn allein erklärte Katia Mann zu dem wahrhaft Verfolgten, dem von den Nazis Bedrohten. Und so übernahmen es später die Biographen, die Geschichtsschreiber seines deutschen Dichterlebens. Katia Manns Verleugnung ihres Jüdischseins schien in den Zeiten unberechenbarer Bedrohung richtig und notwendig zu sein. Sie und ihre Kinder waren darin gleichsam aufgehoben und geschützt. Die Thomas Mann-Geschichtsschreibung dagegen löschte das Jüdische der Familie aus.

Tatsächlich war auch Thomas Mann bedroht. Er war es zunächst durch eine Veröffentlichung: Sein Vortrag *Leiden und Größe Richard Wagners*[6] hatte in München viel Beifall gefunden und auf einmal eine enorme Hetzkampagne gegen ihn in Deutschland ausgelöst, an der sich obendrein engste Freunde der Familie beteiligten, »arische« Freunde. Das empörte und kränkte ihn. Nazi-Deutschland zu verlassen, dafür sah er eigentlich keinen Grund. Er war selbst ein Deutscher, dazu ein erfolgreicher Schriftsteller, er empfand und dachte national, und er hatte vor, sich als der deutsche Dichter gleich nach Goethe in die deutsche Literatur einzuschreiben. Seine Frau, ihre Eltern, ihre Brüder, Katia Manns gesamte Verwandtschaft war dem neuen deutschen Regime und seiner zahlreichen Anhängerschaft verhaßt, Familie Pringsheim-Dohm war jüdisch, mochte sich Katia Mann nun dagegenstemmen und es verleugnen oder nicht. »Und daß das heraufkam, unabwendbar«[7], war ihr schon vor 1933 und sowieso viel früher klar als ihrem Mann. Denn daß es heraufkommen konnte, lag an der Bereitschaft zum Antisemitismus, lag nicht an der Massenarbeitslosigkeit oder dem verlorenen Krieg, sondern an der dauerhaft vorhandenen Neigung, die Pleiten des Staates oder die eigenen Pleiten den Juden anzulasten – vom jüdischen Viehhändler bis zur jüdischen Weltherrschaft. Nicht irgendein Übermensch namens Hitler, dem ein deutsches Kulturvolk auf geheimnisvolle Weise erlag, sondern diese Willigkeit zum Judenhaß, die Übereinstimmung darin zwischen Volk und Führer, ließ das heraufkommen, unabwendbar.

Ob Thomas Mann die Gefahr für seine Frau deutlich war, die Gefahr für ihre gemeinsamen Kinder? Fühlte er sich elend unfrei, hinein- und hinübergezogen ins jüdisch Familiäre und dadurch auf einmal und gar nicht aus eigener Entscheidung eingebunden ins Antinationale? Ihre Erstgeborene, ihre Tochter Erika, hielt Katia Mann ihm und der Außenwelt entgegen als auch ihr kühnes Kind. Erika stritt mit herausfordernder Chuzpe öffentlich gegen Nazi-

Deutschland. Im Auftrag und als Gesandte der Mutter machte sie jedes neue Heim im Exil ausfindig und vermochte sich mit Leichtigkeit jeder Rolle anzupassen, weshalb sie womöglich nie bei sich selbst ankam. Erika Manns historisch größte Tat war nicht, wie es allgemein heißt, die Rettung seiner *Joseph*-Manuskripte aus dem von der Gestapo überwachten Münchner Haus, sondern daß sie den ganzen Mann, ihren Vater, zwang und mit ihrem Liebesentzug erpreßte, sich endlich und endgültig von Nazi-Deutschland abzuwenden. Er falle der Emigration in den Rücken, warf sie ihm vor. Ihr war wichtig, ihren Vater auf die richtige Seite zu bringen. Diese richtige Seite war lebens- und überlebenswichtig für die ganze Familie. Die nationalsozialistischen Rassengesetze waren schon in Kraft, und Thomas Mann träumte weiterhin davon, sich mit Hitler-Deutschland arrangieren zu können, als Ehemann einer jüdischen Frau und Vater jüdischer Kinder.

Mutter und Tochter waren mit ihm beschäftigt. Darin wirkten sie zusammen, ihn zu schützen, ihn zu stützen. Davor rückte in den Hintergrund, daß sie im Exil durch ihn geschützt waren. Für Thomas Mann und seine Familie öffnete jedes Land seine Grenzen, auch die Länder, die während der Nazizeit jüdische Emigranten nicht mehr einreisen ließen. »Ich wollte nur sagen: ich habe in meinem Leben nie tun können, was ich hätte tun wollen.«[8] So sagt Katia Mann am Ende ihrer *Ungeschriebenen Memoiren.* Eine ihre lebensgeschichtlichen Zusammenhänge umfassende Bemerkung. Ihre Tochter Erika tat in ihrem Leben so, als könnte sie sich alles erlauben. Sie erklärte am 1. Januar 1933 Deutschland und seinen Nazis ihren Gegenangriff und eröffnete in München, Wand an Wand mit Hitlers Stammlokal, dem Hofbräuhaus, ihr literarisches Kabarett *Die Pfeffermühle.* Wieder und wieder setzte sie sich in den folgenden zwölf Jahren der drohenden Verhaftung aus, und zwar mit Lust. Als sei sie allein sein Kind, ausschließlich des Zauberers besondere, unverwundbare Tochter. Und nichts anderes. Sie war auch jüdisch. Das kam nun von außen wieder herein. Nach der Nazirechnung war Erika Mann mit zwei jüdischen Großeltern und getauft ein sogenannter »Mischling ersten Grades«, halbjüdisch. Das muß sie gewußt haben, die Tochter ihrer Mutter, die Enkelin von Hedwig und Alfred Pringsheim, die Kennerin des Nazisystems und seiner Bedeutung für die deutsche Frau, das deutsche Kind, die deutsche Familie. Darüber informierte Erika Mann sich, davon berichtete sie auf ihren Vortragsreisen der amerikanischen Öffentlichkeit, eingeladen oft von jüdischen Organisationen.

Im Familieninnern der Pringsheims war das Jüdische überkommener Besitz von Zugehörigkeit gewesen und gleichermaßen Teil großbürgerlicher Lässigkeit, freundlicher Arroganz, blitzgescheiter Brillanz und schöner Gastfreundlichkeit. In der Zeit um die Wende des 19. zum 20. Jahrhundert hatte sich in Deutschland ein Westjudentum etabliert. Man fühlte sich der Moderne und der Emanzipation zugehörig, aber auch dem Jüdischen, einem liberalen Judentum, das sich mit Namen verbinden ließ, die Kultur, Wissenschaft, Kunst, Unternehmergeist und überhaupt Erfolg repräsentierten. Dem Ostjudentum aber, das als wahrhaft jüdisch galt, stand man ablehnend gegenüber. Damit war in der Vorstellung Armut verbunden, Ghetto, Primitivität, Unfreiheit und Pogromangst. Daß einen die anderen damit in Verbindung bringen konnten, war beklemmend, daß man in der eigenen Familie den Weg bis dorthin zurückverfolgen konnte, verdichtete die Ablehnung in einem selbst.

Alfred Pringsheims Familie kam aus dem Osten, die väterliche Familie seiner Frau ebenfalls. Im Straßenbild Münchens sah man immer mehr Juden von dort. Genauso in Berlin, Hamburg, Leipzig, Dresden und Frankfurt. Bis 1914 flohen zweieinhalb Millionen Juden vor den Pogromen in Rußland, Polen, Rumänien und Ungarn nach Westen, ihr Ziel war Amerika, einige blieben in Deutschland.

München baute 1887 – Katia Pringsheim war vier Jahre alt – eine neue Synagoge, denn die Gemeinde war erfreulich gewachsen. 3000 Juden aus dem Osten drängten sich im Viertel um den Gärtnerplatz.[9] Es gab bald viele kleine Bethäuser, jede jüdische Nationalität hatte ihr Schtiblach (Stübchen), denn man wollte zwar mit den eigenen Landsleuten zusammensein, nicht unbedingt aber mit allen anderen Juden Münchens. Man war jüdisch-traditionell einerseits, und andererseits fügte man sich rasch ein, wurde Schneider, Schuster, Kürschner oder Zigarrenmacher, wurde Kaufmann und stand im eigenen Laden. Die meisten jüdischen Geschäfte waren am Freitag bis mittags geöffnet und blieben am Samstag zum Schabbes geschlossen. Es gab im Münchner Stadtbild auch arme Schnorrer, und um den Gärtnerplatz sah man orthodoxe Juden im Kaftan durch die Straßen eilen. Die Pringsheim-Kinder werden in München Ostjuden gesehen haben. Undenkbar, unvorstellbar, daß zu denen ein Weg führte aus verwandter, tief verborgener Vorvergangenheit.

Bei Pringsheims zu Hause fehlten jüdische Rituale völlig, so ist anzunehmen, man zelebrierte Weihnachten als prachtvolles Familienfest. Ob einem um Ostern herum überhaupt noch Pessach einfiel? Immerhin hielten andere jüdische Familien, mit denen man befreundet war, die hohen Feiertage ein, genauso wie Alfred Pringsheim es noch aus seiner Kindheit kannte. Wo Reste von Jiddischem auftauchen mochten, einzelne Wörter, konnten sie von den Pringsheim-Kindern vermutlich nicht als jüdisch identifiziert werden, aber als etwas Familiäres und zwischen den Eltern Intimes. Katias Mutter, Hedwig Pringsheim, empfand sich dem Jüdischen zugehörig, wiewohl sie getauft war, Katias Vater blieb der Jüdischen Gemeinde verbunden. Für die Pringsheim-Geschwister, für Katia und ihre vier Brüder, wurde mit ihrem Heranwachsen in dieser Zeit das Jüdische zu dem, was sie auf gar keinen Fall sein wollten.

Vor seiner Hochzeit mit der 21jährigen Katia Pringsheim glaubte

Thomas Mann, seiner Mutter und Bruder Heinrich gegenüber irgendwie rechtfertigen zu müssen, daß er nun Schwiegersohn einer zwar schwerreichen und hochangesehenen, aber eben jüdischen Familie werden würde. »Kein Gedanke an Judenthum kommt auf, diesen Leuten gegenüber«, beteuerte er, »man spürt nichts als Kultur.«[10] Ihn mag das Jüdische sogar gereizt und angezogen haben, vielleicht vergleichbar der unerlaubten, der gesellschaftlich kriminalisierten Homosexualität. Die schlimme Verführung. Das verbotene Andere. Das Besondere.

Daß Katia Mann ihr Jüdischsein vehement ablehnte, muß für die Nachwelt kein Grund sein, es ebenfalls zu tun, und Thomas Mann hielt sich auch nicht daran. Im *Gesang vom Kindchen*, geschrieben 1919 nach seinen zähen deutschen *Betrachtungen eines Unpolitischen*, schwärmte er in metrisch-idyllischen Hexametern von den »elfenbeinernen Schultern« der »Prinzessin des Ostens«, die, »anders als die unserer Frauen, Schultern von Flötenspielerinnen, Schultern des Niltals« seien. Gemeint mit dieser anderen Frau war die jüdische Mutter seiner Kinder, die Besondere. Katia Mann fand seinen lyrischen Erguß »unangängig«[11], notierte ihr Ehemann ins Tagebuch. Er publizierte das epische Gedicht dennoch, sie verhinderte zwei Jahre später die Veröffentlichung seines Essays *Zur jüdischen Frage.*[12] Warum? Thomas Mann gab darin über das Jüdische in seiner Familie Auskunft. »Was verschlägt es«, schrieb ihr Ehemann, »daß meine Kinder nun auch noch einen goldnen Kuppel-Traum von Märchen-Osten und Morgenland im Blute hegen?« Jüdisch. Auf Wunsch seiner Frau zog er den Text 1921 zurück.

Katia Mann wollte wohl auf keinen Fall so gesehen werden, wie auf Juden gesehen wurde und wie auch ihr Ehemann, ob schwärmerisch oder verachtungsvoll, aus der für sich beanspruchten höheren Sphäre des christlich-deutschen Dichters über die Juden befand, nämlich »mit Herablassung und dem Hang, die Juden in minderwertige Positionen abzuschieben«[13]. Sie war eine Jüdin, die keine Jüdin sein wollte, und er, der berühmte deutsche Schriftsteller, war ihr Ehemann. Ein Dilemma, das sich ausgewirkt haben muß auf ihre drei Töchter und auf ihre drei Söhne. Erika Mann und ihre Geschwister sprachen von sich nicht als jüdisch, soweit bekannt ist. Ihre jüdische Abstammung indessen hätte sowohl jede zionistische Organisation als auch das heutige Israel völlig zufriedengestellt, und zweifellos waren sie während der Nazizeit als sogenannte »Halbjuden« bedroht von Verfolgung und Verhaftung, Erika und ihre Brüder Klaus und Golo auch unabhängig von ihrer politischen Widerständigkeit oder Homosexualität. Diese jüdische Zugehörigkeit wird in biographischen Darstellungen über die Familie Katia und Thomas Mann nicht thematisiert.

Über den jüdischen Schwiegervater des Dichters kommt kaum jemand hinaus. Alfred Pringsheim, Katias Vater, der kleine, kluge, steinreiche Jude, repräsentiert aus der Sicht deutscher Biographen das Jüdische in dieser Familie, und mit ihm lassen sie es untergehen. Er siezte seinen Schwiegersohn, er mochte ihn nicht leiden, er half ihm dennoch aus mancher Klemme, auch finanziell, vor allem seiner Tochter zuliebe.

Erst durch die beiden Katia Mann-Biographien[14] wurde die Jüdin Katia Pringsheim erkennbar, allerdings verliert sich in beiden Büchern ihr Jüdischsein, sobald Thomas Mann auftaucht. Ganz im Sinne von Katia Mann. Das immerhin dürfen sich die Biographen zugute halten, doch fehlt die Einfühlung in die sich als Jüdin verleugnende jüdische Frau an der Seite dieses Mannes. Die Biographinnen Kirsten Jüngling und Brigitte Roßbeck schreiben: »Und schließlich war Thomas Mann mit einer Jüdin verheiratet – was Katia nie sonderlich wichtig genommen hatte, würde sie bald interessieren müssen.«[15] Unvermittelt deutlich steht es plötzlich da: die Jüdin. In der Formulierung der Autorinnen wird die Jüdin zur Bedrohung für den deutschen Dichter. Mit ihr sei Thomas Mann »schließlich verheiratet« gewesen. Walter und Inge Jens, das Biographenehepaar, verlieren Katia Pringsheim als Jüdin aus den Augen, nachdem sie »Frau Thomas Mann« geworden ist. Jedoch über eine Reise nach Israel 1960 – Thomas Mann war fünf Jahre zuvor gestorben, Katia Mann und ihr Zwillingsbruder Klaus Pringsheim waren nach Jerusalem eingeladen – schreiben Jens und Jens in gerührtem Ton von Empfängen und Ehrungen für die beiden »alten Juden«[16]. Da war der große deutsche Dichter tot, und »Frau Thomas Mann« wird in diesem israelisch-jüdischen Umfeld ohne ihn auf einmal nur mehr »die alte Jüdin«. Schon gar nicht geht in der Literatur zur Familie Katia und Thomas Mann das Jüdischsein auf deren Töchter und Söhne über. Es geht statt dessen verloren. Wie endgültig.

Könnte man mir vorwerfen, ich machte Erika Mann jüdisch? Das hätte etwas Erschlagendes. Es machte das Jüdische zu etwas Unzumutbarem, in letzter Konsequenz sogar zum Todbringer – nicht den Antisemitismus. Als Argument hielte es die Opfer und die Überlebenden und schließlich auch ihre Nachkommen in dem System der Vernichtung fest.

Was ist mit den Gesetzen der jüdischen Orthodoxie? Unter Katia Manns Vorfahren mütterlicher- und väterlicherseits gibt es eine Urgroßmutter der mütterlichen Linie, die keine Jüdin war. Diese Frau hatte eine uneheliche Tochter, über deren Vater nicht mehr bekannt ist, als daß er Franzose gewesen sein soll. Ja, dann! Kann man die Frau von Thomas Mann dann noch jüdisch nennen? Und schon gar ihre Kinder? Muß man es dann nicht lassen? Kann man es, darf man es dann lassen? Heute rechnet man in Deutschland nicht mehr nach, wer sich Jude nennen muß, sondern, wer sich Jude nennen darf, und wieder scheint dahinter das Bedürfnis nach einer Ordnung aufzutauchen, die aussortieren soll und entlasten.

Über die Familie Mann-Pringsheim scheint schon alles erzählt und gesagt zu sein. Vieles liegt vor. Über Thomas Mann und seine Haltung zum Jüdischen ist ausführlich geschrieben worden, sowohl über seinen Philosemitismus als auch über seinen Antisemitismus. Daß aber das Jüdische in dieser Familie vorhanden war, wie es ignoriert wurde, obendrein in einer extrem antisemitischen Zeit und dazu noch in Beziehungen zu anderen jüdischen Freunden und jüdischen Geliebten, darüber läßt sich in deutscher Sprache so gut wie nichts finden.

Zwei Autoren haben sich den Mann-Kindern zugewandt. Irmela von der Lühe – sie ist Professorin für Neuere deutsche Literatur an der Freien Universität Berlin – hat 1993 die bislang umfangreichste und in ihren Betrachtungen aufschlußreichste Biographie über Erika Mann veröffentlicht. Und Heinrich Breloer verdanken wir letzte Gespräche mit Elisabeth Mann Borgese, der jüngsten Tochter, die 2002 im 84. Lebensjahr starb. Breloer wurde als Filmemacher und Dokumentarist für seine Fernsehserie *Die Manns – Ein Jahrhundertroman* vielfach ausgezeichnet.

Irmela von der Lühe hat den jüdischen Zusammenhang gemieden, könnte man sagen, oder er ist ihr abhanden gekommen. Sie hat in ihrer analysierenden Betrachtung der Erika Mann dazu jedenfalls keine Überlegungen angestellt. Warum nicht? Heinrich Breloer, in dessen Buch *Unterwegs zur Familie Mann* sämtliche Gespräche, die er für seinen Film führte, dokumentiert sind, hat mit Elisabeth Mann Borgese nicht über ihre jüdische Mutter gesprochen. Daß für die Nachwelt Thomas Mann im Zentrum der Familie steht, ist selbstverständlich. Daß aber – so könnte man sagen – ausgerechnet in dieser Familie die viel beschworene deutsch-jüdische Symbiose fortlebte, warum wird das nicht wahrgenommen?

Anders das Homosexuelle. Es ist von zentraler Bedeutung für die Erika Mann-Biographin Irmela von der Lühe, es hat seinen Platz bei

Heinrich Breloer, und es war innerhalb der Familie Mann ein offenes Thema. Man sprach über Erikas Liebhaberinnen und über die Liebhaber ihres Bruders Klaus, und überhaupt nicht tabu waren zwischen Eltern und Kindern die sehnsuchtsvoll homoerotischen Verliebtheiten des Vaters. Das Homosexuelle war nicht heimlich und nicht wirklich heikel. Es scheint nicht einmal besonders gewesen zu sein. Womöglich hatte es innerhalb der Familie Mann die Aufgabe, das Jüdische als das vermeintlich Bedrohliche zu verdecken.

Während der Nazizeit wurde Erika Mann in Deutschland und in den von Deutschland besetzten Ländern steckbrieflich verfolgt. Damals ist in deutschen Zeitungen die Tochter Thomas Manns, soweit mir aus der vorliegenden Literatur bekannt, nicht als sogenannte Halbjüdin oder sogenannter Mischling ersten Grades bezeichnet worden. Es gab in den Hetzartikeln Anspielungen auf das Jüdische, nie aber stand es eindeutig da. Niemals wurde etwa im *Stürmer* die Frau an der Seite Thomas Manns als »Rassejüdin« bezeichnet, die Katia Mann nach den Nazigesetzen war. Ganz offenbar wollte man sich den großen Thomas Mann durch seine angeheiratete jüdische Familie nicht verderben. Davon könnte bis heute in Deutschland etwas nachwirken. Denkbar ist es.

Als sich im Jahr 1966 ein amerikanischer Professor der Psychological Clinic, University of Michigan, namens George C. Rosenwald wegen seiner Arbeit *The Exile Theme in Thomas Mann* an Erika Mann wandte, mochte er nicht vermutet haben, mit dem Jüdischen etwas empfindlich Heikles anzusprechen. Der Professor glaubte, eine interessante Wiederholung entdeckt zu haben: Thomas Manns Vater habe eine Halbbrasilianerin geheiratet, sei eine »decadent marriage« eingegangen, und ob Thomas Mann …? Doch solche Überlegungen wußte Erika Mann scharf zurückzuweisen. Wie von ihrer Mutter gelernt. Im Hause Katia Manns war die jüdische Zugehörigkeit tabu, vor allem nach draußen. Anders als noch im Hause

Pringsheim wohnte dem Tabu eine neu hinzugekommene Schärfe inne, die aus der Nazizeit herrührte und über zwanzig Jahre nach dem Ende Nazi-Deutschlands nichts von ihrer Wirkung verloren hatte. Die Mutter habe gesagt, sie fühle sich nicht jüdisch[17], und damit hatte Katia ihren Kindern als der ihr nachfolgenden Generation den Riegel vorgeschoben. Das Besondere, das Andere blieben ihr Besitz, ihr alleiniges Erbe, das sie verwarf und gleichermaßen bewahrte, indem sie es gegenüber ihren Töchtern und Söhnen unter Verschluß hielt.

Keineswegs, schrieb Erika Mann dem jüdischen Professor, sei Thomas Mann »eine ›decadent marriage‹ eingegangen, indem er eine Fremdblütige (lies Halbjüdin) heiratete«[18]. Sie wußte ihre Worte zu setzen, und was Professor Rosenwald berührt hatte, mußte sie mit dem Naziwort »Halbjüdin« wegschlagen. Glaubte Erika Mann wirklich, ihre Mutter sei nach der Definition der Nazis höchstens Halbjüdin gewesen? Die Formulierung des Professors von der Halbbrasilianerin jedenfalls hatte es ihr leichtgemacht, das Wort zu wählen. Die Zugehörigkeit zum Jüdischen, ausschließlich benannt in der Sprache der Vernichtung, das war die von ihrer Mutter übernommene Verleugnung. Offenbar war es Erika Mann wichtig, in ihrem Brief an Professor Rosenwald sich selbst nicht ins Jüdische einzubeziehen, auch nicht dem anderen Juden gegenüber, der sich für das Jüdische in ihrer Familie interessierte. Sie wäre sichtbar geworden in dieser besonderen Zugehörigkeit als die Tochter ihrer Mutter. Eine bezeichnende Zugehörigkeit, kennzeichnend in der Außenwelt: jüdisch. Von dem großen deutschen Dichter, ihrem Vater, hätte sie das unterschieden, womöglich unaushaltbar für ihr Empfinden und unaushaltbar vor den Augen der Öffentlichkeit.

An Professor Rosenwald schrieb Erika Mann weiter: »Die Mann-Familie«, womit sie den christlichen Großvater in Lübeck meinte, sei »degeneriert gewesen, und die Zufuhr anderen, ›fremden‹ Blutes«, gemeint war das brasilianische, »ermöglichte die großen Talente der Söhne Heinrich und Thomas, während die Schwestern, Julia und Carla sich dennoch als lebensunfähig erwiesen. – Aber all dies führt viel zu weit, und ich kann mich nicht weiter darauf einlassen.« Nach ihrer schroffen Abfuhr gegenüber dem Jüdischen und nach der positiven Betonung des Brasilianischen als Quelle großer Begabungen, nur für Söhne allerdings, auch das ein heikles Thema im Leben dieser Tochter, folgten ein paar routinierte Freundlichkeiten und einige nachdenklich gewendete Formulierungen über »die objektive Wissenschaft«, die »fast immer zu anderen Resultaten kommt als die intime Kenntnis der Figur und des Lebens, die da behandelt werden. Wer hat recht? Vermutlich beide oder keiner.« Womit die Intimkennerin der mütterlichen Drohgebärde »Unsinn! Alles Unsinn!«, die Hüterin des jüdischen Tabus, die Falltür wieder hatte zuschlagen lassen.

Muß die Nachwelt dieses Tabu akzeptieren? Fühlt sie sich verpflichtet, nach dem spezifisch vernichtenden Antisemitismus der Nazizeit gerade daran nicht zu rühren? Will man die jüdischen Deutschen, die lieber keine Juden sein wollten, in diesem Gefühl respektieren? Solche Rücksichtnahme – und für wen eigentlich Rücksichtnahme? – verhindert das Nachdenken. Warum wollten Juden lieber keine Juden sein? Solange sie im Ghetto festgehalten wurden, selbstverständlich um dem Ghetto zu entkommen. Entkommen wollten Juden auch ihrer eigenen religiösen Orthodoxie, die wiederum für fromme Juden gerade im Ghetto die Autonomie gegenüber einer diskriminierenden Außenwelt darstellte. Waren sie Ghetto und Orthodoxie los, begegneten Juden draußen dem Antisemitismus und Jüdinnen zusätzlich noch der allgemeinen Diskriminierung der Frau.

Rahel Varnhagen-Levin, für die ihr Jüdischsein gleichermaßen Makel und Auszeichnung war, ließ sich taufen und war, wenn möglich, für ihre Umwelt und Nachwelt dadurch gezeichneter als zuvor. Für die deutsche Literaturwissenschaft war und ist Heinrich Heine ein Jude, obwohl getauft. Und Victor Klemperer, sogar zweimal getauft, ist durch seine inzwischen weltbekannten Tagebuchaufzeichnungen einer der bekanntesten deutschen Juden des 20. Jahrhunderts geworden. Dagegen wissen die wenigsten von Ludwig Börne, daß er vor seiner Taufe Juda Löw Baruch hieß.

Wer ist Jude? Für die Judenheit gab und gibt es auf diese einfache Frage keine einfache Antwort. Zu keiner Zeit konnte es darauf eine ausschließlich religiös fundierte Antwort geben, denn Religion ist nicht zu trennen von politischen Konflikten, und so erzählt bereits die Bibel von jüdischen Familien unterschiedlichster Herkunft. Ruth war eine der Stammütter der Judenheit und die Urgroßmutter von König David. Sie war keine Jüdin von Geburt. Und Joseph, der Sohn von Rachel und Jakob, heiratete die Ägypterin Asenat, keine Jüdin, sondern die Tochter des Priesters Poti-Phera, mit ihr hatte er zwei Söhne, Ephraim und Manasse, die ihrerseits wieder Väter jüdischer Nachkommen wurden. Halacha, das hebräische Wort für das Jüdische Gesetz, bedeutet: gehen, wandeln. Wohl mit der Zerstreuung kam man notwendigerweise überein, jüdisch ist, wessen Mutter Jüdin ist. Wo das Kind herauskommt; so sei es am sichersten. Denn Väterlichkeit ist keinesfalls so zuverlässig wie Mütterlichkeit.

»Es ist also ein Mädchen«, schrieb nach Erikas Geburt Thomas an Heinrich Mann, »eine Enttäuschung für mich, wie ich unter uns zugeben will, denn ich hatte mir sehr einen Sohn gewünscht und höre nicht auf, es zu thun.«[19] Katia Mann war mit dem Ergebnis ihrer ersten Schwangerschaft sehr unzufrieden. Sie wollte als Mädchen kein Mädchen sein und bekam als junge Frau sofort und als erstes ein Mädchen. »Ich war immer verärgert, wenn ich ein Mädchen bekam, warum, weiß ich nicht.«[20] Und obgleich ihr Mann »ein Mädchen für nichts Ernsthaftes hielt, war Erika immer sein Liebling;

und dann die Jüngste, Elisabeth. Die beiden Mädchen hatte er bei weitem am liebsten; sie standen ihm entschieden näher als die Söhne.« Ihre erstgeborene Tochter nannte Katia Mann nach ihrem Lieblingsbruder Erik, der Berufsoffizier hatte werden wollen und, obwohl getauft, wegen seiner »jüdischen Abstammung«[21], so die offizielle Begründung, abgelehnt wurde. Danach war er in seinem Leben schwer gescheitert und wurde von seinem Vater schließlich nach Argentinien verbannt, auf eine Farm. So weit weg? Und wieso dorthin? Warum nicht nach Palästina? Moritz Baron von Hirsch, ein gebürtiger Münchner, genannt »Türkenhirsch«, denn der türkische Staat hatte ihm eine Generalkonzession für Eisenbahnbauten in der ganzen Türkei ausgestellt, »Türkenhirsch« hatte in Argentinien riesige Ländereien angekauft. Er wollte Juden aus Rußland und Galizien eine neue Heimat schaffen, jüdische Ackerbaukolonien sollten entstehen, doch bis 1895 waren erst 3000 Juden dort eingetroffen. Der Gedanke, seinen Sohn Erik mit der vom Münchner »Türkenhirsch« gegründeten Jewish Colonization Association in Kontakt zu bringen, könnte für Alfred Pringsheim naheliegend gewesen sein, vielleicht näher als Palästina. Der Abschied war schmerzvoll. Katia sah ihren Bruder nie wieder. 1909 kam Erik Pringsheim in Argentinien unter mysteriösen Umständen zu Tode.

Erika Mann ist also nicht nur die besondere Tochter ihres Vaters gewesen. Sie war für ihre Mutter Trägerin eines besonderen Namens, der schon vor ihrer Geburt festgestanden hatte und dem nun ein kleines »a« angehängt werden mußte, um ihn für die Erstgeborene passend zu machen. Es gibt ein Foto, das Katia Manns Tochter in amerikanischer Offiziersuniform zeigt. Diesen militärischen Rang hatte Erika Mann inne, als sie im Pressetroß der US Army am D-Day teilnahm. Sie war dabei, als Paris und Brüssel befreit wurden, und sie reiste in amerikanischer Uniform über Aachen nach Deutschland ein. Erika Mann war im Offiziersrang, allerdings ohne

Befehlsgewalt. Doch nicht etwa wie Onkel Erik wegen »jüdischer Abstammung«, sondern als Frau. Nicht Antisemitismus, sondern Antifeminismus. Das Wort »Antifeminismus« gab es 1945 bereits, gab es schon längst. Hedwig Dohm, Erika Manns Urgroßmutter, gilt als die Wortschöpferin, sie veröffentlichte 1902 einen Essayband unter dem Titel *Die Antifeministen*[22], und sie hat das Wort von dem Begriff »Antisemiten« abgeleitet.

Alles ist vielschichtig und geht weit zurück. Vom Heimlichen und Unheimlichen soll die Rede sein, vom Erlesenen und Verleugneten entlang der jüdischen Frauengenealogie in der deutschen Dichterfamilie Katia und Thomas Mann, ausgehend von Hedwig Dohm, geborene Schlesinger, deren politisch-feministische Texte heute noch aktuell sind, über deren Tochter Hedwig Pringsheim, der Salondame und eloquent lästernden Briefeschreiberin, weiter zu deren Tochter Katia, der Thomas Mann-Managerin, bis hin zu Erika Mann, geboren am 9. November 1905 in München, einer vielfältig begabten Frau, einer Kämpferin. Mit ihr zerbrach etwas und hörte auf zu sein.

Die beliebte Juden-Frage

»Am Tag meiner Abreise mit Kati, um Miemchen
und die Rosenbergs zu besuchen,
bringen die Kinder wieder die beliebte Juden-Frage auf.«
Hedwig Pringsheim

Links: Hedwig Dohm
© Keystone
Mitte: Hedwig Pringsheim mit Katia
Rechts: Hedwig Pringsheim (Ausschnitt)
© Monacensia. Literaturarchiv
und Bibliothek, München

Hedwig Pringsheim, 34 Jahre alt, reiste mit ihrer sechsjährigen Tochter Katia im März 1890 von München nach Berlin. Man fuhr mit dem Zug. Die Reichstagswahlen hatten stattgefunden, und vom sicheren London aus meldete das *Organ der Sozialdemokratie deutscher Zunge* den Wahlsieg der SPD im Reich. Zum erstenmal war die judenfeindliche Antisemitische Volkspartei ins deutsche Parlament gewählt worden, und zwar mit vier Sitzen.

»Am Tag meiner Abreise mit Kati, um Miemchen und die Rosenbergs zu besuchen, bringen die Kinder wieder die beliebte Juden-Frage auf«[1], notierte Hedwig Pringsheim. Sie schrieb Tagebuch, sie führte über jedes ihrer fünf Kinder ein sogenanntes Kinderbüchlein, sie schrieb Feuilletons für Berliner Zeitungen, und wie andere schriftstellerisch begabte Frauen ihrer Zeit verwandte sie ihr Talent darauf, viele lange Briefe zu schreiben. In ihnen mischte sich in erzählender Form Politisches mit Persönlichem, eine Art privates Feuilleton, das zu schreiben später ihre Tochter Katia Mann ebenso gut beherrschte wie auch deren Tochter Erika. Ein- bis zweimal wöchentlich berichtete Hedwig Pringsheim ihrer Mutter nach Berlin seitenlang das Neueste aus der Münchner Gesellschaft. Von diesen unterhaltsamen Schilderungen ihrer Tochter machte wiederum Hedwig Dohm in ihren Romanen gern Gebrauch, denn sie war Schriftstellerin, und einige ihrer Bücher erschienen in dem renommierten Verlag von Samuel Fischer.

Die beliebte Juden-Frage ging nicht nur im Hause Pringsheim um. Sie war Thema auf der Straße, in Zeitungen und politischen Versammlungen, genaugenommen seit der Reichsgründung 1871, seitdem waren Juden im Deutschen Reich den christlichen Bürgern gleichgestellt. Doch konnten sich die Provinzen gleich wieder neue Einschränkungen für Juden einfallen lassen, was sie auch taten. Gleichberechtigter deutscher Staatsbürger war man eigentlich nicht als Jude geworden, sondern nur als der Jude, den die Deutschen für einen Deutschen halten konnten. Gelang das perfekt, war das typisch jüdisch. Vielleicht liegt hier eine der Wurzeln für den jüdischen Selbsthaß.

Man war deutsch und jüdisch und dazu sicherheitshalber noch getauft, und was man zur Kultur und zum wirtschaftlichen Aufschwung beitragen konnte, das tat man mehr als Deutscher denn als Jude, eben weil man Jude war. »Dieser fremde Stamm hat das deutsche Volk unterjocht und saugt sein Mark aus.« Das hatte in der viel gelesenen *Gartenlaube* gestanden. »Die soziale Frage ist im wesentlichen eine jüdische Frage, alles übrige ist nur Betrügerei.«[2] In dieser Tonart eine ganze Artikelserie. Den *Sieg des Judenthums über das Germanenthum* verkündete ein gewisser Wilhelm Marr[3], väterlicherseits selbst jüdisch. Auch das noch. Die Juden hätten »das Spiel gewonnen, die Gesellschaft ist verjudet«, ließ er vom schweizerischen Bern aus die Deutschen wissen. Solche jüdischen Meschuggenen, die sich mit ihrem Selbsthaß populär machten und den Antisemitismus nutzten, um in der breiten Masse für ihre politischen Ideen zu werben, gab es mehrere. Karl Marx setzte den Liberalismus, den er verachtete, öffentlich mit dem Judentum gleich und forderte »die Emanzipation der Gesellschaft vom Judentum«[4]. Anders, jedoch nicht weniger beunruhigend war Theodor Herzl. Bloß ein mäßiger Journalist, ein religiös sentimentaler Idealist, so mußte es jüdischen Familien wie den Pringsheims erscheinen, der allerdings mit seinem Gerede vom Judenstaat den Judengegnern die Arbeit abnahm. Endlich war Juden das Studium an deutschen Universitäten erlaubt, schon waren fast zehn Prozent der Berliner Studentenschaft Juden, in Wien und Prag sogar ein Drittel, und noch höher war dort der Anteil der Jüdinnen gemessen an der weiblichen Studentenschaft.

Diese Teilhabe an Bildung, Kultur, Wirtschaft, Wissenschaft, Politik, diese wunderbaren Möglichkeiten, das alles hatte für Juden gerade erst begonnen. Wurde das jetzt etwa von der eigenen Mischpoche, von Leuten wie Marx und Herzl wieder verspielt? Schon schlossen Studentenverbindungen in Deutschland und Österreich jüdische Mitglieder wieder aus, kaum daß einige eingetreten waren. Man erklärte für unehrenhaft, als deutscher Mann mit einem Juden die Säbel zu kreuzen, und so gründeten jüdische Studenten ihre eigenen Verbindungen mit Fahnen, Säbeln, Bierseidel und allem anderen teutonischen Brimborium. Schön war das auch nicht. In den Hörsälen Preußens predigte Heinrich von Treitschke, ein Vordenker Adolf Hitlers, die biologische Rechtmäßigkeit des antisemitischen Hasses: »Die Juden sind unser Unglück!« Antisemitische Hetze sei »eine brutale und gehässige, aber natürliche Reaktion des germanischen Volksgefühls gegen ein fremdes Element«[5].

Das geschah draußen. Drinnen bei Pringsheims in München beunruhigte die junge Mutter Hedwig die Unwissenheit der Kinder. Allein das Wort – »Jude«, »Jüdin«, »jüdisch« – und die damit verbundenen Fragen ihrer Kinder, das war wie ein Überfall, das warf einen sofort und nachhaltig auf das eigene Jüdischsein zurück. Was war das eigene Jüdische denn noch? Fromm und gesetzestreu im Sinne der Tora war man eigentlich gar nicht mehr. War es die Geschäftstüchtigkeit? Das Streben nach Bildung? Die Debattier- und Spottlust? Die internationalen Verbindungen dank der regelmäßig wiederkehrenden Pogrome? Der typisch jüdische Familiensinn? War es das Gefühl, das sich meldete, wenn andere das Wort sagten? Die einsetzende erhöhte Aufmerksamkeit innerlich und die nach außen gezeigte freundliche Gelassenheit? Oder war es etwa die Liebe zur deutschen Kultur? Wem lag denn die deutsche Kultur so sehr am Herzen? Doch den Juden.

Ihre Mutter, Hedwig Dohm, stritt für die Gleichberechtigung der Frau, für den »Sieg der Idee über Vorurteil, Tradition und Gewohnheit«[6]. Sie tat es als Frau, doch gerade als Jüdin wußte sie um die Macht von Vorurteil, Tradition und Gewohnheit. Hedwig Pringsheims Ehemann war ein leidenschaftlicher Vorkämpfer von Richard Wagners Musik, er hatte die meisten Opern und Musikdramen seines Lieblingskomponisten für zwei Klaviere transponiert. Mathematikprofessor Alfred Pringsheim war beliebt bei seinen Studenten, und seine wissenschaftlichen Veröffentlichungen waren bedeutend. Aber das alles machte ihn nicht zum ordentlichen Professor. Nicht sein Können war maßgebend. Gegen allen Sinn und Verstand verlangte die Münchner Universität, der Jude Alfred Pringsheim müsse sich vorher taufen lassen. Das hatte er abgelehnt.

Was nützte es einem, sich zu engagieren, weiterzukommen im Leben, wenn gerade das den Antisemiten Stoff gab? Erlebte man nicht auch Pleiten? Stritten nicht Juden am meisten gegen Juden? Wurde einem der Aufstieg innerhalb der Gesellschaft nicht doppelt schwergemacht? Mußte man nicht darum doppelt besser sein als die Gojim? Aber eben das war es ja, gerade das brachte sie immer wieder auf, die beliebte Juden-Frage.

Oft reiste Hedwig Pringsheim von München nach Berlin, dort war sie geboren und aufgewachsen, dort lebte ihre Verwandtschaft. Meistens reiste sie in Begleitung eines ihrer fünf Kinder, sie besuchte ihre Mutter und ihre verheirateten Schwestern sowie ihre Schwiegereltern Paula und Rudolf Pringsheim, sie ging mit Freunden ins Theater und war als Dame der Gesellschaft ein willkommener Gast in den großen Berliner Salons. Ihre Mutter, Hedwig Dohm, lebte dagegen zurückgezogen. Als Schriftstellerin wurde sie allgemein geschätzt, ihre Romane erschienen in großer Auflage, sie schrieb Lustspiele fürs Theater. Sie hatte Erfolg. Ihre Streitschriften zur Frauenfrage wurden gelesen, diskutiert und abgelehnt. Zu polemisch, zu scharf, zu bissig, warf man ihr vor.

Die Frauenfrage gab es nun auch, und sie betraf, was die Rechtslage und das gesellschaftliche Diktat anging, gleichermaßen Christinnen wie Jüdinnen. Frauen durften nicht wählen und konnten nicht gewählt werden, sie durften keine akademischen Berufe ergreifen, sie konnten überhaupt nur eingeschränkt berufstätig sein. Sie waren Hausangestellte, Kinderfräulein, Fabrikarbeiterin, Krankenpflegerin. Hatte eine Frau ein Kind, aber keinen Mann, wurde sie zu einer geächteten Person, blieb eine Frau ohne Kind und ohne Mann, galt sie mit spätestens Ende Zwanzig als alte Jungfer. Am gesellschaftlichen Leben teilnehmen konnte eine Frau nur als Gattin und war also darauf angewiesen, von einem Mann geheiratet zu werden. Was war mit denen, die unverheiratet blieben? Sollten sie ihren eigenen Familien zur Last fallen, geduldet, lediglich als Hilfe der Hausfrau?

»Die guten Hausfrauen nämlich«, schreibt Hedwig Dohm, »sind ausnahmslos fanatische Gegnerinnen der ›Frauenemancipation‹. Das heißt derjenigen Bestrebungen, die die geistige und materielle Selbständigkeit der Frau bezwecken. Sagt selbst, Ihr guten Frauen, ist es Liebe, die Euch die giftigen Pfeile gegen jene Emanzipation auf die Zungenspitze legt? Erzittert Euer Herz in schmerzlichem Mitleid, wenn Ihr Fräulein Schulz die Buchführung lernen seht? Füllen sich Eure Augen mit Tränen der Wehmut über Fräulein Schmidt, die in Zürich Medizin studiert? Gilt der schwermütige Ausdruck Eures Gesichts, wenn Frau Hirschfeld Euch einen Zahn auszieht, wirklich nur dem Kummer über das frevelhafte Beginnen dieses weiblichen Henkers? … Ihr schweigt und wendet Euch ab. Ihr habt keine Ursache, Euch zu schämen. Man hat Euch von jeher gelehrt: Ihr sollt keine anderen Interessen haben, als Euren Mann und Eure Kinder! Was geht Euch ein ganzes Geschlecht, was geht Euch die Menschheit an! … Gesteht es offen: diese Frauenbewegung affiziert nicht Euer Herz, sondern Eure Galle.«[7]

Seit Mitte des 19. Jahrhunderts formierte sich in England und Frankreich, allmählich auch in Preußen, Bayern und Hessen eine Frauenbewegung. Theologen, Philosophen, Mediziner, Psychologen, Politiker und Historiker veröffentlichten Abhandlungen gegen die Emanzipation der Frau, wie sie antisemitische Bücher gegen die Gleichberechtigung der Juden schrieben. Und mit diesen Männern legte sich Hedwig Dohm schriftlich an. Ihre erste Publikation trug den Titel *Was die Pastoren denken*[8]. Gegen Ende ihres Lebens schrieb sie: »Lange nachdem ich tot und verbrannt bin, wird meine Asche zu glühen anfangen, wenn die Portale des Reichstags sich für die Frauen öffnen.«[9]

Öffentlich trat Hedwig Dohm nicht auf, sie veröffentlichte, sie war keine Rednerin. Anders ihre Urenkelin Erika Mann, die ein Publikum brauchte, eine Bühne, und sich mit ihrem Kabarett *Die Pfeffermühle* selbst eine Bühne schuf. Beiden Frauen war die Leidenschaft gemeinsam, mit der sie für ihre Sache stritten und sich hingaben in ihrem Kampf. »Was geht Euch ein ganzes Geschlecht, was geht Euch die Menschheit an!« Das war 1873 Hedwig Dohms Stimme gewesen. 1933 forderte ihre Urenkelin Erika Mann: »Beteiligt euch, es geht um eure Erde!« In ihrer Rede über *Hitler: Eine Gefahr für den Weltfrieden* vor dem American Jewish Congress 1937 nahm sie, wie rund 60 Jahre zuvor ihre Urgroßmutter, Frauen besonders in den Blick, nämlich die fatale Neigung, sich als Diskriminierte ihren Unterdrückern in die Arme zu werfen. »Es würde zu weit führen, den Stellenwert und die Gefahren des Frauenwahlrechts zu erörtern«, sagte Hedwig Dohms Urenkelin unerhörterweise, doch wohlkalkuliert, denn in Deutschland hatten sich vier Jahre zuvor, 1933, bei den Reichstagswahlen Frauen mehrheitlich »für den gestutzten Schnurrbart, die Schaftstiefel und die haltlosen Versprechungen« entschieden.

»Schön war sie und reizend«, beschrieb Hedwig Pringsheim ihre Mutter, Hedwig Dohm. »Klein und zierlich von Gestalt, mit großen, grünlich-braunen Augen und schwarzen Haaren, die sie auf Jugendbildnissen noch in schlichten Scheiteln aufgesteckt trug, später aber abgeschnitten hatte, und die dann halblang und leicht gewellt ihr wunderbares Gesicht umrahmten. Wenn sie als alte Frau über die Straße ging, blieben die Leute stehen und sahen ihr nach, so fabelhaft sah sie mit ihrem durchgeistigten Gesicht und den großen Augen, die schon hinter die Welt zu blicken schienen, aus … Wann sie ihren Beruf als Schriftstellerin entdeckte, was sie ursprünglich antrieb, als Vorkämpferin für ihr Geschlecht die Feder zu ergreifen, weiß ich nicht so recht. Ihr Mann hat sie sicher nicht dazu animiert, sie aber auch nicht daran gehindert. Sie war … zart und gebrechlich, schüchtern und empfindsam, ängstlich, bei Lichte besehen sogar schrecklich feig. Wer sie nur aus ihren Kampfschriften kannte und ein Mannweib zu finden erwartete, wollte seinen Augen nicht trauen, wenn ihm dies holde, liebliche und zaghafte kleine Wesen entgegentrat.«[10]

Nach dem Tod ihres Mannes war Hedwig Dohm bei ihrer zweitältesten Tochter Else Rosenberg eingezogen. In der prachtvollen Rosenberg-Villa Tiergartenstraße 19, im vornehmen Berlin, bewohnte sie eine ausgebaute Mansarde. Sogar einen Fahrstuhl gab es. Hedwig Dohms Berliner Schwiegersohn, der Bankier Moses Hermann Rosenberg, war Mitbegründer und Direktor der Berliner Handelsgesellschaft, und der Fahrstuhl in seinem Haus, da Elektrizität noch nicht selbstverständlich war, mochte ein Transmissionsaufzug sein, indem es nun infolge der präzisen Kooperation von Transmissionswelle, Lastseil und Riemenscheibe Frauenrechtlerinnen durch seine Villa bis nach oben in die Dachwohnung seiner Schwiegermutter trug, sozialistische, kommunistische, jüdische, getaufte und nicht getaufte. Kräftiges Ziehen am Zugseil spannte den Riemen, hob die Scheibe an, drehte sie um, und der Stuhl mit einer, höchstens zwei Frauenrechtlerinnen darin, schob sich am Leitbaum hinauf. Ließ der Diener unten das Zugseil los, fiel die Scheibe zwischen zwei Bremsbacken, so daß der Aufzug in seiner Höhenlage verblieb. Wurde das Seil mäßig angezogen, löste sich dadurch die Scheibe aus ihrer Verklemmung, und der Stuhl sank langsam herab, um im Erdgeschoß die nächste feministische Dame aufzunehmen.

Alfred Pringsheim in München, Hedwig Dohms anderer Schwiegersohn, hatte im hinteren Garten seines neugebauten Stadtpalais ein kleines Elektrizitätswerk installieren lassen, wahrscheinlich das erste in der Stadt. Das prachtvolle Haus in der Arcisstraße 12 hatten er und seine Frau mit den fünf Kindern vor wenigen Monaten, im Herbst 1889, bezogen. Wie Alfred Pringsheim war Moses Hermann Rosenberg ein Jude, der das Entréebillet der Taufe für sich ablehnte und bewies, daß es auch ohne diesen Schein mit einem nach oben gehen konnte. Zu der Zeit kursierte folgender Witz in Berlin: Treffen sich zwei Juden, fragt der eine: »Warum ham Se sich denn katholisch taufen lassen?« Sagt der andere: »Ach, wissen Se, bei den Protestanten sind mir zu viele Juden.«

Ob »Frau Gugg (Guggenheimer) wirklich ein Jud sei, wie Herr Zimmerer (der Turnlehrer) behauptet, der da meint, alle auf Heimer oder Rosenblüt oder Mandelbaum seien Juden«[11]. So fragten zwischen Kofferpacken und letzten Anweisungen für das Hauspersonal die Pringsheim-Kinder in München ihre Mutter: Erik, elf Jahre alt, Peter, neun, Heinz, acht, sowie die gerade sechsjährigen Zwillinge Klaus und Katharina, genannt Kati, später Katia. Hedwig Pringsheim bestätigte es, ja, alle auf Heimer oder Rosenblüt und so fort seien Juden. Dem eigenen Namen Pringsheim kam das gefährlich nahe. Darauf der achtjährige Heinz: »Nein, das kannst du uns nicht einreden, denn ich kenn' die Juden ganz genau, die haben alle lange braune Nasen und ein spitzes Kinn, die Gugg ist kein Jud.« Hedwig Pringsheim knüpfte hieran, wie sie notierte, und übrigens nicht zum erstenmal, »eine längere Aufklärung über Juden, Toleranz und so weiter, schön«. Denn das waren ja doch bemerkenswert antisemitische Klischees, mit denen ihr Sohn aufwartete, dabei ganz offenbar in Unkenntnis über seine Eltern und sich selbst. Daß ihre Kinder »immer noch völlig ahnungslos« waren, machte sie besorgt, überraschen konnte es Hedwig Pringsheim nicht. Es lag an ihr, mehr als an ihrem Mann. Die Kinder waren evangelisch getauft wie die Mutter, darin hatte Alfred Pringsheim eingewilligt. Er war kein religiöser Mann, aber er war Jude. Seine Söhne waren unbeschnitten, im Gegensatz zu ihm. Auf einer nur schwer zu benennenden Ebene, man könnte sie als sprachlos bezeichnen, hielt sich der Vater als reiner Jude in seiner Familie verborgen, doch auffindbar, denn in seinen Körper war die Zugehörigkeit zum Judentum eingeschrieben.

Gleich am ersten Tag in Berlin, man saß gemütlich am Teetisch, kam bei Hedwig Dohm, wie Hedwig Pringsheim später notierte, kam also »bei Mummi das Gespräch auf das Gerücht einer Verlobung von Paula Pr. mit Hülsen. Kati sitzt scheinbar teilnahmslos zwischen den Müttern. Mummi meint: ›Ach, der nimmt sich kein Judenmädel!‹ Da richtet sich Kati vorwurfsvoll auf: ›Mütz hat gesagt, man darf die Juden nicht detestieren!‹ Mummi fragt nun, ob Vätz nicht auch ein Jude sei. ›Nein, denn da müßte Mütz auch eine Jüdin sein und ich auch, und daß ich keine Jüdin bin, das weiß ich gewiß.‹«[12] Man möchte lachen. Wie werden die beiden Mütter sich angesehen haben, Großmutter Hedwig Dohm und Mutter Hedwig Pringsheim? Wenn die Kleine wüßte, werden sie amüsiert und ein bißchen beschämt gedacht haben, und sie werden zu denken vermieden haben, wieso es die Kleine eigentlich nicht besser weiß. Die Situation scheint komisch und rührt an Empfindliches. Die beliebte Juden-Frage lag wieder einmal auf dem Tisch, diesmal zwischen Enkelin, Mutter und Großmutter.

Die beiden Frauen sprechen über eine »Paula Pr.«, vielleicht sogar eine verwandte Pringsheim. Hedwig Pringsheim erzählt ihrer Mutter von einem gewissen Hülsen, der sich möglicherweise mit Paula Pr. verloben werde. Die Bemerkung von Hedwig Dohm: »Ach, der nimmt sich kein Judenmädel!« heißt, Herr Hülsen hält sich für etwas Besseres. Fraglos schwangen in der Stimme von Hedwig Dohm Verachtung und Empörung mit, und zwar gegenüber diesem Mann, der Paula Pr. Hoffnungen machte und dabei nicht vorhatte, die Jüdin zur Frau zu nehmen.

Katia hockt »scheinbar teilnahmslos« zwischen den beiden Hedwigs, zwischen ihrer Mutter und deren Mutter. Wie in einem Dämmerzustand. Eine innere Entspanntheit, in der das Bewußte bequem durchhängt und das Unbewußte freieres Spiel hat. Man starrt vor sich hin, man denkt, wie es über diesen Zustand so schön heißt, an nichts Böses. Und auch das Unbewußte ist in sich nicht böse, es kennt überhaupt keine zivilen Werte. Auf einmal ist es einfach da und schlägt zu. In diesem dämmerigen Zustand bleibt das Ohr, das Hören, die einzige Verbindung nach draußen. Gehörtes dringt von außen ein, in die eigene Befindlichkeit, die bei einem sechsjährigen Mädchen schon viel bereithält, was sich aufreizen ließe und was normalerweise schützend verstellt ist, jetzt aber unbewacht bloßliegt, und das Empfindlichste reagiert als erstes. Katia hört das Wort und gehört wieder dazu: »Mütz hat gesagt, man darf die Juden nicht detestieren!« Nicht verabscheuen. Es ist die Ahnung, daß mit dem

Wort »Jude« etwas für die Mutter, für die Eltern verbunden zu sein scheint, was mit ihnen selbst zu tun hat. Jedesmal, wenn Katia und ihre Brüder darauf kommen, gibt es in letzter Zeit lange Gespräche und Debatten mit der Mutter, der es so wichtig ist, daß ihre Kinder nichts gegen die Juden sagen, wo doch alle Welt etwas gegen die Juden sagt. In der Schule hören es die Brüder und bringen es von dort mit und sagen es auch, die Juden seien diebisch, sie nähmen von anderen Geld und wollten selbst aber nichts bezahlen, und schön sähen sie auch nicht aus, eher häßlich wie Hexen, lange krumme Nasen hätten sie und ein spitzes Kinn.

Katia, notierte Hedwig Pringsheim, wiederholte, was sie und ihre Brüder noch am Vortag von ihr selbst, der Mütz, gesagt bekommen hatten. In ihrer Familie, davon geht die Kleine aus, ist niemand jüdisch, weder ihre Eltern noch ihre Großmutter, und wie zum Beweis dafür hat die Großmutter sich gerade eben scheinbar antisemitisch geäußert. Den Ausdruck antisemitisch kennt die Sechsjährige nicht, doch als antisemitisch, antijüdisch hatte sie die Bemerkung ihrer Großmutter empfunden, nämlich in dieser Weise: Ach, der nimmt sich kein Judenmädel! Der ist doch gescheit.

Außerdem mochte Katia die vermutlich schlechten Absichten des Herrn Hülsen auch als Mädchen empfunden haben. Der Mann macht der Paula Pr. nur was vor, und die hat sich auf ihn was eingebildet und ist jetzt die Dumme. Obwohl es Katia Pringsheim zu Hause an nichts mangelte und sie von ihren Eltern gefördert wurde wie die Brüder, hielt sich in ihr das Gefühl, sie wäre besser der Junge geworden und ihr Zwillingsbruder Klaus das Mädchen. Unbewußt verstört in ihrer Zugehörigkeit und darin wiederum empfindlich genau, sagt die vierjährige Katia einmal über sich mit Blick auf ihr zwillingsgleiches Bruder-Gegenüber: »Wo wir beide als Menschen gekommen sind, da hat man sich geirrt und gemeint, ich bin's Mädel, aber ich bin der Bub!« Ein irreparabler Irrtum für die kleine

Katia. Später wird sie ihren Kindern kleiderähnliche Kittel anziehen, unterschiedslos ob Tochter, ob Sohn; und bis auf Erika, die als kleines Mädchen zeitweilig lange Zöpfe trug, werden sie alle, Schwestern wie Brüder, bis weit in die Pubertät hinein die gleichen halblangen Ponyfrisuren tragen, den damals sogenannten Pagenkopf.

Der Herr Zimmerer, besagter Turnlehrer, der sich zu den Pringsheim-Kindern über Juden geäußert hatte, war Feldwebel des Münchner Kadettenkorps, kam zweimal wöchentlich und wußte gewiß, daß er in ein jüdisches Haus kam. Während des »Exerzierens«, wie er seine Turnstunden nannte, schnitt Klaus, Katias Zwillingsbruder, immer schlecht ab, mit dem Mädchen dagegen war der Turnlehrer sehr zufrieden. »Schaun S' die Kati an«, sagte er stets und schien es zu sagen, um den zarten Klaus zu demütigen, »die Kati, die ist zwar nur ein Mädel, aber …!« Für Katia konnte das kein Lob sein. Nur ein Mädel! In der Münchner Nachbarschaft nannte man die Geschwister »die fünf Pringsheimbuben«, wodurch der »zarte Klaus« eigentlich mehr Aufwertung erfuhr als die kräftige, temperamentvolle Katia, die sich Vorwürfe machte, sie habe ihrem Zwillingsbruder, ehe sie beide auf die Welt kamen, so viel fortgenommen, »ich Böse«.

Das Wort »Jude« jetzt noch in Verbindung mit »Mädel« hatte Katia an die Ermahnung ihrer Mutter erinnert. Was würde nun Miemchen dazu sagen? So wurde Hedwig Dohm von ihren Enkeln zärtlich genannt. Verabscheute Miemchen etwa die Juden? Und Miemchen sagte etwas völlig Unerwartetes, etwas für Katia ganz außerordentlich Erschreckendes. Ob Katias Vater, ob Vätz nicht auch ein Jude sei?

Das Ungeheuerliche tänzelt als Frage heran, es tut freundlich, bleibt aber unheimlich, obwohl es vom geliebten Miemchen kommt, die so viel weiß und Bücher schreibt. »Der erste Schriftsteller, den ich gekannt habe, war meine Großmutter Hedwig Dohm«[13], wird

Katia später als Ehefrau Thomas Manns sagen. Der Vater, ein Jude? Und die Mutter? Die Einheit des Elternpaars ist bedroht und in der Folge davon geradezu körperlich die Verbundenheit der Tochter mit den Eltern. Hedwig Pringsheim sitzt neben ihrer jüdischen Tochter Katia und schweigt. Sie weiß die Antwort, ihr Mann ist Jude, und sie selbst ist Jüdin, aber getauft.

Wie hatten Hedwig Pringsheims Eltern, Hedwig und Ernst Dohm, ihren vier Töchtern die familiäre Zugehörigkeit zum Jüdischen vermittelt? Eines läßt sich jedenfalls sagen: Drei der vier Töchter heirateten Juden. Anders offenbar als ihre Mutter Hedwig Dohm verleugnete dagegen Hedwig Pringsheim vor ihren Kindern das Jüdische. »Nein«, hatte Katia geantwortet, der Vater könne kein Jude sein, »denn da müßte Mütz auch eine Jüdin sein und ich auch, und daß ich keine Jüdin bin, das weiß ich gewiß.« Die Reihe der logischen Schlußfolgerungen baute sie um ihre Eltern und sich wie einen Schutzwall, und der ließ zumindest eines deutlich erkennen: Die Erklärungen der Mutter, die sich und ihren Mann vor den eigenen Kindern als Juden verborgen hielt, waren mit ihrer heimlichen Botschaft angekommen. Juden soll man zwar nicht verabscheuen, aber abscheulich wäre es für Katia, selbst jüdisch zu sein. Die Konfusion in der jüdischen Tochter, die jede Ahnung als bösen Verdacht abwehren mußte, konnte kaum größer sein.

Wie stellte sich das Jüdische zwischen Tochter Hedwig Pringsheim und Mutter Hedwig Dohm dar? Hedwig Pringsheims Vater, Ernst Dohm, kam zuverlässig aus jüdischer Familie, Hedwig Dohm nicht ganz. Ernst Dohms Geburtsname war Elias Levy, Sohn von David Marcus Levy und Rosalie, geborene Lichtenstädt. Vier Jahre vor seinem Tod trat Kaufmann Levy mit seiner Frau und seinem kleinen Sohn zum evangelischen Glauben über und nannte sich fortan Dohm. In dieser Namenswahl war etwas Jüdisches verborgen, ein Stück jüdischer Geschichte. Dohm nannten sich viele konvertierte Juden, nämlich nach Christian Wilhelm von Dohm, der mit Moses Mendelssohn befreundet gewesen war und der auf dessen Anregung 1781 eine Schrift veröffentlicht hatte mit dem hoffnungsschweren Titel *Über die bürgerliche Verbesserung der Juden*.

Aus dem achtjährigen Elias Levy wurde durch den Übertritt der Eltern ein beschnittener Ernst, der als junger Mann Philosophie und Theologie studierte, da er meinte, unbedingt Pastor werden zu sollen. Es wurde ihm bald deutlich, daß seine Begabung auf einem anderen Gebiet lag, er wurde Chefredakteur des politisch-satirischen Magazins *Kladderadatsch*. Diesen Mann zu heiraten war für Hedwig Dohm, geborene Schleh, eine Befreiung aus dem damals üblichen, trüb dumpfen Jungmädchendasein. Sie war zwölf Jahre jünger als er und bei ihrer Hochzeit etwas über einundzwanzig Jahre alt. Sie lernte durch ihn die *Kladderadatsch*-Redaktion kennen, gescheite, politisch interessierte Männer, Literaten, Journalisten, von deren Spottlust und Bildung, von deren schreiberischen Fähigkeiten sie profitierte, ihr kluger Kopf nahm alles gierig auf. Ernst Dohm konnte nicht mit Geld umgehen und spottete über die Unbildung seiner Frau, aber er war alles andere als ein Spießer, und das war schon viel wert für Hedwig und ihre vier Töchter, ein kleiner Sohn starb früh. Vieles von dem läßt sich aus Hedwig Dohms Romanen herauslesen, die sie schrieb, nachdem ihr Ehemann gestorben war. 1896 erschien *Sibilla Dalmar*, 1899 *Schicksal einer Seele* und 1902 *Christa Ruland*, alle im renommierten Verlag von Samuel Fischer, der 1901 auch *Buddenbrooks* herausgab.

Woher kam Hedwig Dohm, geborene Schleh? Eigentlich geborene Schlesinger. Auch an ihrem väterlicherseits jüdischen Nachnamen waren Veränderungen vorgenommen worden. In ihren *Erinnerungen* schreibt sie 1912: »Ob Mischrassigkeit günstig oder ungünstig auf ein Individuum oder eine Volkheit wirkt, darüber sind die Gelehrten noch nicht einig. Vielleicht nicht gleichgültig, daß ich drei Rassen entstamme. Mein Großvater mütterlicherseits war Franzose, meine Mutter Germanin, mein Vater semitischer Abstammung.«[14] Sie empfand ihre persönliche Mischung als günstig. Daß sie mit dem Großvater mütterlicherseits ihre Aufzählung begann, war sozusagen symptomatisch, denn eigentlich kannte niemand diesen Mann. Ihre »Germanin«-Mutter, Wilhelmine Henriette Jülich, war unehelich geboren, und deren Mutter, Tochter eines gediegenen, gojischen Bäckermeisterehepaars, behauptete, der flüchtige Vater sei ein Franzose gewesen, ob Jude oder Christ, ist nicht bekannt.

Unzweifelhaft nachweisbar jüdisch war Hedwig Dohm durch ihren Vater Gustav Adolph Gotthold Schlesinger.[15] Er war der Sohn von Liebermann Marcus Schlesinger und Rosette Nauen, beide aus Berlin. Als junger Mann von 19 Jahren trat Hedwig Dohms Vater der evangelischen Kirche bei. Seine Eltern waren gegen die Verbindung mit Wilhelmine Henriette Jülich, deren Mutter Christin war, was immer der verschwundene französische Vater noch gewesen sein mochte. Doch die jungen Leute liebten sich, und so wurden die ersten zehn der 18 Kinder unehelich geboren, auch Hedwig am 20. September 1831. Sie war das vierte Kind, die erste Tochter, und sie war ungeliebt von ihrer Mutter. Warum Hedwig Dohms Eltern so spät heirateten, ist nicht klar. Über das Verbot seiner jüdischen Eltern hätte sich Gustav Adolph Gotthold Schlesinger als konvertierter Jude hinwegsetzen können, tat es aber nicht, und auch nach dem Tod seines Vaters blieben Hedwig Dohms Eltern noch zwei Jahre unverheiratet.

Sehr wahrscheinlich war Hedwig Dohms Vater wie die Mehrheit der damals konvertierten Juden nicht aus Überzeugung Christ geworden, sondern gezwungenermaßen. Er hatte sich als junger Mensch von dem gesellschaftlichen Makel, Jude zu sein, befreien wollen. Wer aber aus der jüdischen Gemeinschaft austrat, mußte sich taufen lassen, mußte auf diese Weise dem Judentum abschwören und das Christentum als die allein gültige Religion anerkennen. Das verlangten Staat und Kirche. Ob aus dem Juden ein Protestant oder ein Katholik wurde, war dabei nicht so wichtig, und weil der Protestantismus als liberal, als modern galt, ließen sich die meisten Juden evangelisch taufen. Erst seit 1876 konnten zumindest in Preußen Juden ihre Glaubensgemeinschaft verlassen, ohne deshalb nach dem Gesetz katholisch oder evangelisch werden zu müssen.

»Nach rabbinischer Auffassung, nach der nur derjenige Jude ist, der von einer jüdischen Mutter geboren wurde, wäre Hedwig Dohm keine Jüdin; zudem war sie getauft«[16], heißt es in einem vom heutigen Moses Mendelssohn-Zentrum für europäisch-jüdische Studien herausgegebenen Buch über *Jüdinnen in der deutschen Frauenbewegung 1865–1919*. Gefragt wird darin, ob Hedwig Dohm »überhaupt mit Recht als Jüdin« bezeichnet werden könne. Und weiter heißt es: »Andererseits wurden unter dem Nationalsozialismus Hunderttausende nach den rassischen Kriterien der Nürnberger Gesetze verfolgt, die nach halachischer Lesart keine Juden waren. So gibt es heute Tendenzen im Judentum, Personen, die jüdischer Abstammung sind und sich dem jüdischen Schicksal verbunden fühlen, als Juden zu betrachten. Jüdische Bearbeiter biographischer Lexika lösen das Problem, indem sie die getauften und sogenannten ›Mischlinge‹ ebenfalls aufnehmen, da sie von antijüdischen Maßnahmen betroffen waren.«[17]

Heute fehlt Hedwig Dohm jedenfalls in keiner historischen Abhandlung über »die jüdische Frauenbewegung in Deutschland« oder über »Jüdinnen in der deutschen Frauenbewegung«, seien diese Bücher nun von deutschen Christinnen verfaßt oder von amerikanischen Jüdinnen. Anna Schleh, Hedwig Dohms zwei Jahre jüngere Schwester, war eine begabte Malerin, sie lebte und arbeitete in Rom, sie hat ihre Eltern porträtiert, und diese beiden Gemälde befinden sich im Mannschen Familienbesitz. »Die beiden Schlehs«, schreibt Golo Mann, »blicken drein, wie wohlhabende mit sich selbst zufriedene deutsche Juden der Biedermeierzeit, ungefähr so mögen die Eltern von Karl Marx ausgesehen haben.«[18]

Thomas Mann schrieb 1942 im amerikanischen Exil unter dem Titel *Little Grandma* über Hedwig Dohm: »Ihr Vater war ein Tabakimporteur gewesen, der die Tochter eines jüdischen oder halbjüdischen Musiklehrers geheiratet hatte – es war wohl dieser Einschlag von biblischem Wüstenblut, dem Little Grandma den Glanz ihrer Augen, das Außerordentliche ihrer Physiognomie verdankte.«[19] Vermutlich wird ihm das little Grandma's Enkelin Katia erzählt haben. Wäre also der unbekannte Franzose ein Jude gewesen, ein Musiklehrer obendrein? War die unehelich geborene Wilhelmine Henriette Jülich, die Mutter Hedwig Dohms, nun französisch-jüdisch-germanisch oder nur französisch-germanisch? Wir werden es nie erfahren. »Ich bin mit einem roten Mal auf der Stirn geboren, ob ein stern- oder kreuzartiges, darüber sind die Gelehrten nicht einig«[20], läßt die Schriftstellerin Hedwig Dohm ihre Protagonistin im Roman *Schicksal einer Seele* sagen.

Wollte man nach der rabbinischen Auffassung gehen, wäre Erika Mann, die Urenkelin von Hedwig Dohm, nicht eine jüdische Tochter zu nennen und würde Katia Mann mit ihrem aufgebrachten »Unsinn! Alles Unsinn!« vor jedem orthodoxen Rabbiner recht bekommen. Nun begann aber Mitte des 19. Jahrhunderts in Deutschland eine Entwicklung im Judentum, die von der Orthodoxie liberalisierend abrückte. Das dürfte die spätere Frau Thomas Mann überhaupt nicht interessiert haben, für die Judenheit allgemein indessen waren diese Schritte zur Angleichung an die moderne Gesellschaft von großer Bedeutung. Am 6. Mai 1872 war in Berlin die Hochschule für die Wissenschaft des Judentums eröffnet worden, Studierende waren ohne Unterschied des Glaubens, des Geschlechts und der Fakultät zugelassen. Diese Jüdische Hochschule wurde zum Zentrum der liberalen Judenheit Europas. Sie war in gewisser Weise ein Höhepunkt der jüdischen Emanzipation. Siebzig Jahre später wurde sie von den Nationalsozialisten 1942 geschlossen, Lehrer und Studierende wurden deportiert.

Nur sechzig Jahre nach der Gleichstellung der Juden konnten die Nazis 1935 ihre Rassengesetze in Deutschland einführen. Es erhob sich kein Protest in der Bevölkerung oder seitens der Kirchen. Hedwig Pringsheim, Katia Manns Mutter, galt danach mit einer auf jeden Fall halbjüdischen Mutter und einem volljüdischen Vater nicht als dreivierteljüdisch, den Begriff gab es gar nicht, sondern als »Rassejüdin«. Daß sie und ihre Eltern getauft waren, änderte daran nichts. Katia Mann war demnach noch jüdischer als ihre Großmutter und Mutter, obendrein war ihr Vater nicht getauft, auch sie wäre im Machtbereich der Nazis als »Geltungsjüdin« oder »Rassejüdin« eingestuft worden und ihre drei Töchter und drei Söhne als »Halbjuden« beziehungsweise »Mischlinge ersten Grades«.

Erika Manns Mutter war die Jüdin, die keine Jüdin sein wollte, schon gar nicht in diesen antisemitischen Zeiten, und sie selbst war »sein Kind«, Vaters Tochter. Wie konnte man Erika Mann mit der Juden-Frage kommen? Eben gar nicht. Erika Mann empfand sich als Münchnerin, liebte das Bayerische, das Land, die grob-herzliche Ausdrucksweise, die sie selbst bestens beherrschte, hin und wieder trug sie bayerische Hütchen und Lodenzeug. Sie war Schauspielerin geworden, sie stand bis 1933 einige Male auf großen Bühnen.

Zu den Juden stellte die Nazi-Presse Erika Mann, ohne sie jüdisch zu nennen. Wegen ihres politischen Engagements wurde sie als »Friedenshyäne« bezeichnet, doch nicht als jüdische, sondern als eine »plattfüßige«[21], und der *Völkische Beobachter* vom Mittwoch, dem 28. September 1932, schrieb in einer Theaterkritik: »Um dem im Parkett versammelten jüdischen Publikum zu gefallen, mußte man trotz ihres erwiesenen darstellerischen Unvermögens ... Erika Mann – gewissermaßen als Demonstration – herausstellen.«

Bevor die Juden-Frage Katia Mann und ihre Kinder in Nazi-Deutschland durch die Gestapo erreichen konnte, entschieden sie sich für das Exil. An der Seite ihres Mannes und mit ihren beiden jüngsten, noch unmündigen Kindern, Elisabeth und Michael, machte Katia Mann sozusagen eine Emigration erster Klasse. Im Gefolge des deutschen Dichters und Nobelpreisträgers galt es, das Jüdische unter Verschluß zu halten. Wie hätte das ausgesehen? Wie hätte er ausgesehen? Wie sah sie aus neben ihm? Eigentlich nicht besonders jüdisch. Sie wurde im Alter ihrem Vater immer ähnlicher. Als am 16. September 1935 die NS-Rassengesetze in Kraft traten, war Katia Mann 52 und Erika Mann noch nicht 30 Jahre alt. Sie lebten bereits seit zwei Jahren im Schweizer Exil. Ein Recht auf irgendein Recht gab es in Deutschland und in den von Deutschland nach und nach besetzten Ländern für jüdische Menschen nicht mehr.

Die Schweiz schien vielen die Rettung und war es doch nur begrenzt. »Zur Zeit der Herrschaft der Nationalsozialisten gab es das schlimme Wort, die Schweiz habe ihr ›Judenproblem‹ schon im Mittelalter ›gelöst‹. Bekanntlich duldete die Alte Eidgenossenschaft nach den Verfolgungen im 14. Jahrhundert mit wenigen Ausnahmen auf ihrem Boden keine Juden mehr.«[22] Im September 1938 empfahl die Schweizer Regierung den Nazibehörden die Einführung eines Judenstempels: ein großes J. Man wollte den arischen Touristen des inzwischen um die Tschechoslowakei und um Österreich größer gewordenen Deutschen Reiches unangenehme Überprüfungen ersparen. So geschah es.[23] Da aber waren Katia und Thomas Mann mit ihrer Tochter Elisabeth schon an Bord der *Nieuwe Amsterdam* auf dem Weg nach Amerika. Das rote J im Paß blieb Katia Mann erspart.

Zu Hause in Deutschland hatte man die Juden-Frage inzwischen geklärt. In München schloß man 1938 Professor Alfred Pringsheim aus der Bayerischen Akademie der Wissenschaften aus, weil er Jude war. In seinen Papieren hieß Katia Manns Vater seit dem 1. Januar 1939 Alfred Israel. Der sogenannte Zwangsname für Jüdinnen war Sara. Die Pässe hatte man ihnen weggenommen, der alte Pringsheim mußte von nun an eine sogenannte jüdische Kennkarte bei sich tragen. Für Hedwig Pringsheim galt gleiches, obwohl sie getauft war, denn »Jude ist«, hieß es in der ersten Verordnung zum Reichsbürgergesetz vom 14. November 1935, »wer von mindestens drei der Rasse nach volljüdischen Großeltern abstammt«[24]. Doch gelang es ihr – man weiß nicht, wie –, in ihren Papieren den Beinamen Sara nicht zu führen.

Wie in so vielen anderen jüdischen Familien auch mußte man sich nun voneinander trennen auf noch nicht absehbare Zeit. Die alten Pringsheims blieben in München, die Familie Mann verließ die Schweiz und Europa Richtung Amerika. Erika Mann war bereits drüben, sie war 1936 gegangen und ebnete den Eltern den Weg in die Neue Welt. Das Ehepaar Mann war 1934 schon einmal in New York gewesen, und bei der Ankunft, so erinnert sich Katia Mann in ihren *Ungeschriebenen Memoiren*, kamen »mit dem Lotsenboot eine Menge Journalisten an Bord. Es war ein großes Getöse. Wir waren ganz baff, und ich fragte: Was ist eigentlich? Denn daß Thomas Mann in der USA ein so bekannter oder berühmter Schriftsteller war, wußten wir nicht. Sie wollten Thomas Mann sehen.«[25] Und da war sie wieder, die beliebte Juden-Frage. Aber in einem völlig anderen Ton, als aus Deutschland gewohnt. Einer der amerikanischen Journalisten fragte etwas, er wandte sich an die munter auf englisch parlierende Ehefrau, die neben dem verlegen lächelnden deutschen Dichter stand. Herr Mann sei ja wohl Jude? Keine wirkliche Frage, man ging nahezu davon aus. Da kam ein berühmter Schriftsteller aus Deutschland, eingeladen nach New York von Alfred Knopf, dem größten jüdischen Verleger Amerikas. Was also sollte der deutsche Dichter anderes sein?

Und so erzählte Katia Mann Jahre später diese Episode: »Mr. Mann of course is hebrew? Ich sagte: Not a bit. Dann stand eine head-line über den Empfang in der Zeitung: Not a bit, says Frau Mann.«

Kein bißchen. Not a bit. Im Gegensatz zu ihr. Und hatte wohl der amerikanische Journalist nicht vielleicht doch *jewish* gesagt statt *hebrew*? Is he *jewish*? Aber *hebrew* hört sich dezenter an. Bloß nach Religion. Nicht nach jüdisch. Nicht wirklich nach jüdischem Sein.

Heimlich und unheimlich

»Das Unheimliche ist wirklich nichts Neues oder Fremdes,
sondern etwas dem Seelenleben von alters her Vertrautes,
das ihm nur durch den Prozeß
der Verdrängung entfremdet worden ist.«
Sigmund Freud

Erika und Klaus Mann,
Ende der 1920er Jahre

Erika Mann war eine jüdische Tochter durch die Geburt, sie war eine deutsche Tochter durch Geburt, und ausschließlich als Deutsche wird sie wahrgenommen, denn ihr Vater war Thomas Mann. Daneben verschwindet jede Mutter, sogar eine jüdische. Sie war sein Kind, Teil von ihm. So sahen es Vater und Tochter, so sah es die Mitwelt und sieht es die Nachwelt. Obwohl Erika Mann mit 28 Jahren ins Exil gehen mußte und nicht mehr nach Deutschland zurückkehrte, obwohl sie 1935 englische Staatsbürgerin wurde und es bis zu ihrem Tod 1969 blieb, ist sie für die deutsche Nachwelt dennoch eine Deutsche, da sie seine Tochter war.

Heute gilt Erika Mann Historikern, Journalisten, Literaturwissenschaftlern und der allgemeinen Öffentlichkeit, vor allem feministischen Frauen, als eine der wenigen mutigen Deutschen von damals. Dennoch ist hierzulande relativ unbekannt geblieben, was die Autorin Erika Mann schrieb und was die Kabarettistin Erika Mann zu sagen hatte. Ihre Vorträge, die sie in Amerika über Nazi-Deutschland hielt, ihre Aufrufe im damaligen Feindsender BBC an die »Deutschen Hörer« liegen vor, ebenso ihr Buch *Zehn Millionen Kinder* über die Erziehung im Dritten Reich.[1] Diese Veröffentlichungen werden in Deutschland so gut wie nicht wahrgenommen. Woran könnte das liegen? Es hat sich von dieser Frau ein Bild über die Generationen erhalten, das die Neugier nach ihren Publikationen zu dämpfen scheint. Zwar ist sie einerseits die mutige Widerstandskämpferin, doch andererseits nur die Tochter von ihm, dem großen Thomas Mann, nur die bei Bruder Klaus mitschreibende Schwester. Die mit ihm gemeinsam verfaßten Bücher[2] sind einigermaßen bekannt. Nicht aber gerade die Publikationen, die Erika Mann als Widerstandskämpferin zeigen. Man lobt heute ihren Widerstand, aber die Polemiken, die sie verfaßte, möchte man möglicherweise nicht so genau kennen. Denn Erika Mann hat Nazi-Deutschland leidenschaftlich gehaßt, und sie blieb mißtrauisch gegenüber den Deutschen, gegenüber dem bundesrepublikanischen Selbstmitleid nach dem verlorenen Krieg ebenso wie gegenüber dem sozialistischen Funktionärsgehabe der DDR.

Neben dieser leidenschaftlich hassenden Erika Mann gibt es eine geradezu unheimlich sentimentale Erika Mann, die Geschichten vom Dritten Reich schrieb, wie für ihren Vater erfunden, fern von seinem Deutschland im amerikanischen Exil, seine Idee bestätigend vom braven deutschen Mann und der guten deutschen Frau, über die unvermutet Nazi-Pöbel hergefallen war. Zehn Geschichten erschienen 1940 unter dem Titel *The Lights Go Down*. Es sind miteinander verbundene Episoden aus dem Leben einer kleinen süddeutschen Stadt, die 1938 von einem Amerikaner besucht wird, einem Universitätsstädtchen, in Bayern natürlich, denn Erika Mann war Münchnerin und liebte Bayern. Der amerikanische Besucher findet nichts anderes vor, als was er schon wußte: Die Deutschen wollen es so, sie sind zufrieden mit ihrem Hitler, und das mit den Juden – na ja. Wozu sich also einmischen? Erika Mann wollte aber, daß sich Amerika einmischte in den Krieg, und darum erfand sie Geschichten von Nazis, von Mitmachern und Tätern, in denen auf einmal die Menschlichkeit ausbricht.

Wie in Ergänzung zu ihrem unheimlichen Haß erschrieb sie sich eine kleine, heile Vaterstadt. Darin leben ahnungslos biedere, liebdumme Deutsche, charakterfest, redlich und engstirnig-aggressiv.

Alle zusammen leiden sie unter dem Druck und der Last des Naziregimes, das ihr Leben reglementiert und zerstört, was sie nicht zu sagen wagen, doch heimlich denken. Es gibt auch überzeugte Nazis, antisemitisch und dabei nicht einmal unsympathisch. Juden kommen in diesem bayerischen Städtchen meist gesprächsweise zwischen arischen Deutschen vor, leibhaftig aber so gut wie gar nicht, denn die meisten Juden, »in der Tat eine außerordentlich große Zahl«, haben in Erika Manns bayerischem Provinznest wunderbarerweise »Pässe und ausländische Visa«. Sie »näherten sich schon der Grenze des Nachbarlands«[3]. Gerettet, und das vor dem 9. November 1938. Ein Traum, dieses deutsche Universitätsstädtchen. Und so geht es dort zu: »Ich will nicht, daß man diese Leute auf die Straße setzt, auch wenn es Juden sind«, sagt Herr Pfaff, er sucht mit seiner kinderreichen Familie eine Wohnung. Für Marie, von ihr handelt die erste Geschichte[4], sind Juden »Untermenschen« und haben für Herrn Pfaff und seine arische Nachkommenschaft Platz zu machen. Doch im weiteren Verlauf gerät die arische Marie in Verdacht, abgetrieben zu haben, sie und ihr Freund Peter werden zu Verfolgten und begehen Selbstmord.

In der nächsten Erzählung[5] geht es um Hannes Schweiger, der aussieht »wie ein Südländer oder sogar wie ein Jude«. Man finde »diesen dunkelhäutigen Typ mit schwarzen Augen und langer, gekrümmter Nase häufig in unserem Kreis«, schreibt die Autorin, die es wissen muß, selbst schwarze Haare und schwarze Augen hat sowie eine starke Nase. Wiewohl der Held ihrer Geschichte »einen unanfechtbaren Abstammungsnachweis von arischen Ahnen seit dem Mittelalter vorlegen konnte«, was Erika Mann nicht konnte, gerät Hannes Schweiger in Konflikte. Seine Frau hat mit dem Blockwart ein Verhältnis, und weil er etwas zu verbergen hat, eine Kleinigkeit in seiner Buchhaltung, muß er diese Demütigung schlucken. Fast wie ein Jude.

Es folgt die Geschichte[6] einer halbjüdischen Sekretärin, die ihren ahnungslos in sie verliebten arischen Chef davor bewahrt, mit ihr Rassenschande zu begehen. Und so geht es weiter in Erika Manns Geschichten aus dem Dritten Reich, darin Leserinnen und Leser erfahren, daß »Hunderttausende an den Westwall geschickt« wurden zu »einfachen Erdarbeiten«. Nicht etwa Juden. Auch keine Zwangsarbeiter aus der Tschechoslowakei oder Polen. Gute Deutsche. »Diese Deportationen fanden nun geheim und im Schutz der Nacht statt«, heißt es bei Erika Mann.

Aus heutiger Sicht ein peinlich verharmlosendes und phasenweise triviales Buch. Erika Mann war eine pädagogisch denkende Polemikerin. Sie schrieb sich ihre Personen gut und formte sie zu menschlichen Vorbildern. Sozusagen rang sie mit Hitler um ihre und um seine Deutschen, um die Deutschen ihres Vaters. Für diesen Erzählband recherchierte sie sorgsam, »zu welchem Behufe ich immerzu einen großen Koffer voll von Nazi-Zeitungen aus- und einpacken mußte«[7]. Seit März 1933 feierte die deutsche Presse das sich aufblähende Dritte Reich und seine Errungenschaften. Nahezu täglich war in den Nazi-Blättern, die Erika Mann mit sich führte, über das arische Getöse zu lesen, von der Kriegslust und vom »gesunden Volkszorn« gegen die Juden. Vereine und Berufsverbände verfaßten »Arierparagraphen«: Apotheker, Kegelbrüder, Fußballspieler, Philatelisten, Schützen. »Für Juden verboten« waren Kinos, Sportplätze, Theater, öffentliche Badeanstalten. In Gasthöfen, Hotels, Bars hieß es: »Juden unerwünscht.« An Zufahrtsstraßen zu Dörfern und Kleinstädten standen Hinweisschilder: »Juden betreten den Ort auf eigene Gefahr«, oder: »Dieses Dorf ist judenrein und will es bleiben.« Bis Mitte 1935 hatte etwa ein Viertel aller jüdischen Geschäftsleute aufgeben müssen, kleine und große Unternehmer, Ärzte und Rechtsanwälte, Altwarenhändler, Schuster, Schneider, Orchestermusiker, Bäcker, Buchhändler. »Spontaner Volkszorn«

traf »arische Deutsche«, die mit einer Jüdin oder einem Juden eine Liebesbeziehung hatten. Mütter und Väter klagten in Leserbriefen an Zeitungen darüber, daß ihre arischen Sprößlinge in der Schule mit jüdischen Kindern zusammen lernen müßten. Forderungen von überall her aus dem Reich nach schärferen Gesetzen gegen die Juden trafen täglich bei den Nazibehörden ein. Im Juli 1935 versprach Innenminister Frick ein Gesetz gegen Mischehen.

Deutsche Zeitungen waren in Amerika nach wie vor zu bekommen. Es gab weiterhin diplomatische Beziehungen zu Hitler-Deutschland, und die Gestapo hatte ihr Büro im Deutschen Konsulat in Washington, schnüffelte ungestört hinter Erika Mann her und meldete alles nach Berlin und den Kollegen vom FBI. Obwohl ihr vieles klar war, hielt die Autorin Erika Mann in ihren Erzählungen für *The Lights Go Down* an ihrem trivial verschwimmenden Ton fest, wohl auch in der Hoffnung, es sei doch nicht ganz so schlimm mit dem Antisemitismus in Deutschland und mit den Deutschen in ihrem arischen Glück. Dagegen fragte sich angesichts des deutschen Jubels ihr Zeitgenosse und großer Kollege Kurt Tucholsky am 12. Juli 1933 in einem Brief an Walter Hasenclever: »Ist das eine Verirrung, oder haben die Leute heimgefunden?«[8]

Veröffentlicht wurde *The Lights Go Down. Middletown – Nazi Version* 1940 gleichzeitig bei Farrar & Rinehart, New York, und Secker & Warburg, London. Ihr deutscher Untertitel hieß: *Wahre Geschichten aus dem Dritten Reich.*[9] Erika Mann wollte Amerika und England davon überzeugen, daß es sich lohnte, für dieses deutsche Kulturvolk gegen Hitler in den Krieg zu ziehen. Sie war für diesen Krieg, sie hätte ihn gern früher gehabt, bevor die Tschechoslowakei, bevor Polen von Deutschland überfallen worden waren. Das war bei Veröffentlichung ihres Buches bereits geschehen. In einem Brief vom 22. November 1939, zweieinhalb Monate nach Hitlers Überfall auf Polen – sie hatte ihre Arbeit an ihren Erzählungen noch nicht beendet –, schrieb Erika Mann an den Theater- und Filmregisseur Berthold Viertel, ein Wiener Jude, der mit seiner Frau Salka und seinen Kindern in Hollywood arbeitete und lebte: »Es wäre *fürchterlich,* wenn dieser Krieg (sehr vorübergehend!!!!) aufhörte, bevor Nazi-Deutschland erledigt ist … *Da* es eine Weltpest ist, muß die Welt *fertig* werden mit ihr, – und da friedliche Mittel definitiv nicht verfangen, muß gekämpft werden, – da hilft kein Gott und kein Stalin … Ich bin dagegen, allzu ›philosophisch‹, allzu ›gelassen‹, allzu sternenfern zu denken und zu handeln, – wenn es doch schließlich ums Leben geht, – darum, nämlich, ob dieses noch einen Sinn haben soll. Es wird unsere Aufgabe sein, einen menschenwürdigen Frieden nach diesem Krieg zu erzwingen; der Krieg aber muß geführt werden, – niemals sonst ist ein Friede, wie wir ihn wollen, denkbar. Hier, – ›in this country‹ spreche ich nicht ›für den Krieg‹, – will sagen, ich will *gewiß* nicht, daß Amerika ›joint‹. Halten Sie mich nicht für blutrünstig, – ich bin es nicht, wiewohl ich ›keine Kinder‹ habe (und auch *daran* ist, immer mal wieder, Hitler schuld!) … dieser Krieg hätte vermieden werden können, wenn man sich *früher* ein Herz zu ihm gefaßt hätte. Wird er aber jetzt ›vermieden‹, – wird er jetzt ›abgebrochen‹ …, dann steht uns ein Tod bevor, der schlimmer ist, als der physische.«[10] Sie war dagegen, über Deutschland und Hitler »allzu sternenfern zu denken und zu handeln«. Doch sternenfern der Realität war, was sie sich für ihr süddeutsches Universitätsstädtchen zusammenschrieb.

Zum erstenmal ist jetzt *The Lights Go Down* unter dem Titel *Wenn die Lichter ausgehen. Geschichten aus dem Dritten Reich* in deutscher Übersetzung herausgekommen. Im Klappentext heißt es: »Sie [Erika Mann] beschreibt typische Milieus und Schicksale aus dem gleichgeschalteten Deutschland … In den meisten Episoden geschieht nichts Spektakuläres, doch die Not und Unzufriedenheit der Menschen sind offenkundig.« Das hilflos gleichgeschaltete Deutschland in Not und Unzufriedenheit unter den Nazis, dieses Wunschbild belebt sich heute neu im vereinigten Deutschland. Da kommen die trivialen Texte einer Thomas Mann-Tochter gerade recht. Daß Erika Mann ihren »Alltag unterm Hakenkreuz« nicht für ein deutsches, sondern für ein amerikanisches Lesepublikum geschrieben hat und warum, hätte in der deutschen Übersetzung einer genauen Analyse bedurft. Die aber fehlt. Für eine breite Leserschaft war *The Lights Go Down* gedacht, der Stil war ihren Kinder- und Jugendbüchern verwandt. Das war beabsichtigt. Amerika hätte seine boys nicht zur Rettung der Juden in den Krieg geschickt, wohl aber zur Verteidigung der Zivilisation.

Erika Mann schrieb ihre Erzählungen auch aus der Neigung heraus, mit ihrem Vater und dessen Bild von seinem deutschen Kulturvolk im Gleichklang zu bleiben. Sie schrieb nicht eigentlich über Juden, und sie schrieb nicht aus der jüdischen Perspektive. Diese Möglichkeit kam ihr offenbar nicht in den Sinn. Statt dessen durchleiden in *The Lights Go Down* arische Deutsche Situationen, wie Juden sie erleben mußten. Die Schikanen der Nazibehörden gegenüber ihrem Großvater in München, dem Juden Alfred Pringsheim, übertrug Erika Mann auf ihren Protagonisten, den »Parteigenossen« Hans Gottfried Eberhardt[11], der sich in ihrer Schreibmaschine vom Nazi zum Widerstandskämpfer wandelt. Die jüdische Tochter Erika Mann, die neben ihrer jüdischen Mutter keine jüdische Tochter sein konnte und neben ihrem nichtjüdischen Vater keine jüdische Tochter sein wollte, vertauschte in diesem Buch die Lebensdimensionen zwischen Jude und Nazi, ohne das im entferntesten als absurd oder gar unheimlich zu empfinden.

Das Unheimliche »ist wirklich nichts Neues oder Fremdes«, schreibt Sigmund Freud, »sondern etwas dem Seelenleben von alters her Vertrautes, das ihm nur durch den Prozeß der Verdrängung entfremdet worden ist«[12]. Erika Mann war das Vertauschen von jüdisch-deutsch gegen nichtjüdisch-deutsch absolut vertraut, warum sollte es ihr unheimlich sein. Sie tat das, was in der jüdischen Frauengenealogie der Familie Mann-Pringsheim in der dritten Generation üblich war. Ihre Großmutter Hedwig Pringsheim hatte wie ihre Mutter Katia Mann das Jüdische an die eigenen Kinder durch Geburt weitergegeben, ohne es recht eigentlich in Besitz genommen zu haben. Man war jüdisch in der Weise, daß es nicht zu sehen, nicht einmal für die eigenen Kinder zu spüren sein sollte. Darin lebte die alte Antisemitismuserfahrung fort.

Die Unterschiedslosigkeit zwischen einem verfolgten Juden und einem verfolgten Arier, die Erika Mann in *The Lights Go Down* suggerierte, 1939, fern von Hitler-Deutschland und aus der Hoffnung heraus, es mögen nur wenige Deutsche richtige Nazis sein, diese Wunschvorstellung nimmt die Literaturwissenschaftlerin Irmela von der Lühe heute offenbar als Realität an, denn sie schreibt in ihrem Nachwort zur deutschen Übersetzung *Wenn die Lichter ausgehen*: Erika Manns Darstellung sei »hinsichtlich der verwirrenden und willkürlichen Praxis, die das nationalsozialistische Regime gegenüber ›Ausreisewilligen‹ verfolgte, … typisch und verallgemeinerbar«[13]. Eine leichtfertige Behauptung, wie ich finde.

Aus dem nationalsozialistischen München hatte Hedwig Pringsheim ihrer Tochter Katia Mann nichts über Demütigungen, Drangsalierungen und Ängste geschrieben. Ihren Enkel Golo Mann ließ sie etwas von ihrer zunehmenden Vereinsamung sehen. Am 27. Juni 1938 schrieb sie ihm: »Aber, daß Du annimmst, es dränge von dem, was sonst in der Welt vorgeht, wohl wenig durch die Mauern unseres Tusculums, ist natürlich irrig. Alles dringt vielmehr durch unsere Mauern, und was unser gutes Alterchen ist, das läßt sich von diesem ›alles‹ immer so tief deprimieren; obgleich ich ihn mit dem angeborenen Heldenmut des Weibes nach Kräften aufzumuntern bestrebt bin … Ich fare fort, die alten Schätze meiner Bibliothek auszunützen, halte eben bei Balzac, der mir noch viel zu sagen hat …«[14] An Katia nach Amerika schrieb sie genau das Gegenteil: »Willy, das süße Kind!«[15] habe Alfred und sie besucht. Damit war Hitlers Lieblingsdirigent gemeint, Wilhelm Furtwängler, ausgerechnet, für Katia gehörte er längst zur »fluchwürdigen Bande«. Er war oft Gast gewesen im Hause Pringsheim. Es mochte stimmen. Ambivalente Gefühle. Solche Leute kamen noch mal vorbei, um sich selbst besser zu fühlen. Man bewirtete sie. Man scherzte. Sie gingen, zufrieden mit sich selbst.

Erst vom sicheren Zürich aus schrieb Hedwig Pringsheim an Katia Mann: »Ach, kleines Dummerl! Habe ich denn je von unsern Unannehmlichkeiten geschrieben, habe ich je mit meinen Klagen dein onehin so beschwertes Herz noch mehr beschwert? Ich tat's nicht, denn mir hätte es nicht genützt und dir nur geschadet.«[16] Aus diesem Brief ihrer Mutter erfuhr Katia Mann, daß ihren Eltern bereits der Umzug in ein »Judenhaus« angekündigt worden war. Das wäre möglicherweise die letzte Station vor der Deportation gewesen, nach vielen vorausgegangenen Entwürdigungen; jüdische Kennkarte, jüdische Lebensmittelkarte, jüdische Ausgeh- und Nicht-Ausgehzeiten alltags, an nationalsozialistischen Paradetagen, kein Radio, kein Fahrrad, kein Telefon, keine Haustiere und so fort.

Was Hedwig Pringsheim ihrer Tochter Katia bislang verschwiegen hatte, das mußte ihre Enkelin Erika aus der Nazi-Presse wissen, die sie in ihrem besagten Reisekoffer zur Recherche für *The Lights Go Down* sammelte. Von den täglichen Schrecknissen zu lesen und gleichzeitig zu hoffen, den eigenen Großeltern, diesen alten und angesehenen Leuten, werde in München schon nichts passieren, das ist menschlich. Es ist menschlich, Gefühle überwältigender Hilflosigkeit zu verdrängen und die Bedrohung zu verleugnen. Und so gibt es in Erika Manns Städtchen einen Gestapochef, der wie einst der Engel Gottes in Ägypten von Tür zu Tür eilt, um vor der

Reichspogromnacht die Juden zum Auszug aus Deutschland zu bewegen.[17] Aber ein alter Jude, genauso einer wie ihr Großvater, Alfred Pringsheim, der bleibt. Katia Mann hatte ihre Eltern nicht davon überzeugen können, Deutschland besser zu verlassen. Katia und Thomas Mann selbst waren 1933 von einer Auslandsreise nicht mehr nach München zurückgekehrt, Klaus entkam nach Paris, Erika war zu den Eltern in die Schweiz geflohen, die jüngeren Geschwister würden folgen, doch in Nazi-Deutschland saß Katias jüdische Familie nun fest, in München ihre Eltern und Bruder Heinz, in Berlin weitere Verwandte.

»Es war ein seltsames Bild«, heißt es in der fünften Geschichte[18] von *Wenn die Lichter ausgehen.* »Der Jude gab seinem unerschütterlichen Glauben in die Ehrbarkeit des nationalsozialistischen Staates Ausdruck, während der Gestapobeamte ihn von der Notwendigkeit des völligen Mißtrauens und der Flucht überzeugen wollte. ›Ich *bitte* Sie‹, sagte der Beamte und drehte nervös den Hut in der Hand herum. ›Ich bitte Sie inständig: Retten Sie sich!‹« Aber der Jude tut ihm nicht den Gefallen.

Etwas Ähnliches, allerdings um noch einige Windungen verdrehter, entwickelte Thomas Mann in seinem Roman *Doktor Faustus* zwischen Chaim Breisacher, einem deutschen Intellektuellen und Juden, sowie dem Protagonisten Dr. phil. Serenus Zeitblom. In ihrem Essayband über deutsche Literatur analysiert die Literaturwissenschaftlerin und Schriftstellerin, die Jüdin Ruth Klüger: »Er [Chaim Breisacher] belächelt das humanistische Wertesystem und steigert sich zu rhetorischen Gipfelleistungen mit einem Vokabular von ›Blut‹, ›Volk‹ und ›Schlachtopfer‹. Zeitblom, der Allerweltsdeutsche, läßt seiner Antipathie für Breisacher freien Lauf. Ja, er behauptet sogar, daß er durch Breisacher überhaupt erst ›die neue Welt der Anti-Humanität‹ – womit er den Nazismus meint – kennengelernt habe, von dem er dank seines lauteren Gemütes vorher keine Ahnung gehabt hatte. Diese Passage, in der der Jude als Proto-Nazi fungiert und der deutsche Humanist sich Vorwürfe macht, weil er dem Juden nicht rechtzeitig widersprochen habe, weil er der Unmenschlichkeit in jüdischer Gestalt nicht beizeiten die Stirn geboten habe, ist keineswegs ironisch gemeint ... Dabei wußte Mann um die jüdische Katastrophe, als er den Roman schrieb, doch statt etwas über das große Verbrechen an den Juden einfließen zu lassen, führte er einen faschistischen Juden vor und machte so das Opfer zum Schuldigen. Der Schwarze Peter wird unter dem Deckmantel hoher Kunst weitergegeben. Das beste, was man darüber sagen kann, ist, daß es sich um einen Fall von pervers schlechtem Geschmack handelt.«[19]

Bei Erika Mann sagt der Gestapochef zu dem Juden: »Ich bitte Sie inständig: Retten Sie sich!« Und der Jude antwortet: »Ich bleibe, wo ich bin. Und ich nehme mir die Freiheit, *Sie* zu bitten, mich zu verlassen. Ich erkenne Ihre guten Absichten an und danke Ihnen dafür, auch wenn es mir seltsam vorkommt.« Und es kommt noch seltsamer: Der Gestapobeamte gibt dem Juden einen Reisepaß, in dem kein Stempel fehlt. Dann geht er mit dem Hute in der Hand zur Tür und weiter durch die Stadt, um Juden zu bitten, sich zu retten. Die Trivialität dieser Szene ist heute nicht etwa nur peinlich vor dem Hintergrund der Schoa. Sie war es auch schon 1939, und sie beschwört eine verlogene Rührseligkeit, deren süßes Gift selbst denkende Menschen in die Knie zwingen kann. So meint denn Irmela von der Lühe in ihrem Nachwort offensichtlich beeindruckt, »ein breites, sozial und mental ausdifferenziertes Spektrum alltäglicher Typen« zu erkennen, deren gemeinsames Merkmal es sei, »daß sie über gesunden Menschenverstand und ein menschliches Gewissen verfügen; daß ihr christlicher Glaube oder ihr berufliches Ethos, ihr Realitätssinn oder ihre Liebe zu Kunst und Literatur durch die Macht des totalitären Regimes nicht wirklich, d. h. nicht dauerhaft korrumpiert werden können. In einem solchen Plädoyer für das sanfte, aber wirksame Licht der Vernunft« dürfe man »die Aktualität und bleibende Bedeutung ihres [Erika Manns] literarischen Zeitdokuments über den Alltag im ›Dritten Reich‹ sehen«[20].

Aber war es denn so? So war es doch gar nicht. Die Generation der Nachgeborenen in Deutschland weiß es längst besser. Gerade die Kinder und Enkel der Täter und Mitläufer mühen sich seit so vielen Jahren um die Rekonstruktion der Nazi-Vergangenheit ihrer Eltern und Großeltern in Städten und Dörfern, auch in kleinen Universitätsstädten Süddeutschlands, und was sie auffinden, ist geflissentliche Unterwerfung und in der sogenannten Juden-Frage, die ab 1942 ihrer Endlösung entgegenging, überwiegend Gewissenlosigkeit, bereitwillige Mittäterschaft, bürokratischer Vernichtungseifer, und das in gesteigertem Maße noch während der Kriegsjahre. Die eigene Not verzögerte in Deutschland nicht die Ausmordung der Juden.

Erika Mann gab im Anhang zu ihrem Buch einen dokumentarischen Nachweis zu einzelnen Geschichten. Darin belegt sind Zitate von prominenten Nazis, Zahlen, NS-Gesetze, Zeitungsartikel wie etwa ein *Bericht des Bauernführers für das Donaugebiet* aus der *Nationalsozialistischen Landpost.* Stoff für sie, um bürokratische Dummheit vorzuführen, zwanghafte Wichtigtuerei, sadistisches Gehabe. Fundstücke aus Nazi-Deutschland, die ihr aus München zugeschickt worden waren von Großmutter Hedwig Pringsheim. Sie bildeten den dokumentarischen Hintergrund zu ihren fiktiven Geschichten. Nur eine der zehn Erzählungen[21], die über die Flucht eines evangelischen Geistlichen aus der Gestapohaft, ist eine wahre Geschichte. Es handelte sich bei dem Verfolgten um einen Freund der Familie Mann.

Man hätte dem Buch als Vorwort Erika Manns Artikel mitgeben müssen, der am 21. April 1944 im New Yorker *Aufbau* veröffentlicht wurde. Darin schreibt sie: »Bis zum Tage des Kriegsausbruches mochte man an ein ›anderes‹ Deutschland glauben, mochte sich einreden, daß eine Majorität ›guter‹, wenngleich verblüffend inaktiver Deutscher von den Nazis niedergehalten sei. Mir selbst waren derlei Vorstellungen nicht fremd, wiewohl an ihnen festzuhalten von Jahr zu Jahr schwieriger wurde. Als aber ein bis zu den Zähnen bewaffnetes Reich, weit davon entfernt, seine Waffen gegen seine ›Versklaver‹ zu erheben, über Europa hergefallen war, zerstob der Wunschtraum ... Schuld ist Hitler! Die Gestapo ist schuld! Was, angesichts dieser Deutschen, sollten die Deutschen tun? Nur, was, trotz der Gestapo, die Völker Europas – machtlose, entwaffnete, hungernde, unterworfene Völker – seit langem tun: ihr Äußerstes und Bestes, um dem Unsäglichen ein Ende zu machen. Stattdessen tun sie – noch immer und bis zum Ende – ihr Äußerstes und Bestes für Hitler und seinen Krieg ... In grauenvoller Einhelligkeit betreuen sie daheim die Kriegsmaschine des ›Führers‹ und, während in den besetzten Gebieten die Sabotage-Akte der Patrioten sich häufen, wissen selbst unsere exilierten Politiker von den Taten der deutschen Antifaschisten kein Lied zu singen. Ihr Lied beschimpft die Welt, die es schließlich müde geworden ist, dem feinen Unterschied zwischen Nazis und Deutschen nachzuträumen, – müde, im Kampf gegen Deutschland. Die deutsche Niederlage ... trachten sie schon heute in eine reinigende, alles sühnende Revolution umzufälschen ... Das deutsche Verbrechen, das sie ein Nazi-Verbrechen nennen, hätte die Welt verhüten ... müssen.«[22]

Nur eines ist wahr an Erika Manns erfundenen Geschichten: Wahr ist, daß sich die Tochter von Thomas Mann gewünscht hatte, es möge so sein, es möchte die Mehrheit der Deutschen so denken und handeln.

So viele Helden des Nazi-Alltags in einer kleinen bayerischen Stadt, das übersteigt die kühnsten Wunschvorstellungen. Wäre es so gewesen, welche Last hätten die damals Handelnden ihren Nachgeborenen heute erspart! Viele Deutsche sehen sich selbst als Opfer. Opfer der Nachkriegszeit, Opfer der Teilung Deutschlands, Opfer einer historischen Schuld. Der Streit darum, auch als Deutsche Opfer sein zu dürfen, wird geführt mit Blick auf die Juden. Darf man? Obwohl oder trotz oder wegen der Juden? Diesen Streit führen deutsche Nachgeborene miteinander und gegeneinander. Sie tun es als Vertreter politischer Organisationen, sie tun es öffentlich und im privaten Kreis. Sie sind Töchter und Söhne, Enkel und Urenkel von Soldaten, von ausgebombten Nazis, von heimatvertriebenen Tätern und Mitläufern, von Frauen und Männern, die sich danach in der Bundesrepublik und der DDR etablierten und inzwischen eines natürlichen Todes gestorben sind. Ihre Kinder und Enkel klagen heute einen Opferstatus für ihre Familie ein und für sich selbst. Immer sei nur von den Juden die Rede, nie von den ausgebombten, vertriebenen, geteilten Deutschen.

Die Juden scheinen nach der Schoa im Besitz von etwas Kostbarem zu sein. Die Juden besitzen einen unanfechtbaren Opferstatus. Und nicht nur die ermordeten Juden und die Überlebenden der Konzentrationslager, sondern auch die nachgeborenen Juden. Man möchte neidisch werden. Doch Neid ist ein verpöntes Gefühl. Dulden die Juden keine anderen Opfer neben sich? Schon gar keine deutschen Opfer? Nachgeborene Deutsche melden ihren Anspruch auf einen eigenen Opferstatus an mit Wörtern, die zur jüdischen Katastrophe gehören. Das tun sie nicht heimlich, sondern öffentlich. Die Kinder der Hitler-Generation, die Kinder, die in Nazi-Deutschland geboren wurden, möchten als Opfer anerkannt werden. Sie waren Kinder. Sie waren keine Täter und Mitläufer. Sie waren kleine Kinder, als die Bomben fielen. Sie waren Kinder, als sie mit mußten auf die mühselige Flucht. Ihre Mutter wurde vergewaltigt. Ihr Vater war im Krieg, überfiel Polen, besetzte Paris, marschierte durch Rußland, vergewaltigte fremde Frauen, schoß Menschen tot und wurde erschossen. Oder er kam zurück. Manche Väter verwundet. Enttäuschte und unzufriedene Väter traktierten später ihre Kinder, die nichts dafür konnten, daß die Eltern ihren Krieg verloren hatten und damit auch ihr schönes Nazireich. Den Kindern wurde vorgelogen, das mit den Juden habe man nicht gewußt. Jetzt sei alles kaputt, besonders Vati, und die Töchter und Söhne müßten sich anstrengen, an den enttäuschten Eltern alles wiedergutzumachen.

In dieser Weise sind die deutschen Kriegskinder und deutschen Nachgeborenen Opfer, wie alle Kinder Opfer sind, die in Zusammenhänge von elterlicher Teilhabe an Diktatur, von Krieg und Nachkriegszeit hineingeboren werden. Kinder, die unter solchen Verhältnissen aufwachsen, durchleben auf der Flucht und durch Bombenangriffe unter Umständen Weltenzusammenbrüche, von denen sie traumatisiert sein können. Angesichts der vielen Kriege und der vielen Flüchtlingsfamilien auf allen Kontinenten gibt es keinen Grund, warum dieser Opferstatus nicht auch deutschen Kindern von damals zugebilligt werden sollte. Doch sie selbst, diese Kinder von einst, die Generation nach Hitler, sie fühlen sich nicht wahrgenommen in ihrem eigenen Opferstatus. Woran liegt das? An den Juden? Und von wem nicht wahrgenommen? Von den Juden? Mit der Last ihres deutschen Erbes – die Schoa – wenden sich die nachgeborenen Deutschen den Juden zu. Sie schonen, sie verschonen ihre Eltern und Großeltern, die ihnen das eingebrockt haben. Von den Juden möchten sie hören, daß sie endlich genug getan haben, um ihre Eltern und Großeltern zu entschulden. Die waren zufrieden im Dritten Reich. Bis die Bomben auf sie selbst fielen. Ihre Kinder, die in diesen Schlamassel hineingeboren wurden, später als Opfer anzuerkennen, darauf ist die Hitler-Generation nicht gekommen. Opfer waren doch sie selbst, Kriegsopfer, Flüchtlingsopfer, Bombenopfer, Opfer von Hitler und schließlich Opfer ihrer eigenen Kinder, die in der Bundesrepublik Linke wurden, Elvis Presley und die Beatles vergötterten, sich die Haare wachsen ließen und ihre Kinder Sarah und David nannten, die Enkelkinder der Nazis.

»Es gibt keine Antwort auf die Frage, warum das jüdische Volk, warum das Wort ›jüdisch‹ angegriffen wurde, um massenweise zerstört zu werden«, schreibt der französische Psychoanalytiker Jean-Jacques Moscovitz, er ist Jude und hat die Schoa überlebt. Es könne keine Antwort geben, »ohne jener Obszönität zu verfallen, die organisierte Ermordung der Juden irgendwie zu erklären«. Eine Obszönität, »angesichts derer wir mit einem Aussetzen, wenn nicht mit einem Stillstand des Denkens konfrontiert sind, wir alle, ob man nun diesem Volk angehört oder nicht, da man grundsätzlich der gesamten Menschheit angehört«[23].

Für Nachgeborene auf nichtjüdischer deutscher Seite könnte allein das Wort »Jude« Verdrängtes zurückbringen, dessen Wiederkehr unheimlich ist. Selbst diejenigen, die in sich die spezifische deutsche Schuld an der Judenheit anerkennen, gehen deshalb nicht selbstverständlich mit dem Wort »Jude« um. Wird das Wort »Jude« ausgelassen, verschwinden die damit verbundenen Lebenszusammenhänge, die scheinbar nicht erzählt werden müssen. Und im Heimlichen kann das Unheimliche als das Vertraute sich einrichten. Die Verdrängung des Unheimlichen scheint alles einfacher zu machen. Bei seiner Wiederkehr jedoch tut sich etwas auf, vor dem innerlich nichts weitergeht. Die Bilder. Die vielen Koffer, die hoch aufgetürmten Schuhe, paarweise zusammengebunden, die Berge von Brillengestellen, die Goldzähne. Diese Bilder verweisen auf ermordete Juden. Aber nicht nur. Sie verweisen auf die deutschen Männer und Frauen, die das taten. Das in sich festzuhalten, die erstarrte Sprachlosigkeit in Sprache zu bringen, darum müßte es gehen.

Irmela von der Lühe legte 1993 die erste umfassende Biographie über Erika Mann vor. Sie vermied es, die Tochter Katia und Thomas Manns als jüdisch zu zeigen. »Das Temperament, die quirlige, blitzgescheite Energie der Großmutter und der Mutter hatte Katia geerbt, bei ihrer Tochter Erika sollte man beides wiederfinden.«[24] Mit diesen Worten führt die Autorin zu Beginn ihres Buches die Frau ein, um die es ihr geht: Erika Mann. Und obwohl sich Irmela von der Lühe hier ausschließlich auf Erika Manns jüdische Familie mütterlicherseits bezieht, fehlt das Wort »jüdisch«. Es muß nicht kommen, weil es um Eigenschaften wie »quirlig« und »blitzgescheit« geht. Man möchte ja vielleicht gerade im Zusammenhang mit dem Jüdischen nicht klischeehaft wirken. Wozu also? Warum es extra erwähnen? Doch warum nicht?

Die Biographin schreibt über Erika Manns Großeltern: »Daß die Pringsheims als Juden in Deutschland gefährdet waren, verstand sich ohnehin.«[25] Die schwierige Thematik. Mal eben so. Wenigstens steht das Wort endlich da. Pringsheims waren Juden. Aber so steht es da eben nicht. Nicht so selbstverständlich. Es taucht ausschließlich im Zusammenhang mit der Nazibedrohung auf, »als Juden – gefährdet – ohnehin«. Und schon ist das Wort wieder verschwunden und bleibt in der Biographie folgenlos für die Einfühlung der Autorin in die Pringsheim-Enkelin Erika Mann.

Es wird heute rückwärts gedacht, wenn es um das Jüdische geht, hingewandt zu den Generationen vor der großen Auslöschung. Jemand ist »jüdischer Herkunft« oder »jüdischer Abstammung«, so wird formuliert. Nicht der Jemand selbst, sondern seine Herkunft oder Abstammung ist jüdisch. Die Formulierungen verweisen auf Eltern und deren Eltern, die einst waren, sie verweisen über den Abgrund der Schoa hinweg in eine Zeit, die mit der Gegenwart nichts zu tun zu haben scheint und die von der Nazizeit noch nichts wußte.

Erika Manns Zugehörigkeit zum Jüdischen als Tochter von Katia Mann, geborene Pringsheim, benennt Irmela von der Lühe nicht. Und das hat Folgen. So wird Erika Mann auf ihrer Palästina-Reise 1943 für die Biographin auf einmal zum Idealtypus der guten Deutschen, die sich an der »Überheblichkeit« und dem »eitlen Pioniergeist« der Juden gegenüber den Arabern stört und das sogar in ihren Artikeln schreibt, aber als »Emigrantin aus Deutschland« habe Erika Mann »selbstverständlich nicht dafür eintreten« können, daß es »für die von Hitler bedrohten Juden in Palästina einen Einwanderungsstop gab«[26]. So denken deutsche Nachgeborene, die vor dem Hintergrund der Schoa wissen, was sich gehört.

Erika Mann ärgerte sich vor allem, daß die englische Zeitung, für die sie schrieb, ihre Kritik an den Juden aus ihren Artikeln herausstrich. Ihr, der familiär vielfach verstrickten jüdischen Tochter, war es so wichtig, trotz Hitler die deutschen Juden in Palästina ein bißchen anzugreifen.

Nur an einer Stelle dieser Erika Mann-Biographie erfahren wir von der jüdischen Tochter Katia Manns. Am 21. November 1934 gab es in Zürich eine Großkundgebung der Nationalen Front, Schweizer Nazis, sie standen in enger Verbindung zu Deutschlands NSDAP, zur SS und Gestapo. Auf der Liste der Frontisten konnte man neben drei jüdisch-deutschen Wissenschaftlern obenan Erika Manns Namen lesen, ihr literarisch-politisches Kabarett *Die Pfeffermühle* wurde als »jüdisches Emigrantenkabarett« bezeichnet, in dem »alles Nationale und Vaterländische in den Schmutz gezogen«[27] werde. Die Schweizer Polizei gab daraufhin öffentlich bekannt, »alle Mitglieder des Ensembles hätten gültige Pässe, seien also keine Emigranten. Auch sei nur eine Mitwirkende Jüdin [nämlich die Schauspielerin Therese Giehse], eine weitere – gemeint war Erika Mann – lediglich mütterlicherseits jüdisch«[28]. Kein Wort weiter dazu von Irmela von der Lühe. Das Jüdische, eben benannt und nun sogar direkt bezogen auf Erika Mann, verschwindet wieder und hatte offenbar im weiteren Denken der Biographin keinen Nachhall. Lediglich mütterlicherseits jüdisch. Öffentlich bekannt gegeben von der Schweizer Polizei. Zurück bleibt beim Lesen das Gefühl einer Stigmatisierung, wovon sich die Autorin diskret schweigend zu distanzieren scheint.

Inge und Walter Jens haben sich in ihrer Katia Mann-Biographie das Jüdische auf Seite 32 vorgenommen. Das Autorenpaar entdeckt in der Familie Pringsheim eine »Diskrepanz zwischen jüdischer Herkunft und protestantischer Religiosität«[29]. Wie man erfährt, geht es um die folgenden kindlichen Zusammenhänge: Die kleine Katia Pringsheim, jüdisch und getauft wie ihre Mutter, beschäftigten Gott und vor allem Jesus, wie es bei Kindern so zugeht, zumal, wenn sie in einer Gegend aufwachsen, in der er an jeder Wegbiegung am Kreuz hängt. Hedwig Pringsheim hat in ihren Aufzeichnungen um 1890 die Ahnungslosigkeit ihrer jüdischen Kinder beklagt, Jens und Jens zitieren sie und schreiben: »Ja, die Kinder wußten lange Zeit nicht, daß sie Juden waren – und zwar ›reinrassige‹, nicht etwa (im Sinne nationalsozialistischer Definition) ›Mischlinge‹. Hohe Zeit also, sie aufzuklären – aber wie?«

Dieser Satz enthält viele Zeichen. Gedankenstriche, Anführungszeichen, Klammern. Die Nazizeit, auf deren Rassengesetze das Autorenpaar hier bereits hinweist, liegt noch in undenkbarer Zukunft für die Judenheit damals in Deutschland und Europa. Dessenungeachtet zwängen Jens und Jens der jüdischen Familie Pringsheim bereits die Nazidefinition auf. Das fällt ihnen gar nicht so leicht, wie an den vielen Satzzeichen abzulesen ist. Dennoch tun sie es. Eine Fehlleistung. »Hohe Zeit also«, schreiben die beiden Jens, »sie aufzuklären – aber wie?« Hohe Zeit? Der Kaiser regierte noch in Preußen und in Bayern der König. Nicht für die Pringsheim-Kinder war es »hohe Zeit«. Die Kinder von Katia und Thomas Mann betraf die rassistische Nazi-Bruchrechnerei. Erika, Klaus, Golo, Monika, Elisabeth und Michael waren Zeitgenossen von Inge und Walter Jens. Die beiden Autoren sind keine Nachgeborenen der Nazizeit, sie waren dabei, sie waren junge Leute.

Erika Mann hat es ihrer deutschen Nachwelt leichtgemacht, sie als eine jüdische Tochter nicht wahrnehmen zu müssen. Die mutige Kabarettistin, die politische Journalistin, die Emigrantin und Widerstandskämpferin ist für die Nachwelt eine ganz normale Deutsche. Das einzig Besondere an ihr ist Thomas Mann. Daß sie jüdisch war, ist in den Betrachtungen über sie ohne Bedeutung geblieben. Sie hat es selbst verschwiegen. Die Thomas Mann-Tochter wollte von ihrem Jüdischsein wahrscheinlich nichts wissen. Aber ist gerade das für die deutsche Nachwelt kein Thema? Heute will man das Jüdische nicht mehr benennen. Man könnte es. Lieber noch läßt man es einfach weg. Man löscht es aus und findet das nicht unheimlich, sondern tolerant. Wo das Wort auftauchen könnte, »Jude«, »jüdisch«, wird es beiseite geräumt. Albert Einstein? Ein großer Deutscher. Rosa Luxemburg? Eine große Linke. Daß sie Juden waren, wird so nicht gesagt. Bloß »jüdischer Abstammung«. Es reiche doch aus, wird gesagt, von Verfolgten zu sprechen, von Ermordeten, von Widerstandskämpfern. Als würde die Unterscheidung durch das Wort »jüdisch« in die Selektion zurückführen, in das Unheimliche von damals.

Der Fernsehfilm *Die Manns*[30] von Heinrich Breloer und Horst Königstein hat die Familie von Katia und Thomas Mann einem breiten Publikum direkt ins Wohnzimmer gebracht. Der für seine Dokumentation vielfach ausgezeichnete deutsche Filmemacher Heinrich Breloer hat das jüdische Thema gemieden im unmittelbaren Gegenüber mit der jüngeren Schwester Erika Manns, mit Elisabeth Mann Borgese. Absichtlich? Oder passierte es ihm auf unheimliche Weise?

Eine Straße in München im April 1998, ein sonniger Vormittag. Es treten auf: ein toter, ausgestopfter Bär, Heinrich Breloer, Elisabeth Mann Borgese, Frau Matt und der Neffe von Frau Matt. Außerdem ein Fernsehteam, bestehend aus Kameramann sowie Assistentin, Tontechniker, Maskenbildnerin und Produktionsassistent. Hinter einer Absperrung Straßenpassanten, sie bleiben neugierig stehen. Eine Reporterin der *Münchner Neuesten Nachrichten* schreibt in ihren Notizblock: Dreharbeiten für den Fernsehfilm *Die Manns – Ein Jahrhundertroman.* Am Schaufenster draußen Heinrich Breloer und Elisabeth Mann Borgese. Im Schaufenster steht, umgeben von Haushaltswaren, der ausgestopfte Bär auf seinen Hinterbeinen, zwischen den Vorderpfoten hält er einen Teller. Hinterm Ladentisch Frau Matt und ihr Neffe. Sie beobachten, was auf der Straße geschieht. Draußen zeigt Heinrich Breloer auf den Bären im Fenster.

»Ich hatte ihn etwas größer in Erinnerung«[31], sagt Elisabeth Mann Borgese. *»Der stand bei uns oben, auf der oberen Diele, und hatte … einen Silberteller, auf dem Visitenkarten abgegeben wurden.«*

Beide betreten das Geschäft. Die Kamera zeigt noch einmal den Bären, sein Teller ist aus Holz, kein Silber.

Neffe von Frau Matt: *»Guten Tag.«*

Elisabeth Mann Borgese: *»Grüß Gott. Grüß Gott.«*

Frau Matt: *»Grüß Sie Gott. Werden wir jetzt überfallen?«*

Heinrich Breloer stellt *»die Tochter von Thomas Mann«* vor. Frau Matt sagt *»toll«* und tut begeistert. *»Ich bin der Neffe von der Frau Matt«*, sagt der Neffe von Frau Matt, er schielt in die Kamera.

Heinrich Breloer zeigt auf den ausgestopften Bären, und dabei fragt er Frau Matt: *»Als Ihr Vater den gesteigert hat, wußten Sie, daß er aus dem Haus von Thomas Mann war?«* Frau Matt nickt heftig mit dem Kopf: *»Natürlich. Die Firma Schrettenbrunner hat die Versteigerung gehabt in der Schillerstraße. Und mein Vater ist in jede Versteigerung gegangen, und ich durfte auch mit immer, weil er gesagt hat, da lernst du was.«*

Frau Matt tritt mit der Thomas Mann-Tochter an den Bären heran. Elisabeth Mann Borgese sagt, der Bär habe irgendwo eine Schußwunde. Davon weiß Frau Matt nichts. Der Neffe geht dazwischen und sagt mit tragischem Ausdruck: *»Wie er erschossen worden ist. Das ist ein Baby noch.«* Frau Matt sagt: *»Das ist unser Liebling.«*

Heinrich Breloer schaltet sich ein: *»Was dachten Sie denn damals, wo Thomas Mann ist, daß der nicht mehr da wohnt?«* Frau Matt seufzt: *»Ja, Gott, es war doch diese schlechte Zeit, ich mein', wo doch die Judenverfolgung war, hat man ja praktisch damit gerechnet. Weil, wenn sie irgendwo einen Juden erwischt haben, haben sie ihn halt rausgebuxt.«*

Elisabeth Mann Borgese lächelt angestrengt.

Heinrich Breloer: *»Der war doch gar kein Jude, der Thomas Mann.«*

Frau Matt: *»Das weiß ich nicht.«*

Elisabeth Mann Borgese: *»Ja, er war keiner.«*

Frau Matt: *»Ja, Gott sei Dank.«*

Thomas Mann war kein Jude. Das ist wohl wahr, und alle wissen es. Schon ist das Wort wieder verschwunden, und kein Gedanke an Katia Mann, kein Gedanke an die neben Heinrich Breloer stehende jüdische Tochter Elisabeth Mann Borgese.

Am 5. Juni 2002 meldete die *Frankfurter Allgemeine Zeitung* als eine Reaktion auf die Begegnung zwischen Frau Matt und Elisabeth Mann Borgese: *»Silber statt Holz. Thomas Manns Bär erhält seinen Teller zurück.«* Die Autorinnen Kirsten Jüngling und Brigitte Roßbeck erzählen in ihrer Biographie *Katia Mann – Die Frau des Zauberers*, wie das alles so kam. Dort heißt es: »1937 fand eine Versteigerung des Inventars der ›Poschi‹ statt. Im Gedränge fand der Silberteller einen neuen Besitzer, er landete im Atelier eines Malers, und der Bär bekam als Ersatz den hölzernen ... 2002, durch einen Film [gemeint ist Breloers Film] aufmerksam gemacht, meldete sich die Tochter des Malers und gab den Silberteller an den Bären zurück.«[32]

Im Ton der Belanglosigkeit schreiben die beiden Autorinnen von einer »Versteigerung«, die tatsächlich aber eine von der zuständigen NS-Behörde angeordnete Enteignung und Zwangsversteigerung war. Den intim familiären Ausdruck »Poschi« – gemeint ist die Münchner Adresse der Manns, die Poschinger Straße – eignen sich die Autorinnen an, unpassend in diesem Zusammenhang, da der Ausdruck »Poschi« verharmlost, was damals geschah: die Beraubung der Familie Katia und Thomas Mann. Das Ehepaar und ihre sechs erwachsenen Kinder hatten nichts versteigern wollen, und sie bekamen auch nicht den Erlös. Der Silberteller findet bei Kirsten Jüngling und Brigitte Roßbeck im anonymen Münchner Gedränge wie aus eigenem Antrieb einen neuen Besitzer und landet einer fliegenden Untertasse gleich im Atelier eines Malers. Fast wie im Märchen. Doch es gibt eine Tochter in diesem deutschen Märchen, die es gut meinte, die Tochter des Malers. Sie gab, wie die *FAZ* meldete, 65 Jahre später den Silberteller zurück, und zwar dem Bären. So bekamen Frau Matt und ihr Neffe zum Bären der Familie Mann obendrein noch den Silberteller. Ende gut. Alles gut.

Gewiß war es nicht die Absicht der beiden Autorinnen, durch die Wahl ihrer Worte etwas zu bagatellisieren oder zu beschönigen. Jedoch passierte es ihnen. Und auch Heinrich Breloer passierte etwas. Denn natürlich hatte Frau Matt recht und nicht er. Zwar war »der Thomas Mann doch gar kein Jude«, wie Breloer ausdrücklich betonte, aber Frau Matt wußte, daß der Bär samt Silberteller dennoch aus dem Besitz einer jüdisch-deutschen Familie stammte. Auch Elisabeth Mann Borgese wußte es, jüdische Tochter wie ihre große Schwester Erika. Sie stand daneben. Sie mußte es nicht sagen.

Frau Matt erzählt vor Breloers Fernsehkamera ganz normal von etwas, was damals ganz normal war. Normale Menschen, ihr Vater genauso wie andere, nutzten Gelegenheiten für sich, an Wertsachen billig heranzukommen, sobald »sie irgendwo einen Juden erwischt«

und »halt rausgebuxt« hatten. Dieser Einblick in den normalen Nazialltag, in die allgemeine normale Mitwisserschaft und Nutznießerschaft, setzt das System der Verleugnung zwischen Elterngeneration und Nachgeborenen überhaupt nicht außer Kraft. Sogar die Gegenwart der Tochter einer »rausgebuxten« jüdisch-deutschen Familie stört dabei nicht.

Daß Thomas Mann wegen seiner jüdischen Frau und seiner jüdischen Kinder in jedem Fall gut daran getan haben würde, Deutschland zu verlassen, ist in der Thomas Mann-Literatur nie wirklich Thema. Wichtiger ist den Dokumentaristen und Biographen, daß dieser deutsche Schriftsteller in der Vornazizeit von seinen Gegnern zeitweilig für jüdisch gehalten wurde. In der heutigen Wahrnehmung wird dabei dem deutschen Nichtjuden die besondere Position des Juden zuteil; die Jüdin, seine Frau, bleibt ungenannt, ungenannt bleiben die jüdischen Töchter und Söhne.

Wenn Nachgeborene beider Seiten sich mit der Geschichte der Nazizeit beschäftigen, haben sie mit etwas zu tun, was sie selbst nicht erlebten und was in ihrer Familie individuell unterschiedlich ganz oder teilweise verschwiegen oder verleugnet wurde und wird. Gerade die Verleugnung jedoch hinterläßt Spuren und macht manches von dem auffindbar, was verleugnet wird. Im Aneinander-Vorbeireden, wie es zwischen Heinrich Breloer und Elisabeth Mann Borgese geschieht, wird das deutlich. So erzählt Elisabeth Mann Borgese vom Schweizer Exil: »Daß also Leute, die aus Deutschland in die Schweiz einwandern wollten und die jüdisch waren, ein großes J auf ihrem offiziellen Dokument haben mußten. Ich meine, das ging schon ziemlich weit.« So sagt sie, und da hätte es nun für Heinrich Breloer naheliegen müssen zu fragen, ob das »große J« auch der Jüdin Katia Mann hätte drohen können? Zumal die Familie Mann akkurat zu dieser Zeit die Schweiz Richtung Amerika verließ. Heinrich Breloer fragt nicht. Er sagt: »Dann löste sich der Haushalt auf.«

Und Elisabeth Mann Borgese erwidert: »Ja, das ist immer wie ein kleines Sterben, umzuziehen.« Durch ihre Bemerkung vom »kleinen Sterben« bekommt nun das Folgende etwas von »abgeholt werden«. Breloer spricht über Möbel, Holzverschalungen und Schrankkoffer. »Wirklich eine Demontage«, sagt er und meint die Sachen. Sie sagt: »Ja, und in Lastautos gebracht und weg, abgeholt.«[33]

In ihrer Verleugnung scheinen sie übereinzustimmen, der deutsche Nachgeborene und die jüdische Tochter Elisabeth Mann Borgese, die zur ersten Generation gehörte. Zum Zeitpunkt des Interviews und nach Golo Manns Tod war sie als über Achtzigjährige das einzige noch lebende Kind von Katia und Thomas Mann. Nicht anders, als von ihrer älteren Schwester Erika Mann bekannt, wirkt Elisabeth Mann Borgese in der Begegnung mit dem deutschen Filmemacher abgetrennt von dem, was sie auch war: jüdisch. Zwar gab sie im Gespräch sehr wohl assoziativ Möglichkeiten, das Jüdische ihrer Familie anzusprechen, doch tat sie es zurückhaltend und traf dabei auf die deutsche Verleugnung. Es ging immer nur um ihn, um Thomas Mann. Das war ihre Erfahrung. So kam man ihr stets von deutscher Seite entgegen. »Die Reliquie wird wieder herumgereicht«[34], pflegte sie zu sagen, wenn sie abermals nach Deutschland eingeladen wurde.

Heinrich Breloer hat in seiner Dokumentation mit den Adoptivsöhnen von Katia Manns Brüdern über das Jüdische der Pringsheims gesprochen, nicht aber mit Elisabeth Mann Borgese über ihre jüdische Mutter Katia Mann und was ihr selbst das Jüdische bedeutete. Er kommt in der Begegnung mit Elisabeth Mann Borgese auf einen Traum zu sprechen, den Katia Mann Ende 1933 träumte und der die Familie beschäftigte. Man weiß von diesem Traum aus Klaus Manns Tagebuch. »Ein sehr merkwürdiger, großartiger und trostloser Traum …«, zitiert Breloer, und Elisabeth Mann Borgese fällt ihm ins Wort: »›Vergebens nicht vergeben‹ – ist es der?« Daran könne sie sich erinnern. Ihre Mutter habe den Traum beim Frühstück erzählt. Katia Mann habe geträumt, sie lese auf einem Grabstein die Inschrift: *Vergebens, nicht vergeben.*

»Was könnte man sich darunter vorstellen?« fragt Heinrich Breloer, und zunächst erfährt man, was er sich darunter vorstellt: »All die Anstrengungen – doch vergebens?« Elisabeth Mann Borgese versucht, auf ihn einzugehen: »Ja, daß eben die ganze Lebensanstrengung vergebens war. Und daß Fehltritte eben nicht vergeben waren. Das war die Summe des Lebens.« Das überrascht nun wieder Heinrich Breloer. »Welche Fehltritte denn?« fragt er neugierig, da Katia »doch alles gut machen wollte und auch so gut machte?« Nun weiß Elisabeth Mann Borgese nicht weiter: »Ich weiß auch nicht«, sagt sie, und dann kommt endlich, was sie zu dem Traum sagen wollte: »Es ist ja ein gewaltiger Ausspruch. Ich glaube, man hat es eigentlich eher universell interpretiert und nicht auf ihr eigenes Leben bezogen.«

Eine deutsche Jüdin träumt im ersten Jahr ihres Schweizer Exils von einer Grabinschrift: *Vergebens, nicht vergeben.* Dazu kann einem nur eines einfallen: die jüdisch-deutsche Kultur und ihre Zerstörung durch den mörderischen Antisemitismus der »fluchwürdigen Bande«, wie Katia Mann die Deutschen damals nannte. Das Traumbild aus heutiger Sicht gleicht einem Menetekel zu Auschwitz. Heinrich Breloer wendet sich davon ab. Er fragt nach Thomas Mann. »Dein Vater erzählte auch Träume?« Und Elisabeth Mann Borgese antwortet: »Ich kann mich im Moment an keinen erinnern.«[35]

War es unmöglich, mit Elisabeth Mann Borgese über das Jüdische zu sprechen? Verweigerte sie jede Auskunft darüber? Gegenüber der Autorin Kerstin Holzer erzählte Elisabeth Mann Borgese, ihre Mutter sei auf die Frage nach ihrem Jüdischsein »immer vollkommen rasend« geworden und habe »heftig ausgerufen: Unsinn!«. So steht es in dem Buch *Elisabeth Veronika Mann Borgese. Ein Lebens-*

portrait, veröffentlicht 2003.[36] Es war also doch möglich, die Tochter Katia Manns vom Jüdischen ihrer Familie etwas erzählen zu lassen. Kerstin Holzer hat danach gefragt, und so haben wir immerhin dieses Zitat. Es gibt mit wenigen Worten der jüdisch-deutschen Misere Ausdruck, und es öffnet für einen Moment den Blick auf Szenen einer jüdisch-deutschen Familie.

Die Verleugnung geht der Vermeidung voraus. Verleugnung ist nicht unbedingt ein bewußter Vorsatz. Erika Mann übernahm die Verleugnung des Jüdischseins von ihrer Mutter. In der verinnerlichten Verleugnung gehörte das Jüdische dennoch zu ihr. Sprach die Vortragsreisende Erika Mann vor Juden in Amerika, in England, in der Tschechoslowakei, und stand man danach beieinander, um mit der berühmten Tochter zu plaudern, wird Erika Mann vermutlich vermieden haben, sich auch als jüdische Tochter zu zeigen. Die Gefühle, aus denen heraus sie es vermied, dürften vielfältig gewesen sein. Sie rührten an die verinnerlichte Verleugnung, die weit zurückreichte in der jüdischen Frauengenealogie der Familie Mann-Pringsheim. Solche Vermeidung, in der Verleugnetes sich belebt, kann ans Unheimliche grenzen. Wenn aber das Unheimliche, wie Freud schreibt, »wirklich nichts Neues oder Fremdes« ist, sondern etwas dem Seelenleben Vertrautes, »das ihm nur durch den Prozeß der Verdrängung entfremdet worden ist«, dann kann diese Selbstentfremdung dazu führen, die Einfühlung gegenüber dem Anderen zu verlieren. Die Folge davon ist meistens, daß sich beide Seiten in der Verleugnung und Vermeidung bestens zu verstehen scheinen. Das geschieht zwischen dem Filmemacher Heinrich Breloer und der jüngsten Katia Mann-Tochter, Elisabeth, wie auch zwischen ihm und dem Katia Mann-Enkel Frido Mann. Heinrich Breloer thematisiert etwas, womit sich für ihn das Jüdische aus der besonderen Position verdrängen ließ: das Brasilianische. Es ist zwar historisch völlig bedeutungslos, dafür aber wunderbar exotisch. Thomas

Manns Mutter war Halb-Brasilianerin, sie hatte einen deutschen Vater und eine brasilianische Mutter. Thomas Mann, der Lübecker von der Ostsee, wollte im Gegenüber zu seiner jüdischen Frau auch etwas Besonderes haben und erklärte seine Mutter zur Voll-Brasilianerin, sie sei schließlich bis zu ihrem siebten Lebensjahr dort aufgewachsen. Er selbst war zu einem Viertel brasilianisch, jedoch ernannte er seine achtelbrasilianischen Töchter und Söhne zu Viertelbrasilianern. Diese zu damaliger Zeit hochaktuelle Blutmischungsrechnerei wurde im Hause Thomas Mann also auf brasilianisch betrieben. In Verleugnung des Jüdischen seiner Kinder betonte und übertrieb der nichtjüdische Vater, was er an Brasilianischem hatte beisteuern können. Und Heinrich Breloer tut es dem deutschen Dichter gleich. Auch sein Interesse gilt im Gespräch mit Elisabeth Mann Borgese allein ihrer brasilianischen Abstammung.

»Ich bin immer sehr stolz, daß ich ein Viertel brasilianisch bin«, sagt sie zu ihm. Sie arbeite »viel mit Entwicklungsländern«, und »wenn ich dann viel Empathie mit den Leuten habe, sage ich, ich bin ja ein Viertel brasilianisch«. Das kann man verstehen, auch wenn es genaugenommen nur ein Achtel ist.

Heinrich Breloer: »Spüren Sie etwas von dieser Großmutter in sich selber?«

Elisabeth Mann Borgese: »Wahrscheinlich. Wahrscheinlich doch.«[37]

Die brasilianische Spur verfolgt Heinrich Breloer weiter im Gespräch mit Frido Mann, dem Enkel von Katia und Thomas Mann. Er fragt: »Wie wurde das in der Familie erklärt, daß Sie aus Brasilien kommen?« Jetzt kommen die Manns schon aus Brasilien! Frido Mann erinnert sich, als er seine Frau kennenlernte, habe er gesagt: »Ich bin Sechzehntel-Brasilianer.« Heinrich Breloer: »Sie sind stolz darauf?«[38] Warum sollte Frido Mann nicht stolz auf sein Sechzehntel Brasilianisch sein? Doch was ist mit seinem Viertel Jüdisch?

Schließlich hat dieser jüdische Enkel Katia Manns ein Buch geschrieben mit dem Titel *Terezín – Der Führer schenkt den Juden eine Stadt.*[39]

Als Erika Mann 1945 nach Deutschland reiste, kam sie als amerikanischer Presseoffizier und berichtete über die Nürnberger Prozesse. In München meldete sie Wiedergutmachungsansprüche an, und zwar auf den vom deutschen Staat geraubten Besitz ihrer Großeltern und Eltern. Wohin ging sie, um diese Anträge zu stellen? Zu der amerikanischen Besatzungsbehörde, zu der VVN, der Vereinigung der Verfolgten des Naziregimes, später zum Amt für Wiedergutmachung. Das alles dauerte, brauchte Zeit, Formulare, Gutachten und Beweise, die von den Beraubten erbracht werden mußten. Umständliche und demütigende Amtswege, auf denen Juden anderen Juden begegneten.

Wurde Erika Mann jemals nach ihrem Jüdischsein gefragt außer auf deutschen Dienststellen wie etwa dem Amt für Wiedergutmachung? Bestimmt in Amerika. Sie wurde dort so oft von jüdischen Organisationen eingeladen, über Nazi-Deutschland zu sprechen, da wird sie schon das ein und andere Mal gefragt worden sein, und nicht nur nach ihrem Vater, sondern eben auch nach ihrer Mutter. Aber später? In Deutschland nach 1945? Wohl kaum. Und heute? Glaubt man taktvoll zu sein, wenn man ihr, der jüdischen Tochter, das Jüdische, da sie es zu verleugnen schien, nicht auch noch nachträgt? In Gefühle von Beklommenheit, die es geben mag, mischt sich Bequemlichkeit. Macht das Jüdische nicht alles so kompliziert?

Als seine Tochter, beschäftigt mit Thomas Mann und seinem Werk, ist Erika Mann der Allgemeinheit am liebsten. Daß sie lesbisch war, hat dabei noch nie gestört. Erika Mann als Ehefrau und Mutter? Das wäre völlig unpassend. Ihr Lesbischsein wirkt wie eine gelungene Übereinstimmung mit des Vaters heimlicher Homosexualität und wird von der Nachwelt nicht verleugnet. Dagegen Erika Mann als jüdische Tochter zu denken ist nicht möglich. Die Bedeutung, die doch gerade dieser Teil ihrer Persönlichkeit haben müßte – ausgerechnet die Kinder von Thomas Mann jüdisch –, solche Gedanken verflüchtigen sich sofort, sie führen zu keiner Einfühlung. Weder führen sie zu einer Einfühlung in diese Erika Mann, noch bewirken sie eine Gedankenarbeit über eine deutsche Nachwelt, in der etwas ganz Bestimmtes in einem ganz bestimmten Zusammenhang nicht gedacht werden kann.

Golo Mann hielt am 14. Juni 1960 einen Vortrag im Rhein-Ruhrclub vor Finanzmagnaten und Großindustriellen des deutschen Wirtschaftswunders. Er sagte: »Wie der wirtschaftliche und kulturelle, so ist auch der politische Einfluß der Juden ein Gegenstand der Klage gewesen, schon in der Bismarck- und Kaiserzeit, vor allem aber in der Weimarer Republik. Sie ist von Millionen deutscher Bürger recht eigentlich als Judenrepublik, als undeutsch und fremde Sache angesehen worden. Wenn die Bundesrepublik heute mehr Glück hat, wenn dies Gebäude, trotz seines sehr fragmentarischen Charakters, einer Mehrheit von Deutschen viel mehr als ihr eigenes Heim gilt als die Weimarer Republik es je tat, so liegt das zweifellos zu einem guten Teil daran, daß es in der Bundesrepublik praktisch keine Juden mehr gibt. Was ich hier sage, klingt zynisch und ist in der Tat eine äußerst gefährliche, bedenkliche Beobachtung. Aber auch sie muß gemacht werden. Der befremdende Erfolg der Bonner Politik im Innern und dadurch auch nach außen hin, die vergleichsweise Entspanntheit, die heute das öffentliche Leben in Deutschland bezeichnet, sie haben damit etwas zu tun, daß die deutschen Juden geflohen oder ausgemordet sind. Man könnte den Akt der Austreibung, den Akt des Massenmordes insofern als erfolgreich bezeichnen. Nun aber, was beweist das …?«

In seiner *Geschichte des Antisemitismus* schreibt dazu der Historiker

Léon Poliakov: »Bei dem Versuch, den neuen Finanzbaronen der Ruhr das tiefe Wesen des Antisemitismus begreiflich zu machen«, habe Golo Mann eine Schlußbetrachtung gewagt, »die sich allein der Sohn von Thomas Mann erlauben konnte«[40]. Nein: Eingeladen wurde Golo Mann als der Sohn dieses deutschen Schriftstellers, so sprechen konnte er als deutscher Sohn einer jüdischen Mutter.

Seine Schwester Erika Mann, eine erfahrene Vortragende wie er, hätte diese Rede so nicht halten können. Ganz gewiß kannte sie den Vortrag ihres Bruders. Weil Golo Mann, im Gegensatz zu ihr, sich seines Deutsch- und Jüdischseins bewußt war, konnte er das Unheimliche am »befremdenden Erfolg der Bonner Politik« benennen, das Unheimliche um die »vergleichsweise Entspanntheit« in Deutschland nicht trotz, sondern gerade wegen der Ausmordung der Juden. Erika Mann, im Gegensatz zu ihrem Bruder Golo, trug das Jüdische als das Verdrängte in sich, das jederzeit in ihr wiederkehren konnte und in der Verdrängung festgehalten werden mußte.

Zwischen dem Akt der Austreibung und Ausmordung damals und der verleugneten Mühe heute, das Jüdische zu benennen, liegt das Unheimliche. Über die Jahrhunderte wurde das Wort »Jude« mit antisemitischen Bildern angefüllt: geldgierig, verführend, prunksüchtig, schlüpfrig, schmierig, stinkend, listig, mörderisch. Am Ende dieser Reihe steht die Ausmordung. Ein anstößiges Wort. Es verfehlt nicht seine Wirkung. Es benennt die obszöne Tat. In diesem Sinne ist »Ausmordung« ein obszönes Wort.

»Dem obszönen Wort«, schreibt der jüdisch-ungarische Psychoanalytiker Sandor Ferenczi, »wohnt eine eigentümliche Macht inne, die den Hörer gleichsam dazu zwingt, sich den darin benannten Gegenstand, in dinglicher Wirklichkeit vorzustellen.«[41] Auch das Wort »Jude« kann die Wirkung des obszönen Wortes in sich tragen. Das Wort »Jude« hat die antisemitischen Zuschreibungen aufgenommen sowie die Taten an den Juden bis hin zur Ausmordung. Das wird darin deutlich, wie mit dem Wort umgegangen wird. Unbelastet und ganz einfach normal wollen nachgeborene Deutsche das Wort »Jude«, »Jüdin« aussprechen können. Da sie es meistens weglassen, werden sie meinen, es mache ihnen überhaupt nichts aus. Vermieden wird das Wort »Jude«, wenn es sich direkt auf jemanden beziehen könnte, wenn das Wort den Juden oder die Jüdin wirklich werden läßt. Dann sagt man lieber »von jüdischer Herkunft« oder »jüdischer Abstammung«, lieber als »der Jude«, »die Jüdin«. Man vermeidet dadurch auf nichtjüdischer Seite, sich dem Juden unmittelbar gegenüberzustellen.

Im Gespräch mit dem Juden Jindrich Mann, dem Sohn der jüdischen Heinrich Mann-Tochter Leonie Mann-Aškenazy – sie war jüdisch durch ihre Mutter Maria Mann-Kanová –, benutzt Heinrich Breloer anstelle von »jüdisch« ein befremdliches, ein eigentlich obszön zu nennendes Wort. Statt nämlich von Jindrich Manns »jüdischer« Mutter zu sprechen oder »Jüdin« zu sagen, benutzt Heinrich Breloer das Wort »Halb-Arierin«[42]. Er setzt es im Transkript in Anführungszeichen. Mit keinem weiteren Wort erklärt er, weshalb er zu Jindrich Mann über dessen Mutter als Halb-Arierin spricht. Soll das Ironie sein? Er überläßt es seinem Publikum, mit seiner befremdlichen Formulierung klarzukommen. Er vermeidet es jedenfalls, jüdisch zu sagen. Dem obszönen Wort »Halb-Arierin«, das er statt dessen wählt, wohnt die obszöne Tat inne.

Man hat mit dem Wort zu tun, ob man es ausspricht oder nicht ausspricht. Nach der Schoa scheint »Jude«, »jüdisch« Träger des Unheimlichen geworden zu sein. In der Auslassung macht sich das Bedürfnis breit, alles möge endlich normal sein. Es möge kein Thema mehr sein, hoffen Nichtjuden. Es werde alles wieder heraufbeschwören, fürchten Juden.

Es war nie normal zwischen Deutschen und Juden. Warum ausgerechnet nach der Schoa? Schon das katholische Christentum kam ohne Antisemitismus nicht aus, doch besonders seit Luther kursierten in deutschen Landen judenfeindliche Schriften. Antisemitisch zu sein gehörte in Preußen zum guten Ton, und in Österreich war es normal. Thomas Mann beispielsweise benutzte lieber orientalische Sprachbilder von »goldenem Kuppeltraum« und »Flötenspielerinnen des Niltals«, wenn er seine jüdische Frau und seine jüdischen Kinder meinte. Er vermied das Wort »Jüdin« nicht, weil Katia Mann es so wollte, sondern weil es gegen sein antisemitisches Empfinden ging, jüdisch positiv zu besetzen. Bis 1945 sprach man durch die Jahrhunderte das Wort »Jude« ungeniert aus und meinte es ungeniert stigmatisierend. Während der Nazizeit wurde das bis zum Exzeß betrieben und wurde alltäglich. An jeder Straßenecke hing der *Stürmer* in Schaukästen. Auf jeder Litfaßsäule Hetzplakate. In den Schulen bis hin in eingekleidete Rechenaufgaben: Judenhaß.

Darum kann heute das Wort »Jude« auf nichtjüdischer Seite Erinnerungstopographien beleben, die sich vermischen mit dem Verdrängten der Eltern und Großeltern, undefinierte Gefühle, Vorsicht bereits gegenüber dem Wort. Vorsicht gegenüber den Juden. Über die Projektion der »endlosen Rachsucht der bösen Juden«[43] schrieb bereits 1946 im amerikanischen Exil der Psychoanalytiker Otto Fenichel, Jude aus Wien. »Die Herrschenden können sich nicht vorstellen, daß die Unterdrückten nicht rachsüchtig sind. Sie erkennen archaische Grundzüge in deren Verhalten und wissen, wie rachsüchtig sie selbst wären.« Die Schoa, in ihrem Katastrophischen nicht vergleichbar, steht in einer Reihe von Pogromen, die durch die Jahrhunderte sowohl im Westen als auch im Osten Europas stattfanden. Daraus hat sich eine latente Feindseligkeit erhalten, die verbunden ist mit einem diffusen Unbehagen, die Juden könnten sich einmal für alles das rächen. Und so hat sich von dem Wort »Jude« etwas auf das Wort »Israel« übertragen. Heute erneuert sich Antisemitismus in der Feindseligkeit gegenüber dem jüdischen Staat. Die fixe Idee, nach alledem dürfe ein Deutscher die Politik Israels nicht mal kritisieren, meint eigentlich: Danach dürfe ein Deutscher den Juden nichts mehr tun. Das ist nicht etwa ein Schuldeingeständnis, sondern eine Beschwerde. Reaktionen in der deutschen Öffentlichkeit auf Konflikte zwischen der westlichen Welt und islamistischen Systemen geben dem Ausdruck, wenn Israel als der eigentliche Provokateur des weltweiten Schlamassels bezichtigt wird. Das Wort »Israel« kann man sagen, ohne damit das eigene Unheimliche aus der Ruhe seiner Verdrängtheit aufzuscheuchen. Denn das Unheimliche, so Sigmund Freud, ist nicht das Unheimliche, sondern »das Empfinden seiner Wiederkehr«.

Katia Manns abwehrendes »Unsinn! Alles Unsinn!«, bezogen auf ihr Jüdischsein, läßt sich auch lesen als Ausruf: Warum immer die Juden? In seinem berühmten Roman *Jud Süss* gibt der jüdisch-deutsche Dichter Lion Feuchtwanger eine Antwort darauf. Der stolze Hofjude, Joseph Süss-Oppenheimer, Spitzenmanschetten, Schnallenschuhe, seidene Beinkleider, fährt als ein vornehmer Herr in der Kutsche, neben sich den alten Isaak Landauer im schwarzen Kaftan und mit Pejess, mit Schläfenlöckchen. Eine Extrapost kommt ihnen auf dem schmalen Weg entgegen, darin sitzen ein Mann und eine Frau, behäbig, wohlhabend. Das Paar will den fremden vornehmen Herrn grüßen und entdeckt in dem Moment den alten Juden daneben. In weitem Bogen spuckt der Mann aus, die Frau wendet sich verachtungsvoll ab. Es ist die Eingangsszene zu diesem Meisterwerk deutscher Literatur:

»›Der Rat Etterlin aus Ravensburg‹, sagte Isaak Landauer, der alle Menschen kannte, mit einem kleinen, glucksenden Lachen. ›Mögen die Juden nicht, die Ravensburger. Seitdem sie den Kindermordprozeß gehabt haben und ihre Juden gemartert, gebrannt und geplündert, hassen sie uns mehr als das ganze andere Schwaben. Das sind jetzt dreihundert Jahr. Heute hat man humanere Methoden, weniger komplizierte, dem Juden sein Geld zu stehlen. Aber wem man solches Unrecht getan hat, versteht sich, daß man weiter gegen den gereizt ist, auch nach dreihundert Jahr. Nun, wir werden's überleben.‹«[44]

Erika Mann hat vermutlich über ihr Jüdischsein nie gesprochen, sie hat es nach außen hin negiert. So war es ihr vermittelt worden als Kind, so mag sie selbst es sich als Erwachsene zurechtgelegt haben. Versteckte Hinweise gibt es, wie in dem weiter oben zitierten Brief an den Juden Berthold Viertel, etwa in der Bemerkung zu ihrer Kinderlosigkeit: »... auch *daran* ist, immer mal wieder, Hitler schuld!« Ein Gedanke, hingeschrieben, angedeutet, nicht wirklich ausgeführt, rasch überblickt in der Abwendung.

Es war für Erika Mann nicht möglich, das Jüdische, das ihr mitgegeben war, in sich zu integrieren, es war ihr nicht möglich, bezogen auf sich selbst, das Jüdische losgelöst vom Antisemitismus zu denken und im Gegenüber zu dem anderen Juden auch nicht losgelöst vom mütterlichen Tabu. Katia Mann gehörte zu der Generation Juden, die antisemitische Zuschreibungen verinnerlicht hatten und sich selbst als deutsche Juden damit aber nicht in Verbindung brachten. Juden waren die anderen Juden. Deutsche Juden wie Katia Mann ließen sich von niemandem sagen, daß sie jüdisch seien, zumal von keinem Nichtjuden. Was wußten die schon davon? So gefestigt war die bürgerliche Identität der Juden in der Mitte der deutschen Gesellschaft wohl zu keiner Zeit. Das Wort »Jude« reichte aus, um an ererbtes Wissen zu rühren, jüdisches Wissen. Über Jahrhunderte vollzog sich der Übergang in die deutsche Kultur, die soziale und kulturelle Entwicklung war Teil geworden einer gemeinsamen jüdischen und nichtjüdischen Entwicklung hin zur Moderne, zur bürgerlichen Gesellschaft, die sich vor die großen Menschheitsfragen gestellt sah: Aufklärung, Meinungsfreiheit, Selbstbestimmung für die Frau, gerechte Verteilung materieller Werte, Zugang zur Bildung, zur Politik für alle, Wissenschaft, Fortschritt, Toleranz.

Erika Mann und ihre jüngeren Geschwister wuchsen heran in der Zeit, in der die Zerstörung deutsch-jüdischer Kultur bereits vorbereitet wurde und die mit der Ausmordung endete. Danach gab es keinen Boden mehr, auf dem sich jüdisch-deutsche Bürgerlichkeit hätte fortführen lassen.

Genau zu sein beim Nacherzählen der deutschen Geschichte und ihrer Familiengeschichten ist schwer, zu welcher Seite man auch gehört. Unterschiedlich schwer. Die jüdische Katastrophe ist für die Nachgeborenen auf beiden Seiten ein katastrophales Erbe. Auf jüdischer Seite kommt man nicht umhin, sich der Katastrophe in der eigenen Familie bewußt zu werden. Auf nichtjüdischer Seite kann man umhinkommen. Begibt man sich jedoch in diese Vergangenheit, um von ihr zu erzählen, kann einem dabei etwas passieren: Verharmlosungen, Verleugnungen, Vermeidungen, Auslassungen. Sie sollen den Raum bereiten für eine Normalität, in der man es sich unheimlich gemütlich machen kann. Unruhe stiftet der Jude, der nicht aufhört, davon zu reden. Denn das Unheimliche ist das Normale.

Der deutsche Dichter – die Krone der jüdischen Schöpfung

»Ich fürchte mich nicht vor dem Reichthum …
Ganz praktisch gedacht, habe ich, wie gesagt, den Eindruck,
daß ich in der Familie willkommen wäre.
Ich bin Christ, aus guter Familie, habe Verdienste,
die gerade diese Leute zu würdigen wissen …«
Thomas Mann

Thomas Mann mit Erika, 1906

Was wäre aus Thomas Mann geworden ohne die Juden? »Juden haben mich ›entdeckt‹«, schrieb er 1921 in seinem Essay *Zur Jüdischen Frage* und setzte das Wort »entdeckt« in Anführungszeichen, warum eigentlich? Es stimmt doch. Der Jude Samuel Fischer, damals schon ein prominenter Verleger, veröffentlichte in Berlin 1901 den ersten Roman des unbekannten jungen Autors aus Lübeck. Juden »haben mich verlegt und propagiert, ... ein Jude, der arme S. Lublinski, war es« – wieso der arme? Weil Thomas Mann ihn so häßlich fand, für ihn war das typisch jüdisch, mit Häßlichkeit bedachte er gern seine jüdischen Figuren, lieber noch Frauen als Männer. Samuel Lublinski also war es, der seinen *Buddenbrooks*, die »anfangs doch nur mit saurer Miene begrüßt wurden, in einem links-liberalen Blatte prompt die Verheißung gab: ›Dieses Buch wird wachsen mit der Zeit und noch von Generationen gelesen werden.‹ Und wenn ich in die Welt gehe, Städte bereise, so sind es, nicht nur in Wien und Berlin, fast ohne Ausnahme Juden, die mich empfangen, beherbergen, speisen und hätscheln.«

Woran lag das? An Thomas Mann? Auch andere deutsche Dichter wurden von Juden empfangen, beherbergt, gespeist und gehätschelt, ob sie nun nichtjüdisch waren oder jüdisch. Dieses menschlich versorgende Mäzenatentum ging zuerst von den Salons der Jüdinnen aus. Tee, Gebäck, Gespräche, Kontakte. Alles begann mit Jette de Lemos in Berlin, verheiratete Henriette Herz, sie war eine schöne große Frau, und ihr Mann Marcus war siebzehn Jahre älter als sie. Klein und häßlich fand ihn seine Frau, aber doch geistreich, denn er hatte »sowohl Arzneiwissenschaft als Philosophie in Königsberg studiert«[1]. Der kleine Gelehrte und die schöne, große junge Frau. Man denkt an das Pringsheim-Paar in München, die attraktive, stattliche Hedwig und den kleinen Mathematikprofessor Alfred, den sie ihren »furchtbar süßen kleinen Mann« nannte. Marcus Herz kam, anders als Alfred Pringsheim, aus armen Verhältnissen, weit ärmer als die von Hedwig Pringsheim, geborene Dohm, die als älteste von vier Töchtern in einem verschuldeten Haushalt in Berlin aufwuchs und eigenen Reichtum erst durch ihren Mann kennenlernte.

Um 1780 etwa und weil ihr Ehemann Marcus außergewöhnlich ansprechend vor interessiertem Publikum im Rahmen kleiner Vorlesungen im Speisezimmer experimentierte, entschloß sich Henriette Herz – sie war gerade mal 16 Jahre alt –, ihre eigenen Abendvorlesungen abzuhalten. Während es also bei ihrem Ehemann im Zimmer puffte und blitzte, saß man nebenan im Salon bei Jette und las Gedichte, Balladen und vor allem die neuesten Theaterstücke mit verteilten Rollen. »Unter den Zuhörern war Moses Mendelssohn das hellste Licht. Wir Frauen waren sehr glücklich, wenn er unser Vorlesen rühmte.« Jette war mit Mendelssohns Tochter Brendel, der späteren Dorothea Schlegel, befreundet, und nebenan wohnten Levins, deren Tochter Rachel erst zehn Jahre alt war.[2] Das war der Anfang.

Berlins jüdische Salonières fanden Beachtung. Sogar am preußischen Hof war man neugierig geworden. Auf ihren Sofas, in ihren Fauteuils, zwischen den Beistelltischchen und hinter dem Pianoforte war sozusagen jüdisches Frauenland, hier gab es zwischen Jude und Christ, zwischen Frau und Mann, zwischen Bürgerlichem und Adeligem keine Barrieren. Man konnte als mittelloser Dichter sich jeden Tag woanders durchfüttern lassen. Alle sagten ihre Meinung. Alle wollten von allem unterrichtet sein: »War denn Jean Paul nicht bei Jetten? Über diese Begebenheit müßte sie mir doch schreiben! Was hat er zu ihr gesagt? Was sagt sie von ihm?« erkundigte sich Dorothea Schlegel bei Friedrich Schleiermacher. »Seinen Titan habe ich lesen wollen, aber es geht nicht, man lernt nichts Neues von ihm darin, es sind immer dieselben Narren mit andern Kappen.«[3]

1811 gründete Achim von Arnim die *Christlich-deutsche Tischgesellschaft.* Seine jüdischen Gastgeberinnen Rachel Levin, Henriette Herz, Dorothea Schlegel hatten keinen Zutritt, Frauen und Juden, Franzosen und Philister waren laut Statut unerwünscht. Das Vorbild des jüdischen Salons wandelte sich unter christlich-deutscher Regie zum Verein samt Satzung. »Als direkter Protest gegen den jüdischen Salon der Zeit« sah Hannah Arendt den »Ausschluß der Frauen«. Die inzwischen alt gewordenen Salonières empfingen weiter zum literarischen Tee, doch lag darüber der Schatten der »stillen Katastrophe«[4]. Von jüdischer Seite blieb die Tür allen Gästen offen, die kommen wollten, wie es die alten Berliner Jüdinnen begründet hatten. »Frau Levy zählte damals siebenundsiebzig, die Hofrätin Herz, ihr zur Seite, sechsundsiebzig Jahre, ein kleines Fräulein Chodoviecki, das immer einen uraltmodischen weißen Atlashut auf hatte und auf einem Stuhlkissen saß, mochte noch weit älter sein«, erinnert sich die Schriftstellerin Fanny Lewald. »Diese Jüdinnen waren es gewesen, welche sich aus dem Pariatume ihres Volkes erhebend, die Bildung als den höchsten gültigen Adel zu vertreten, und so eine Befreiung und eine Kultur der Geister in ihrer Vaterstadt herbeizuführen gewußt hatten.«[5]

Bei Hedwig und Ernst Dohm, Erika Manns Urgroßeltern mütterlicherseits, kam man montags zum *jour fixe* zusammen, dort traf Fanny Lewald auf die junge Journalistin Gabriele Reuter, es kamen die Sozialdemokratin Lily Braun, die Dichter Fritz Reuter und

Theodor Fontane. Oft zu Gast sei der Sozialist Ferdinand Lassalle gewesen, mit dem die schöne Gastgeberin, so wurde getuschelt, ein Liebesverhältnis habe. Als Zeugen noch der alten Salonära erschienen Rahel Varnhagens Witwer, Karl August, sowie Alexander von Humboldt. Und da Ernst Dohm Präsident des Berliner Wagner-Vereins war, kamen zuweilen Franz Liszt mit Tochter Cosima samt Gatten, dem Wagner-Dirigenten Hans von Bülow, der seine Ehefrau bald an Richard Wagner verlor. Beim *jour fixe* bei Dohms ging es politisch zu. Der maßgebende Gesichtspunkt der Frauenarbeitsfrage sei »nicht das Recht der Frauen, sondern der Vortheil der Männer«, hatte Hedwig Dohm geschrieben. Ihr Essay zur *Wissenschaftlichen Emancipation der Frau* erschien 1874. »Man ließ Miß Nightingale gewähren; hätte sie aber ein paar hundert Pfund Gehalt als Hospital-Direktorin verlangt, wer weiß –!« Hedwig Dohm hatte mit Ende Dreißig zu publizieren begonnen, sie schrieb Streitschriften, und dazu nahm sie sich die Bücher gelehrter Männer vor. Zwischen dem Judenhaß und dem Frauenhaß der christlich-europäischen Gesellschaft sah sie Parallelen: Der von sich selbst überzeugte Mann in seinem »schönen Bewußtsein« über die Minderwertigkeit der Frau gleiche »dem Arier dem Juden gegenüber. Ist er auch nichts, aber gar nichts anderes als ein Arier, so ist er doch wenigstens kein Jude, und er darf im Hinblick auf die hebräische Hakennase, auf seine Vivatnase (natürlich nur wenn er sie hat) stolz sein.«[6]

Weit mehr Salondame als die feministische Hedwig Dohm in Berlin war deren Tochter Hedwig Pringsheim in München. Das Haus der Pringsheims war Zentrum geistig-kulturellen Lebens. Seine Großmutter, schreibt Klaus Mann im *Wendepunkt*, sei »eine verführerische Mischung aus venezianischer Schönheit *à la* Tizian und problematischer *grande dame à la* Henrik Ibsen« gewesen. Hedwig Pringsheim habe die »in unserem Jahrhundert so seltene Kunst vollendeter Konversation« beherrscht, »wobei sie ihre geübte Beredsamkeit gerne mit Kaskaden perlenden Gelächters begleitete. Sie wußte immer amüsant und originell zu sein – ob sie nun über Schopenhauer und Dostojewskij plauderte oder über die letzte Soirée im Hause der Kronprinzessin.« Maler wie Franz von Lenbach, Kaulbach und Stuck porträtierten sie, Schriftsteller wie Paul Heyse und Maximilian Harden haben ihr geistvollste Huldigungen dargebracht. »Professor Pringsheim seinerseits«, schreibt der Enkel über seinen Großvater, »klein von Statur, äußerst agil und lebhaft – schockierte und erheiterte die Gäste mit sarkastischen Bonmots und Wortspielen, oft etwas gewagter Natur. Seine knarrende Stimme ward übertönt vom melodiösen Protest der heiter entrüsteten Gattin: ›Ach, Alfred! Wie *schrecklich* du wieder bist!‹«[7] Ob wohl jüdische Witze bei Pringsheims erzählt wurden? Ganz bestimmt. Und deutsche Wortspiele beruhten sehr oft auf jüdischem Sprachwitz. Jüdische Witze wurden gern und überall erzählt. Sie standen in der Zeitung. Nichtjuden jiddelten beim Erzählen dieser Witze. Mehr oder weniger gut. Manche besser als deutsche Juden.

Golo Mann erinnerte seine Großmutter als »selbstgewiß und intelligent, burschikos nicht ohne Koketterie, temperamentvoll bis zur Ungeduld, aber nachsichtig mit jungen Herren, die nervös waren, wenn sie den Salon der Pringsheims zum ersten Mal aufsuchten«[8]. Zum Beispiel Thomas Mann. Hedwig Pringsheim gefiel der blasse, schmale, junge deutsche Dichter, und sie ihm auch. Gleich ließ er sie in seiner neuesten Novelle auftreten: »Plötzlich kam noch die reiche Dame an, die aus Liebhaberei solche Veranstaltungen zu besuchen pflegte. Sie war in ihrem seidenen Kupee aus der Stadt, aus ihrem prachtvollen Hause mit den Gobelins und den Türumrahmungen aus Giallo antico hierhergekommen, war alle Treppen heraufgestiegen und kam zur Tür herein, schön, duftend, luxuriös, in einem blauen Tuchkleid mit gelber Stickerei, den Pariser Hut auf dem rotbraunen Haar, und lächelte mit ihren Tizian-Augen.«[9] Jüdinnen konnten sogar bei Thomas Mann schön sein. Er wurde wieder eingeladen.

Diese Pracht, dieser Bildungsadel, diese goethischen Ausmaße deutscher Kultur in einer jüdischen Familie, würde er sich darin nicht ganz ungemein gut ausnehmen? Er setzte alles daran, wieder eingeladen zu werden, obgleich er sich vor den Söhnen des Hauses Pringsheim fürchtete, und auch die Tochter hatte eine ihm noch unvertraute Art, zu streiten und ihre Meinung zu sagen. Doch bald begriff er, für die jungen Pringsheims gab es »eigentlich keine Autorität, weil ihnen, im Gegensatz zu meiner ehrfürchtigen Provinzial-Optik, alles Große persönlich, menschlich, civil nahe steht, z. B. Wagner, Björnson, die Ternina, Lenbach. ›Dann hat Wagner sich eben geirrt‹ – im Munde so junger Leute!«[10]

Die gebildete, weltoffene und wohlhabende Gesellschaft war jüdisch, und war man bei den Juden eingeführt, ließen sie einen teilhaben, reichten sie einen herum. Selbstverständlich waren die gebildeten, weltoffenen und wohlhabenden Leute nicht alle Juden, und unter den Reichen waren die wenigsten Juden. Waren sie aber Juden, wurde das wahrgenommen, auch wenn es kaum mehr wahrzunehmen war, und so konnte man als weniger begünstigter, jedoch immerhin nicht jüdischer Gast zu ihnen kommen in dem Gefühl, durch die eigene Person etwas mitzubringen, was sie nicht hatten. Man repräsentierte bei ihnen die Gesellschaft, in der Juden aufsteigen konnten, so hoch, bis in den Bildungs- und Geldadel, und taufen lassen konnten sie sich auch. So geistreich und liberal sie aber sein mochten, nie würden sie erreichen, was man selbst war: ein Deutscher und Christ. Thomas Mann waren solche Gedanken vertraut.

Als eine der begehrtesten, wohlhabendsten und schönsten jüdischen Prinzessinnen galt um 1900 in München wie in Berlin Katia Pringsheim. In Begleitung ihrer Eltern und Brüder erschien sie bald schon mit Tommy am Arm, der deutlich bemüht war, seine Siebensachen beieinanderzuhalten. »Ich fürchte mich nicht vor dem Reichthum … Ganz praktisch gedacht, habe ich, wie gesagt, den Eindruck, daß ich in der Familie willkommen wäre. Ich bin Christ, aus guter Familie, habe Verdienste, die gerade diese Leute zu würdigen wissen …«[11] Und bald gehörte er zur Familie Pringsheim – eher so herum, als daß man sagen könnte, Katia Pringsheim habe als seine Frau zur Familie Mann gehört. Der Glanz des jüdischen Hauses Pringsheim verstärkte sich durch die Einheirat des jungen deutschen Dichters, der die Verkörperung dessen war, was einem das Höchste bedeutete: die deutsche Kultur, die Sprache, Dichtung, Bücher, die deutsche Literatur. Dieser Liebe zu dieser Kultur wohnte ein andauernder Schmerz inne, die Abwehr der eigenen jüdischen Identität als verinnerlichter Antisemitismus.

In seinem *Lebensabriß* von 1929 meinte Thomas Mann rückblikkend, bei Pringsheims sich von Anfang an wie daheim gefühlt zu haben. »Die Atmosphäre des großen Familienhauses, die mir die Umstände meiner Kindheit vergegenwärtigte, bezauberte mich.«

Was denn? Etwa wie in Lübeck?

»Das im Geiste kaufmännischer Kultureleganz Vertraute fand ich hier ins Prunkhaft-Künstlerische und Literarische mondänisiert und vergeistigt. Jedes der fünf erwachsenen Kinder besaß eine eigene schöngebundene Bibliothek, zu schweigen von der reichen Kunst- und Musikbücherei des Hausherrn, eines der frühesten Wagnerianer, der den Meister gekannt hatte und nur aus einer Art von intelligenter Selbstbezwingung sich nicht ganz der Musik, sondern der Mathematik, die er dozierte, gewidmet hatte. Die Hausfrau, aus Berliner literarischen Hause stammend, Ernst und Hedwig Dohms Tochter, voller Sinn für meine Existenz und meine jugendliche Leistung, war der leidenschaftlichen Neigung nicht entgegen, die für die einzige Tochter des Hauses in mir keimte.«[12]

Der Ton erinnert an eine bekannte Thomas Mann-Figur: Bankrotteur Bendix Grünlich aus *Buddenbrooks*. War Thomas Mann ein Parvenu? Diese Frage stellte der Literaturkritiker Marcel Reich-Ranicki dem Historiker und Sohn Golo Mann, und der antwortete: »Die Frage, ob TM ein Parvenu gewesen sei … nein das war er nicht. Aber seine Herkunft war provinziell … Gute Bürgersleute in einer kleinen Stadt. Daher stammt auch sein Antisemitismus, von dem er nie *völlig* wegkam (sein Bruder auch nicht). Wie sollten junge Kleinstadt-Patrizier der 1890er Jahre nicht antisemitisch sein?«[13]

Thomas Mann war als der Andere, der Nichtjude, Teil eines jüdisch familiären Zusammenhanges geworden. Das zog ihn hinein in spezifische Sensibilitäten, die zu seinem Lebensgefühl bislang nicht gehörten und die Auswirkung hatten auf sein Schreiben. Nach seiner Hochzeit mit Katia begann er eine Novelle, seine »Judengeschichte«, der er den Titel *Wälsungenblut* gab.[14] Darin begeht den verbotenen Inzest ein jüdisches Zwillingspaar, und zwar bevor die Schwester am nächsten Tag mit ihrem gojischen Bräutigam verheiratet wird. Rahmenhandlung und Detailbeschreibungen ließen die Familie Pringsheim unschwer erkennen, allein der Inzest war vom Dichter dazugegeben worden. Thomas Mann zog sein Manuskript unmittelbar vor der Veröffentlichung zurück, aus Rücksicht auf die Familie seiner Ehefrau. Alfred Pringsheim hatte den Schwiegersohn zur Rede gestellt. »Und ich, der ich anfangs einigermaßen ins Gebiß geschäumt hatte«, schrieb er an Heinrich, »bin nun ziemlich gleichmüthig. *So* gut war die Sache ja nicht …« Allerdings: »Ein Gefühl von Unfreiheit, das in hypochondrischen Stunden sehr drükkend wird, werde ich freilich seither nicht los.«[15]

Neu kann ihm dieses drückende Gefühl von Unfreiheit nicht gewesen sein, eher vertraut im Zusammenhang mit seiner Homosexualität, und da kam ihm das Jüdische vielleicht gerade recht. Unmöglich war, ein gleichgeschlechtliches männliches Paar in den Mittelpunkt einer Novelle zu stellen. Doch wurden in der Realität verliebt-schwärmerische Blicke getauscht zwischen dem jüdischen Schwager, dem Zwillingsbruder der Braut, und dem gojischen Bräutigam Thomas.

Der homosexuelle Blick des Dichters ist zu erkennen, wenn Thomas Mann seinen Siegmund Aarenhold für den Opernbesuch und vor den Augen der Leser einkleidet, »nachdem er sich gänzlich mit einem aromatischen Wasser gewaschen«. Diese Einkleidung des jungen Juden liest sich wie eine Entkleidung. »Sein gelblicher Oberkörper, über den das gestärkte und schimmernde Leinen glitt, war mager wie der eines Knaben und dabei zottig von schwarzem Haar. Er bekleidete sich weiter mit schwarzseidenen Unterhosen, Socken von schwarzer Seide und schwarzen Strumpfbändern mit silbernen Schnallen« und so fort, bis Zwillingsschwester Sieglinde an die Tür klopft. Sie tritt ein und ist »schon fertig«, wie der Dichter schreibt. Von ihrer Unterwäsche erfahren wir nichts.

»Man saß tief am Tische, auf Stühlen, deren breite und nachgiebige Polster mit Gobelins bespannt waren. Auf dem starken, blitzend weißen und scharf gebügelten Damast stand bei jedem Besteck ein Spitzglas mit zwei Orchideen. Herr Aarenhold befestigte mit seiner hageren und vorsichtigen Hand das Pincenez auf halber Höhe seiner Nase und las mit argwöhnischer Miene das Menü, das in drei Exemplaren auf dem Tische lag.« An dieser Tafel nehmen die schwerreichen jüdischen Aarenholds ihr viergängiges Familienfrühstück ein. »Es gab Fleischbrühe mit Rindermark, Sole au vin blanc, Fasan und Ananas. Nichts weiter.« Genauso könnte es gewesen sein Ende Oktober 1905, als während eines gemeinsamen Essens Thomas Mann sich an seinen Schwiegervater wandte, mit einer Frage. Nichts von schwerwiegender Bedeutung. Eine Frage nur, doch es war ungewöhnlich, daß Thomas Mann sich überhaupt an seinen Schwiegervater wandte. Er mochte Alfred Pringsheim nicht, er fühlte sich nicht wertgeschätzt von dem Vater seiner Frau. Mit argwöhnischer Miene hatte Pringsheim den jungen Mann, der ihm seine Tochter wegheiraten wollte, ins Auge gefaßt, ein Kaufmannssohn aus Lübeck, ein Schriftsteller. Im Februar war die Hochzeit gewesen, jetzt erwartete Katia ihr erstes Kind. Nichts hatten Schwiegervater und Schwiegersohn gemeinsam. Nur die Liebe zu Katia und die Liebe zu Richard Wagners Musik. Das erste trennte sie, das zweite verband sie.

Was Alfred Pringsheim für das junge Ehepaar Mann tat, das tat er für seine Tochter. Ein monatliches Fixum steuerte er über Jahre dem Haushaltsetat des Dichters bei. Die Wohnung hatte der Vater ausgewählt und gemietet für seine Katia und Mann. Sie lag selbstverständlich nur ein paar Gehminuten vom Elternhaus entfernt. Als wollte er dort mit ihr eine Zweitehe leben, richtete Alfred Pringsheim seiner Tochter die Zimmer ein, suchte elegantes Mobiliar aus und schob zum krönenden Abschluß seiner Bemühungen dem jungen deutschen Dichter einen mit goldenem und rosa Samt bezogenen Lehnstuhl unter, passend zu einem neuen, edleren Schreibtisch, umgeben von schön gebundenen Klassikerausgaben und bibliophilen Kostbarkeiten. Sogar einen Telefonapparat gab es, damit der Vater »jeden Morgen nach dem Befinden seiner Tochter fragen«[16] könne, mokierte sich Mutter Julia Mann gegenüber Sohn Heinrich.

Täglich besuchte Katia ihre Eltern und Brüder, täglich kam die Mutter herüber zu ihrer Tochter. Die erste Geburt stand bevor. Es konnte jeden Tag soweit sein. Katia war im neunten Monat und hoffte auf einen Sohn. Saß sie mit am Tisch? Oder ging es ihr an diesem Tag nicht so gut? Brauchte Thomas Mann, um Alfred Pringsheim seine ihm wichtige Frage stellen zu können, Katias Abwesenheit? Erik sollte ihr Kind heißen, denn Katias Bruder Erik war vor drei Monaten vom Vater nach Argentinien verbannt worden. Ihr erstes Kind sollte sein Wiedergänger werden, die lebendige Erinnerung an einen Bruder und Sohn, um den Katia und ihre Mutter trauerten, als sei er bereits für immer verloren.

»Das Ende ist«, hatte Hedwig Pringsheim an ihren vertrauten Freund Maximilian Harden geschrieben, »daß Erik am 9. Juli nach Buenos Ayres abgeht, und wer weiß, ob, wie und wann ich ihn je wiedersehen werde! Und Sie wissen, daß er mein eigentliches Kind war mit all seinen von mir nur zu gut erkannten Fehlern, Schwächen und schlimmen Taten. Sein Leichtsinn im Schuldenmachen, die Form, in der [er] es betrieb, seine ganze Existenz hat nun die Grenzen des Möglichen überschritten, und er muß fort.«[17] Alfred Pringsheim hatte es entschieden, und seine Frau, in allem Kummer um diesen Sohn, stimmte ihrem Mann zu. Alfred habe, schrieb sie an Harden, »außerordentlich schön und großmütig« seinen Sohn »völlig reguliert«. Er habe Erik somit ermöglicht, als Ehrenmann wieder in eine ihm auf drei Jahre offengehaltene Staatsstellung zurückzukehren. Der Abschied von Erik war in der Familie keineswegs überwunden, die Sorge, wie er in Argentinien zurechtkommen würde, beschäftigte Eltern und Geschwister.

Zu dieser Zeit schrieb Thomas Mann die Novelle *Wälsungenblut*, seine »Judengeschichte«. Er meinte, in den nächsten Tagen damit fertig zu werden, es fehlte ihm nur noch ein bestimmtes Wort, ein »hebräisches Wort«, also wohl eigentlich ein jiddisches Wort, und er hoffte, es von seinem Schwiegervater erfragen zu können.

Diese Frage nach einem typisch jüdischen Wort war intim, war indiskret, da der Goj am Tisch sie stellte. Nicht die Eltern Pringsheim, jedoch Katia und ihre Brüder waren als Juden allem Jüdischen gegenüber in einer sich beständig erneuernden Abwehr. In *Wälsungenblut* verachten Aarenholds Kinder ihren Vater »für seine Herkunft, für das Blut, das in ihm floß und das sie von ihm empfangen«. Katia und ihre Brüder waren nach Thomas Manns Geschmack Juden,

»die bei englischem Sport und unter aller Gunst der Bedingungen erwachsen, ohne ihre Art zu verleugnen, doch einen Grad von Wohlgeratenheit, Eleganz und Appetitlichkeit und Körperkultur darstellen, der jedem germanischen Mägdlein oder Jüngling den Gedanken einer ›Mischehe‹ recht leidlich erscheinen lassen muß«. Das schrieb er unter der Überschrift *Die Lösung der Judenfrage*[18]. Es bestehe »schlechterdings keine Notwendigkeit, daß der Jude immer einen Fettbuckel, krumme Beine und rote, mauschelnde Hände behalte, ein leidvoll-unverschämtes Wesen zur Schau trage und im ganzen einen fremdartig schmierigen Aspekt gewähre«. Und was die Taufe angehe, so sei »ihre praktische Wichtigkeit offenbar nicht zu unterschätzen«, sie vervollständige die Entwicklung »vom chassidischen Getto-Juden zum europäischen Menschen«. So dachte dieser Schwiegersohn.

War es üblich bei Pringsheims, über Jüdisches und Jiddisches zu reden? Wie soll man das heute wissen, woran es erkennen? Zum Beispiel daran. Hedwig Pringsheim notierte in ihrem Kinderbüchlein über ihre vierjährige Tochter: »Kati, die es jetzt immer mit dem lieben Gott zu tun hat, sagt: ›Gelt, Vaterl, mit dem Gott darf man doch nicht witzen? Und der Heinz witzt jetzt immer mit'm Fagott, das darf man doch auch nicht, gelt?‹« Wer kann diese mütterliche Notiz verstehen, ohne den dazugehörigen jüdischen Witz zu kennen, der offenbar bei Pringsheims erzählt wurde? Sagt die Mamme voller Stolz, ihr kleiner Moische sei hochmusikalisch, er spiele Fagott. Fragt die andere Mamme: »Fagott? Wos schpielt er fa Gott. Warum schpielt er nich fa de Menschn?«

Er schreibe etwas, da fehle ihm ein Wort an einer bestimmten Stelle, um es einer jüdischen Figur in den Mund zu legen. So in etwa begann Thomas Mann einleitend seine Frage, und er richtete sie direkt an seinen Schwiegervater, offenbar nach seiner Auffassung der Jude am Tisch, der es wissen mußte. Thomas Mann habe nach einem »hebräischen Wort« gefragt, erinnerte 1961 in der *Neuen Zürcher Zeitung* Klaus Pringsheim, Katia Manns Zwillingsbruder, in einem »Nachtrag zu *Wälsungenblut*«. 1905 war es im deutschen Sprachgebrauch durchaus üblich, Jiddisch zu sagen, wenn Jiddisch gemeint war. Thomas Mann sagte »hebräisch«, doch nicht etwa suchte er nach einem Wort von religiöser, frommer Bedeutung, sondern nach einem deutlich gewöhnlichen Wort. Er fragte nach einem »hebräischen« Wort für »Betrug oder betrügen«, ein besonders starkes Wort sollte es sein, Verachtung des Juden gegenüber dem betrogenen Nichtjuden sollte darin zum Ausdruck kommen.

Solche Wörter hebräisch zu nennen geht auf Luther zurück, der 1528 in seinem *Liber vagatorum* (Buch der Diebe) schrieb: »Es ist freylich solch rottwelsche sprache von den Juden komen, denn viel Ebreischer wort drynnen sind, wie denn wol mercken werden, die sich auff Ebreisch verstehen.« Sander L. Gilman, dessen Buch *Jüdischer Selbsthaß* dieses Luther-Zitat entnommen ist, schreibt, es sei »einer der frühesten Belege für die Gleichsetzung der Sprache der Diebe mit der Sprache der Juden«[19].

Sein Vater, erinnerte sich Klaus Pringsheim, habe »zögernd, aber nicht unwillig dem Dichter die erbetene Auskunft gegeben und daran eine philologische Erläuterung geknüpft, die Schwierigkeit betreffend, die es immer mache, solch ein einzelnes Wort, und besonders ein Verbum, aus der hebräischen Sprache in einen deutschen Text einzufügen«. Jiddisch: *ganew*, Dieb, durchtriebener Mensch, weibliche Form: *ganewte*, hebräisch: *ganaw* mit Betonung auf der zweiten Silbe, Plural: *ganowim*. Jiddisch: *genejwe*, Betrug, Diebstahl, dazu das Verb in der jiddischen Form: *ganwenen*. Wie würde ein jüdisch-deutscher Mensch sagen? *Beganeft* haben wir ihn, den Goj – nach deutscher Grammatik? Oder: *Beganwet* haben wir ihn, den Goj – entsprechend der hebräischen Regeln? Das mußte nun der deutsche Dichter selbst entscheiden.

Dieses Wort in diesem Satz brauchte Thomas Mann unbedingt als Schlußpunkt für seine »Judengeschichte«. Das sollte nach vollzogenem Inzest der jüdische Siegmund zu der jüdischen Sieglinde sagen. Die Geschichte war für eine deutsche Leserschaft geschrieben. Die würde *beganeft* kennen, nicht *beganwet*. »Beganeft haben wir ihn, – den Goy.«[20]

Und damit ging das Manuskript zum Druck. Die *Neue Rundschau* hatte die Erzählung bereits für das Dezemberheft angekündigt. Erika war inzwischen geboren. Am 9. November 1905. Eine schwere Geburt, und kein Sohn. Von *Wälsungenblut* gerieten Druckbögen unterderhand in die Öffentlichkeit. Ganz München genoß den Skandal und meinte, die reichen Juden Pringsheims und ihren gojischen Schwiegersohn darin wiederzuerkennen.

Der Inzest innerhalb der Geschichte war der eigentliche Vertrauensbruch des eingeheirateten Nichtjuden. Das jüdische Zwillingspaar feiert bei Thomas Mann seine Auserwähltheit im Inzest auf Kosten des Gojs. Das bediente den Antisemitismus draußen, und der richtete sich keinesfalls allein gegen »den chassidischen Getto-Juden«, sondern gerade gegen Juden wie Pringsheims, die sich als europäische Menschen verstanden.

In diesem Inzest des jüdischen Zwillingspaars hatte Thomas Mann eigentlich seine homosexuellen Sehnsüchte verborgen. Es war die Liebe von gleich zu gleich, die er schilderte, wie von gleichem Geschlecht. Das für ihn Verbotene, das Schlimme machte er vor der Öffentlichkeit jüdisch. Die Schlußpointe hatte ihm sein jüdischer Schwiegervater geliefert. Völlig ahnungslos. Alfred Pringsheim war der vom gojischen Dichter beganefte und beganwete Jud.

In Thomas Manns *Wälsungenblut* hat Richard Wagners *Walküre* eine zentrale Bedeutung. Sie wird in der Namensgleichheit des Zwillingspaars Siegmund und Sieglinde deutlich. In der *Walküre* wird der Inzest vom germanisch-arischen Zwillingspaar begangen, und das

Ergebnis dieser Vereinigung ist einen Opernabend später der Supergermane Siegfried. »In einem tosenden, brausenden, schäumenden Wirbel reißender Leidenschaft« sinken die Wagnerianer hin, ob gojisch oder jüdisch, wenn sie der Musik lauschen und dabei dem Inzest zusehen. Das ist dann etwas ganz anderes. Denn so funktioniert Antisemitismus.

Was wäre aus Thomas Mann geworden ohne die Juden? Was wäre aus Thomas Mann geworden ohne die Pringsheims? Ohne seine Einheirat 1905 als 29jähriger in eine jüdische Familie? Ein nationaler Deutscher? Ein in Nazi-Deutschland gefeierter deutscher Dichter? Der deutsche Dichter des Hitler-Regimes? Es gab andere große Künstler, Literaten, Schauspieler, Musiker, die blieben und partizipierten, ohne sich deshalb mit dem von Thomas Mann so verabscheuten und gefürchteten Nazi-Pöbel gemein machen zu müssen. Es gab vornehme Nazis, sogar intelligente. Und den Dagebliebenen wurden vom Nazi-Staat schönste künstlerische Möglichkeiten eröffnet.

Thomas Mann hatte sich gegen die Nationalsozialisten ausgesprochen, er hatte vor ihnen gewarnt, noch bevor sie an die Regierung kamen. Zu seinen engsten Vertrauten jedoch gehörten auch nationalistisch denkende und sogar nationalsozialistisch engagierte Männer. Deutschland verlassen wegen Hitler? Sein Land, seine Kultur, seine Leserschaft? »Die Revolution gegen das Jüdische hätte gewissermaßen mein Verständnis, wenn nicht der Wegfall der Kontrolle des Deutschen durch den jüdischen Geist für jenes so bedenklich und das Deutschtum nicht so dumm wäre, meinen Typus mit in den selben Topf zu werfen und mich mit auszutreiben.«[21] Und darum wäre er gern geblieben, dachte sogar an Rückkehr, da für ihn »selbst das unselig-verworrendste Deutschland noch eine große Angelegenheit«[22] blieb. Er wäre gern Teil dieser »großen Angelegenheit« gewesen, um das bessere Deutschland zu repräsentieren, das Beste, das Goethische in seiner Person des deutschen Dichters im Dritten Reich, gegen das Dritte Reich, doch eben im Dritten Reich.

Aber das ging ja gar nicht. Er war mit einer Jüdin verheiratet. Wie sollte das gehen? Seine Tochter Erika, sein Sohn Klaus wurden in der Nazi-Presse schon vor 1933 attackiert. Davon suchte er sich getrennt zu halten, öffentlich als Thomas Mann und innerlich als Vater. In der Schweiz beanspruchte er ein ganz eigenes Exil innerhalb der Literaten-Emigration, nämlich abgetrennt von den entflohenen deutschen Juden. Das empfand er nicht als ungünstig für seine Person, sondern als Bestätigung seiner Position des deutschen Dichters, deutscher als Feuchtwanger oder Werfel. Besonders den beiden Journalisten und Rezensenten Alfred Kerr und Kurt Tucholsky galt seine persönliche Abneigung.[23] Daß es die getroffen hatte, sei »am Ende kein Unglück«, schrieb er am 10. April 1933 in sein Tagebuch, »auch die Entjudung der Justiz am Ende nicht«.

In Amerika habe er »den Rang des Kaisers« gehabt, sagte Hilde Kahn-Reach im Gespräch mit Heinrich Breloer. Sie war drüben, in den USA, Thomas Manns Sekretärin gewesen, eine deutsche Jüdin, später Amerikanerin, geboren in Wuppertal. »Er war absolut der Oberste, der Höchste, der Bedeutendste. Er war irgendwie zu der Rolle geboren ... er fühlte sich doch immer als Repräsentant.«[24]

Er war der »Erwählte« der deutschsprachigen Emigration. Denn er war kein Jude. Lion Feuchtwanger, auch ein berühmter deutscher Dichter und im Exil Nachbar der Familie Mann, wurde nicht der Kaiser der deutschen Emigration. An schriftstellerischem Selbstbewußtsein fehlte es ihm nicht und nicht an Berühmtheit, auch an Qualität, Egozentrik und Eitelkeit standen Lion Feuchtwanger und Thomas Mann sich in nichts nach. Feuchtwanger aber war Jude.

Man ist Thomas Mann »von der Naziseite her jahrelang mit Anträgen gekommen, er möchte doch nur heimkehren ins Reich und ›alles‹ werde vergeben und vergessen sein«. Davon weiß man durch Erika Mann. Den »einzigen lebenden ›arischen‹ Nobelpreisträger für Literatur« hätten die Nazis ihrer Reichskulturkammer »nur zu gerne eingereiht«, schrieb sie 1958. »Er aber kam nicht. *Wäre* er gekommen und *hätte* er sich zu dem Pack bekannt (was freilich so unvorstellbar ist, daß man es nicht einmal einbeziehen kann in irgend welche Gedanken an T. M.), er wäre geehrt worden, wie keiner sonst ...«[25]

So unvorstellbar es begreiflicherweise für Erika Mann war, solche Gedanken mit ihrem Vater in sich zusammenzubringen, sie konnte es doch, denn sie schrieb es hin: Das Pack hätte ihn geehrt wie keinen sonst. Vorstellbar ist das Schreckliche, nach dem sich umzusehen verboten ist, will man nicht zur töchterlichen Salzsäule erstarren. »Alles« würden ihm die Nazis vergeben und vergessen haben. Doch was wäre mit seiner Familie gewesen? Hätte er seine jüdische Frau mitbringen dürfen? Und seine Kinder? Es hätte die Familie zerrissen. Katia Mann: »Wir emigrierten, mein Mann hatte gar keine Möglichkeit, sich nicht von Nazi-Deutschland zu distanzieren.«[26]

Daß Erika Manns Vater jahrelang Anträge von der Naziseite bekam, lag nicht bloß an seinem Nobelpreis. Mit seinem ihm eigentümlichen Deutschsein schien er den Goebbels' und Görings ideal in deren aufgeblähtes Herrenmenschensystem zu passen. Gerade auch die Sprache Thomas Manns. Eine betulich gestelzte Gediegenheit, deren selbstverliebter Biedersinn mit der nächsten gewundenen Wendung zu ironischer Distanz werden konnte. Seine Ehefrau und seine älteste Tochter ahmten ihn darin täuschend nach.

Ludwig Marcuse lernte 1930 in Frankfurt die junge Erika Mann kennen, sie war dort als Schauspielerin engagiert, und er war Theaterkritiker. Er suchte ihre Bekanntschaft. Man traf sich. Sie habe ihn besser unterhalten »als die vereinigte deutsch-französische Lustspielliteratur«, denn sie habe »die Thomas-Mann-Sprache fließend« beherrscht. »Der Schöpfer dieses bekannten deutschen Dialekts schrieb ihn nur, die Tochter aber sprach ihn – und trieb so viel Allotria damit, daß er sie gewiß beneidete.«[27] Auch Katia Mann konnte die Ausdrucksweise ihres Ehemannes kopieren. Sie tat es, indem sie seine Post erledigte, »sie wußte seinen Stil nachzuahmen, das war zum Schreien komisch«[28], erinnerte sich die ehemalige Mann-Sekretärin Hilde Kahn-Reach.

10. Februar 1933: Thomas Mann spricht im Auditorium maximum der Münchner Universität über *Leiden und Größe Richard Wagners*. Ausverkauftes Haus. Viel Beifall. Am Tag darauf fährt das Ehepaar Mann nach Amsterdam, von dort nach Brüssel und Paris. Überall hält er mit Erfolg seinen Wagner-Vortrag. Am 19. Februar soll in der Berliner Krolloper der Kongreß *Das freie Wort* stattfinden. Hauptvortrag ist Thomas Manns *Bekenntnis zum Sozialismus*.

Ob dieser Titel von ihm war? Sein Bekenntnis gilt der »sozialen Republik«[29], als »geistiger Mensch bürgerlicher Herkunft« gilt sein »humanes Interesse der leidenschaftlichen Anteilnahme am Menschen«. Hier spricht der Repräsentant der deutschen Kultur: »Die Kunst war ja immer und wird jederzeit sein das vollendete ›Dritte Reich‹, von dem große humane Geister geträumt haben und dessen Name heute so mißbräuchlich geführt wird: die Einheit nämlich – von Leiblichkeit und Geistigkeit.« Materialismus »mit Menschlichem durchdringen ..., der Erde einen Sinn geben wollen, einen Menschensinn. In diesem Sinne bin ich Sozialist.« Sein Vortrag versuchte eine heikle Gratwanderung zwischen seiner Person und der »nationalsozialistischen Bewegung«. Thomas Mann wußte um den Wunsch, »den Menschengeist, der sich zu sehr ins Abstrakte und Intellektuelle verloren« habe, den »Quellen des Lebens« wieder anzunähern. Er begriff die »Bindung an Heimat, Scholle, Vaterland und

Volkskultur« als eine »natürliche Gegebenheit, die in diesem Sinne heilig und unzerstörbar« war, auch für ihn. Doch Thomas Mann warnte vor der nationalsozialistischen Bewegung, die er nicht ausdrücklich nannte, die er aber unmißverständlich als »verabscheuungswürdige Mischung aus Revolution und Reaktion« bezeichnete, als »heruntergekommene und mißbrauchte Geistigkeit«. Er hielt diese Rede nicht selbst. Er war in Berlin nicht anwesend, »aus gesundheitlichen Gründen«. Er war in Paris. Kultusminister Adolf Grimme sollte den Text verlesen. Die Veranstaltung wurde von den Nazis verboten. Thomas Manns Vortrag wurde in der Zeitschrift *Sozialistische Bildung*, Februar 1933, abgedruckt.

In der Wochenendausgabe der *Münchner Neuesten Nachrichten* erschien am 16. April 1933 – die Nazis waren seit dem 1. März an der Regierung – der *Protest der Richard-Wagner-Stadt München* gegen Thomas Mann. »Wir lassen uns unseren wertbeständigen Geistesriesen nicht durch einen Thomas Mann im Ausland verunglimpfen!«[30] In diesem Ton. Unterzeichnet hatten der bayerische Kultusminister Hans Schemm, der Präsident der Akademie der bildenden Künste Geheimrat German Bestelmeyer, der Generaldirektor der Bayerischen Staatsgemäldesammlung Geheimrat Friedrich Dörnhöffer, der Generalintendant der Bayerischen Staatstheater Clemens von Franckenstein, der Vorstand der Musikalischen Akademie Eduard Niedermeyer, der Präsident der Industrie- und Handelskammer Josef Pschorr sowie Hans Knappertsbusch, der Urheber der Kampagne, Hans Pfitzner, Richard Strauss, Olaf Gulbransson und andere. Katia Mann: »Es war ein furchtbarer Hetzartikel gegen ihn, und er hat sich ganz unverhältnismäßig darüber aufgeregt.« Ihr Vater, Alfred Pringsheim in München, »war so empört, daß er völlig außer sich geriet, wozu er obendrein von Natur neigte … In solchen Momenten erwachte seine Solidarität für den Schwiegersohn.«[31]

Das war ein gezielter Schlag gegen Thomas Mann und ein schwerer Schock für ihn. So mächtig konnte dieses neue Deutschland sein, so jäh konnte es einen treffen, noch eben von den eigenen Freunden gewürdigt und jetzt von ihnen verdammt. »Der Bruch mit meinem Lande, der fast unvermeidlich ist, bedrückt und beängstigt mich sehr – ein Zeichen eben dafür, daß er zu meiner Natur nicht recht paßt, die mehr durch goethisch-repräsentative Überlieferungselemente bestimmt ist, als daß sie sich eigentlich und bestimmungsgemäß zum Martyrertum geschaffen fühlte. Damit ich in diese Rolle gedrängt würde, mußte wohl wirklich ungewöhnlich Falsches und Böses geschehen«[32], schrieb er am 15. Mai 1933 an Albert Einstein, der ihm gratulierte, Deutschland verlassen zu haben.

Thomas Mann hatte Deutschland nicht verlassen. Das Ehepaar Mann war in der Schweiz geblieben. Thomas Mann war noch nicht zurückgekehrt, er wollte erst noch abwarten. Was eigentlich? Erika Mann war erleichtert, die Eltern endlich draußen zu wissen. Ihre Mutter hatte schon seit Monaten zu ihrem Vater gesagt: »Die Nazis kommen zur Macht. Wir sollten lieber außer Landes gehen.«[33] Im August 1931 hatte Katia Mann vorausgesehen: »Wenn heute das verfluchte Volksbegehren durchgeht – und das ist leider doch nur allzuwahrscheinlich – dann giebt es doch überhaupt kein Halten mehr, wir bekommen eine reine Rechtsregierung«[34], dann könne man nicht im Lande bleiben. Bereits 1927 hatte sie gehofft: »Ich glaube immer, wir bleiben nicht mehr lange; wenn es nur nicht für die Urgreise so hart wäre«[35], für ihre alten Eltern.

Im Exil begann sich Katia Mann, sofort einzurichten. Es war doch auch schön hier, es war Frühling, es wurde Frühsommer. Inzwischen waren sie nach Sanary-sur-Mer umgezogen. »Die jüngsten Kinder hatten wir bei uns, und in Sanary war ein ganzer Kreis deutscher Emigranten versammelt. Heinrich war dort, René Schickele und Feuchtwangers. Auch Golo wohnte da.«[36] Am Geburtstag des

Vaters, 1933, notierte der Sohn: »Gestern abend mit Heinrich am Meer prominiert; er tut mir wirklich leid, trägt sein Schicksal mit viel Würde, ja selbst mit Charme, und nicht so damenhaft in seinen Schmerzen, von aller Welt beleidigt wie der Alte.«[37]

Thomas Mann war in Sorge um seinen *Joseph.* Im ersten Regierungsjahr Adolf Hitlers sollte er bei Fischer in Deutschland mit dem ersten Band seines dreiteiligen Juden-Epos herauskommen. »Es ist Wahnsinn«, schrieb er am 24. August 1933 seinem Verleger Gottfried Bermann Fischer nach Berlin. »Läßt man Ihnen die Veröffentlichung überhaupt durchgehen und kauft das Publikum den Band der Kritik zum Trotz, die ihn aber sehr wohl zu Tode hetzen kann – wie sollen Sie mich honorieren? Das Geld wird Ihnen weggenommen werden.«[38] Thomas Mann befand sich auf einmal durch seinen *Joseph* in der Rolle des Provokateurs und Judenfreundes. Er hatte nicht geplant, eine Apologie, eine Verteidigung des Judentums gegen den Antisemitismus, zu verfassen, er habe auch kein Juden-Epos, sondern ein Menschheits-Epos schreiben wollen. »Das Juden-Epos gelang ihm jedoch gerade deshalb, weil es ein Menschheits-Epos wurde«, schreibt Ruth Klüger. »Hier sind die Juden nicht länger geistige Krüppel, Fanatiker und gescheite Narren, sondern sind eben Vertreter der Menschheit.«[39]

Katia Manns Ehemann sah sich noch nicht als Emigrant, er hatte sich von Deutschland noch nicht abgewandt. »Daß ich aus dieser Existenz hinausgedrängt worden, ist ein schwerer Stil- und Schicksalsfehler meines Lebens, mit dem ich, wie es scheint, umsonst fertig zu werden suche«, notierte er, »die Unmöglichkeit seiner Berichtigung und Wiederherstellung, die sich immer wieder aufdrängt, das Ergebnis jeder Prüfung ist, frißt mir am Herzen.«[40] Er war der Außengebliebene im Gegenüber zu den Dagebliebenen. »Wo ich bin ist Deutschland.« Aber wo war er? Er war ohne eigenen Boden. Weit mehr noch als in München wurde im Exil Thomas Mann zur

Aufgabe seiner Frau, zu ihrem Kunstwerk, und wo immer es ging, bezog sie in diese Arbeit am deutschen Dichter ihre Tochter Erika ein. Daß er schreiben konnte, sein Juden- und Menschheits-Epos, das war das Wichtigste. Was immer draußen die Menschen erschütterte, seine Welt mußte nach Möglichkeit unangetastet bleiben. Überall im Exil ließ Katia Mann sein Heim wiedererstehen, in dem er Dichter, Repräsentant, »der Zauberer« sein konnte. Seine Sicherheit war Voraussetzung für ihrer aller Sicherheit. »Ich werde es immer beklagen, daß mein Mann sich nicht gleich zu Anfang, aus freien Stücken, wie Sie und andere es getan haben, radikal von dieser fluchwürdigen Bande getrennt hat«[41], schrieb sie im April 1935 an einen guten Freund, der jüdisch war wie sie, an den Schriftsteller Alfred Neumann. Dem anderen Juden gegenüber sprach Katia Mann aus, was sie als Ehefrau Thomas Manns schlucken mußte.

Die Einheirat in eine jüdische Familie hatte fraglos Auswirkungen auf das Leben dieses deutschen Dichters. Sie bewahrte Thomas Mann davor, von den Nazis geehrt zu werden »wie keiner sonst«. Und das kam später auch der deutschen Nachwelt zugute. Wäre Thomas Mann geblieben, »die Sache«, das Dritte Reich, deutschtrunken und homophil faschistoid, würde ihn womöglich verschlungen haben.

Erlesenes und Verleugnetes

»Es war eigentlich ein netter deutscher Kreis dort in Sanary.«
Katia Mann

Katia, Erika und Thomas Mann
bei der Überfahrt nach Amerika, 1937

Hätte Erika Mann nicht die erlesene, ihr vorauseilende Identität der Thomas Mann-Tochter gehabt, sie würde in Amerika 1936 als Deutsche gut daran getan haben, sich auf ihre jüdische Mutter zu berufen. Die Tochter des Nobelpreisträgers, des berühmten Schriftstellers von *Buddenbrooks* und *Zauberberg*, mußte das nicht. Sie war gewohnt, als seine Tochter aufzutreten, sie war gewohnt, das Jüdische in sich als das Verleugnete zu bewahren. Davon ist auszugehen. Wie in vielen anderen jüdisch-deutschen Familien kam das eigene Jüdische auch bei Mann-Pringsheims von außen wieder herein. Doch besudelt durch den zunehmenden Antisemitismus. Schmierig, schmutzig, triebhaft, gierig sei »der Jud«, und seine Sprache, Ausdrucksweise, Gestik und Mimik, das alles zusammengenommen, galt als verhunztes Deutsch.

Katia Manns entschiedenes »Unsinn! Alles Unsinn!« auf die Frage der Kinder nach ihrem Jüdischsein wehrte eine Spaltung ab. Die drohte der Familie gerade dieses deutschen Dichters, der seine Worte wählte und setzte wie zu seiner Zeit kein anderer mehr. Angelehnt an Goethes geliebtes Deutsch, pflegte und schrieb Thomas Mann seine erlesene Schriftsprache. Sie wurde eine Art Familiensprache, in der Erika Mann ihre Briefe an die Eltern schrieb – mokant förmlich, spitzbübisch anzüglich, schelmisch zeremoniell.

Dem Thomas Mann-Deutsch etwas eigenes Literarisches entgegenzusetzen schien den Töchtern und Söhnen fast unmöglich. Sie versuchten es alle. Erika Manns jüngerer Bruder Klaus als erster. Er schrieb leicht und schnell, er war noch Schüler und veröffentlichte bereits Rezensionen und Kritiken in Zeitungen. *Anja und Esther* war das erste Theaterstück des Achtzehnjährigen. »Mir ist das Milieu zu krankhaft«, kritisierte Katia Mann – nicht ihrem Sohn gegenüber, sie schrieb es Erika. »Und was mich am meisten stört, ist, daß die Kontrastfigur, der Erik, … nun auch wieder der kokainessende Sohn einer ingeniösen Cirkusreiterin ist, die vom Leben nichts weiß als Stepptanzen, Nachtlokale usw. Aber es hat schon was.«[1] Dem Sohn konnte es womöglich nicht krankhaft und schmuddelig genug sein im Gegenüber zu seinem Vater, der seine Begierde nach jünglingshafter Keuschheit auslebte in seinen Romanen, gezähmt, literarisiert, erhaben.

Sprache trennt. Im Gedanklichen wird durch Sprache die körperliche Getrenntheit zum Gegenüber benannt. Sprache, Schrift verbindet, Geschriebenes wird zum Erlesenen. Und genauso kann Sprache ausschließen. Vergleichbar Völkern, haben Familien ihre eigene Sprache, sie nimmt Wörter aus der Kindersprache auf und Ausdrücke für Intimes. Zwischen den Geschwistern Pringsheim wurde eine innerfamiliäre Sprache gesprochen, der Außenstehende wie Thomas Mann schwerlich folgen konnten. Es war ein mit vielen französischen Vokabeln durchzogenes Parlieren, selbstironisch und geistreich. Das war vorgegeben von den Eltern, Hedwig Pringsheim war eine gebildete Frau und dazu spottlustig, eine Feuilletonistin und Komödiantin, Mathematikprofessor Alfred Pringsheim referierte frei im Hörsaal, ideenreich und mit scharfem Witz. Man stelle sich daneben die Gespräche in der Lübecker Mengstraße vor zwischen dem Elternpaar Konsul Mann und Frau Julia – gesetzt, beherrscht, sittlich.

In der Familie Thomas Mann wandelte sich die Pringsheim-Sprache mehr ins neckisch Gezierte, französische Wendungen der mütterlichen Sprache wurden ersetzt durch drollig betuliches Deutsch der väterlichen Ausdrucksweise, es wurden Wortschöpfungen der Kleinkinder beigefügt, die über die Jahre bis ins Alter erhalten blieben. Zwischen Erika und Klaus wurde diese familiäre Ausdrucksweise zu einer für andere kaum noch entschlüsselbaren, sprachlich codierten Verschmelzung, die Getrenntheit verleugnete. Das ist der Grund, weshalb bis heute die vielen hundert Briefe, die Erika und Klaus einander schrieben, zum größten Teil nicht veröffentlicht sind. Für Außenstehende sind sie kaum lesbar. Erika war in diesem zusammengeführten Zwillingssprachkörper die Lebenstüchtige. Sein Selbstmord trennte sie nicht. Nur, daß er sie nicht mitriß.

Trennend in dieser deutschen Familie war das Jüdische, obwohl verleugnet. Eine besondere Getrenntheit, deren Besonderheit bedrohlich schien. Nicht wegen der Nazis wurde das Jüdische verleugnet. Es war immer verleugnet worden. Es war nicht beliebt. Beneidet vielleicht, beargwöhnt und sogar bewundert, aber nicht gemocht. Nachdem er eingeheiratet hatte in die erlesene jüdische Familie, konnte Thomas Mann seine Schwiegereltern immer weniger leiden. Anläßlich seines 45. Geburtstags am 6. Juni 1920 besuchte ihn das Ehepaar Pringsheim. Katia war im Sanatorium. Sie hatte ihm in ihrem Geburtstagsbrief über »gräßliche Philister, hochmütige Offiziersdamen und andere« geschrieben, »die nun erhobenen Hauptes einherschritten und versuchten«, nach dem verlorenen Krieg von 1918 »den Juden die Schuld an allem Unheil zuzuschieben«[2], Leute, die sie künftig davon abhalten würden, die Deutsche Volkspartei zu wählen. Seine Partei. Die alten Pringsheims würde das freuen, sie wählten liberal.

Katias Vater hielt keine Rede zum Geburtstag seines Schwiegersohns, Thomas Mann hatte seine Erwiderung schon geschrieben, das Geschenk, ein Feuerzeug, funktionierte nicht, sein Schwiegervater, Wagnerkenner und ausgezeichneter Klaviervirtuose, spielte für ihn aus *Tristan*. »Nicht sehr gut«, verzeichnete Thomas Mann später im Tagebuch.

Er war deutsch-national wie die meisten Antisemiten. Es gab auch Antisemiten bei den Linken, und es gab Juden bei den Deutschnationalen. Sie ahnten noch nicht, was sie davon haben würden. Das Deutsche war ihnen so wichtig, das Erlesene. Die allgemeine Gereiztheit wuchs, der schwelende Antisemitismus. Das hatte Auswirkungen bis in die Familie. In einem Brief aus dem Jahr 1926 an ihre 21jährige Tochter Erika schrieb Katia Mann über einen Abend bei ihren Eltern Pringsheim. Man hatte diskutiert. Über Schopenhauer. Seinen Schopenhauer. Die Spottlust der Pringsheims hatte Thomas Mann persönlich genommen. »... nachher zuhause geriet er völlig außer sich, behauptete, man habe ihn mit Absicht beleidigt und gedemütigt, wie man seit 20 Jahren nichts anderes täte, sprach sich über meine gesamte Familie denn so hart aus, wie ich, die ich doch schließlich bekannt familiant bin, es schwer mit anhören konnte.« Er habe danach einen »förmlichen Nervenzusammenbruch« bekommen. »Und ich muß darin doch auch einen unfreundlichen Akt gegen mich erblicken und weiß nicht, was ich machen soll.«[3]

Von draußen meldete sich inzwischen der *Völkische Beobachter* in seiner Münchner Lokalausgabe mit Anspielungen in Richtung Katia Mann und Tochter Erika. Von »schwerreichen Jüdinnen in Pazifismus und Salon-Bolschewismus« war zu lesen, »Prinzessinnen auf dem Aushängeschild des Ghettos von Bogenhausen«. Dort wohnten sie, in einer der vornehmsten Gegenden Münchens.

Folgt man den veröffentlichten Tagebüchern Thomas Manns, scheint das Jüdische zwischen Katia, den Kindern und ihm nie wirklich Thema gewesen zu sein, nie ausdrücklich bezogen auf die eigene Familie. Auch nicht unter zunehmendem Antisemitismus. Das muß nicht mehr heißen, als daß Thomas Mann es nicht notierte.

Das kann heißen, daß die Verleugnung angesichts der wachsenden Bedrohung bei Katia Mann nur noch zunahm. Thomas Manns Familie war nicht jüdisch. Das gab es gar nicht. So etwas konnten nur Nazis sagen. Allerdings, da waren Katias Eltern, und von dort führte eine gerade Linie bis hin zu Erika und deren Geschwister. Am 25. Dezember 1933 notierte Thomas Mann in sein Tagebuch: »Die Kinder, noch gestern Abend spät befragt, was von Weihnachten das Schönste gewesen sei, erklärten: ›Als Herr Papale bei Tisch einen Juden nachmachte!‹« So harmlos. Aber auch so ich-bezogen. Dauerthema war statt dessen das Homosexuelle.

Bei Tisch plauderten Erika und Klaus über ihre homosexuellen Liebesabenteuer und über des Vaters homophile Verliebtheiten – neckisch, anzüglich, kokett. Die einzige Ausgeschlossene schien dabei nicht weiter aufzufallen: die heterosexuelle Frau, die Jüdin Katia Mann, die in ihrer Weiblichkeit keineswegs so gefestigt war, daß sie – etwa wie ihre Mutter es gekonnt hätte – gegen diese homophile Übermacht als die große Dame aufgetreten wäre.

Das Homosexuelle verleugnete die Getrenntheit zwischen dem nichtjüdischen Vater und seinen jüdischen Kindern. Das Homosexuelle verleugnet Getrenntheit überhaupt, sowohl die Getrenntheit der Geschlechter als auch die der Generationen, denn Homosexualität kann nicht generationell wirken. Das aber ist der Auftrag des Jüdischen. Weitergeben und dadurch das Jüdische erhalten. Halacha, das jüdische Gesetz, das in der hebräischen Wortbedeutung »gehen«, »wandeln« heißt, meint auch den Fortgang der Generationen als Auftrag an die Frau.

Jude ist, wessen Mutter jüdisch ist. Judentum ist nicht allein Religion, sondern Zugehörigkeit zu diesem Volk, das über die Jahrhunderte und in der Zerstreuung einer besonderen Vergewisserung der Zusammengehörigkeit bedurfte, und die geht über das Religiöse hinaus. Man ist Jude, auch wenn man nicht an Gott glaubt. Das Judentum verlangt keine Gottgläubigkeit wie etwa das Christentum. Es verlangt, die Gesetze einzuhalten, und darin wiederum wirkt es trennend, denn Gesetze unterscheiden. Trennung hatte in der Nazizeit etwas Katastrophisches. Trennung bedrohlichster Art gab es zunehmend von draußen. Erzwungene Trennung von der mütterlichen Familie Pringsheim. Was würde werden? Die beieinander blieben, waren in besonderer Weise unzertrennlich geworden. Katia Mann: »Vom Tag der Emigration ab waren wir überhaupt nicht mehr getrennt. In den fremden Ländern habe ich ihn überallhin begleitet.«[4]

Wie einst in München pflegte im Schweizer Exil Katia Mann »ein ziemlich offenes Haus«. Zum größten Teil waren es dieselben Gäste. Man war sozusagen gemeinsam emigriert, sah sich nachmittags zum Tee, am Abend dann wichtiger Besuch und schon zum Mittagessen unangemeldete Gäste, darunter jetzt die Freunde der erwachsenen Kinder, Liebhaber von Klaus, Erikas Liebhaberinnen. »Tenni, Lion und Therese, das ist zuviel«, schrieb Katia ihrem Sohn, »und, offen gesagt, auch zu jüdisch«.[5] Zu jüdisch – das war ihr schnell zuviel und wohl auch ungewohnt an ihrem Tisch vor ihrem Ehemann. Vermutlich aber war es Katia Mann in ihrer Familie zu homosexuell.

Im Homosexuellen war Verschmelzendes, den Generationsunterschied verleugnend. Der 52jährige Vater schrieb wie ein Gleichaltriger an seine knapp zwanzigjährigen Kinder Erika und Klaus über seine Verliebtheit in einen 17jährigen. »Ich nenne ihn Du und habe ihn beim Abschied mit seiner ausdrücklichen Zustimmung an mein Herz gedrückt.« Sein homosexueller Sohn Klaus solle ihm den Knaben nicht ausspannen. Thomas Mann schreibt den Kindernamen: »Eißi ist aufgefordert, freiwillig zurückzutreten und meine Kreise nicht zu stören. Ich bin schon so alt und berühmt, und warum solltet ihr allein darauf sündigen?«[6]

Er hat sehr wahrscheinlich nie etwas getan. »Die geheimen und fast lautlosen Abenteuer des Lebens sind die größten.«[7] Sein Schreiben brauchte den Reiz des Begehrens, nicht die reale Erfüllung. Seine Macht war die Sprache. Seine Sprache konnte sich wie von gleich zu gleich ins Denken und Formulieren seiner Kinder einschleichen. Im Streit mit dem verleugneten Jüdischen um die Position des Besonderen, des Erlesenen konnte er das Deutsch-Christliche hervorkehren als die wahren kulturellen Werte, die auch für seine Kinder zu gelten hatten. Den gekreuzigten Nackten nagelte der Vater seinem sechsjährigen Michael »ans Kopfende des Bettes«. Das sei »Teil von unserer westlichen Kultur, und der Junge muß sich an das gewöhnen«[8], erinnerte Elisabeth Mann Borgese diese Situation von damals. Sein Jüngster war getauft, doch fürchtete sich der jüdische Sohn der »Prinzessin des Ostens« vor dem am Kreuz hängenden kleinen Mann. Für Thomas Mann konnte dieser männliche Körper, leidend gekrümmt und um die Lenden ein lockeres Tuch drapiert, auch Homosexuelles bedeuten und nicht bloß Symbolfigur christlicher Erlösung.

Draußen ging es immerzu um das Jüdische. In Deutschland und im Exil. »Wissen Sie, ob Juden noch Pässe bekommen?« notierte Thomas Mann als Beispiel für den »grotesken Conversationsstil der Zeit« am 1. April 1933. Eine Woche später: »Quälendes Gespräch mit K. über die Vorgänge.« Neue Emigranten aus Deutschland kamen mit weiteren, schlimmeren Erlebnissen. Und es war stets dieser Zusammenhang: die Juden und die Deutschen. Ein gestandener Antisemit wie Thomas Mann kam dabei in bedrängende Nähe zu dem, was er selbst bei den Deutschen jetzt als »nie gesehenes Maß von dummer und grobschlauer Unverschämtheit« erkannte. »Das elende Niveau ist es, die Mischung von Unbildung, Träumerei und Roheit, was am meisten erbittert«[9], notierte er im August 1933.

Das Jüdische wurde im Exil immer erlesener. Deutschlands Elite traf sich allabendlich im Zürcher Café *Odeon*. Dort saßen laut Erika Mann: »Ein Drittel (höchstens) Schweizer, ... ein Drittel Flüchtlinge, ein Drittel Spitzel für das Reich.«[10] Und mittendrin sie selbst mit Therese Giehse. Mit ihrem Kabarett *Die Pfeffermühle* feierten sie Triumphe.

Therese Giehse, sieben Jahre älter als Erika Mann, damals bereits eine bekannte und angesehene Schauspielerin, war im März 1933 aus Deutschland geflohen. Ihre Familie war in München, ihre Mutter lag im Sterben, ihr älterer Bruder war im Konzentrationslager Dachau. Therese Giehse war die Jüngste von fünf Kindern, drei Töchter, zwei Söhne. Erinnerungen an ihre Münchner Schulzeit faßte sie so zusammen: »Ich war dick und rothaarig und hatt' den Herrn Jesus umgebracht.«[11]

Therese Giehse war für Katia Mann »rein jüdisch«[12]. Das war der getauften Jüdin wichtig zu sagen. Rein jüdisch bedeutete eben: nicht getauft. Es war eine übliche Redewendung unter Juden. Rein jüdisch – darin hallte das jüdische Gesetz nach, rein geblieben, koscher, die gebotene Trennung von anderen Göttern. Diese reine Jüdin brachte Erika der Mutter ins Haus. Therese Giehse war nicht religiös, man konnte sogar Weihnachten mit ihr feiern.

Im Schatten dieses verliebten Frauenpaars, Erika und Therese, fühlte sich die kleine Schwester Elisabeth glücklich. Medi ging in die Vorstellungen der *Pfeffermühle*, sie wurde danach ins *Odeon* mitgenommen. Bis spät in die Nacht saß man zusammen. Medi »fand das herrlich«[13]. Von jüdisch und von Juden wird oft geredet worden sein. Von der Angst, »daß plötzlich unbekannte Leute vor der Tür ständen«, wußte Medi selbst. »Ich habe schon kapiert, was vorging.«[14] Bei Tisch tagsüber daheim bekam die jüngste Tochter neuerdings Platzangst, hatte Schluckbeschwerden, nervöses Asthma und zeitweilig Anfälle von Schwermut. »Meine Mutter«, schreibt

Golo Mann in seinen *Erinnerungen*, »war binnen eines halben Jahres deutlich gealtert«, nicht wegen materieller Sorgen, »aus schierem Ekel an den Ereignissen in Deutschland«. Und aus Sorge um ihre Eltern. Es würde »recht schwer für die arme Mutter sein, ihre Eltern über diese Jahre hinweg und zu einem ordentlichen Tod zu bringen«[15].

Aus Deutschland meldete sich die jüdische Verwandtschaft an. Zu Besuch kamen Katias Eltern, wann immer es ging. Katias Berliner Cousine »Ilse Dernburg hat ihr Kommen, wie es scheint für Wochen gemeldet. ›Wir‹ werden recht zahlreich nachgerade«, notierte der deutsche Dichter am 15. Mai 1933 in sein Tagebuch und setzte mit Bedacht das Wir in Anführungszeichen. Thomas Mann scheint nichts dafür getan zu haben, die Eltern seiner Frau zur Flucht aus Deutschland zu bewegen. Er überließ das Katia. Es waren ihre Eltern. Es gab schließlich noch Peter Pringsheim in Belgien. Aber wie sicher war Belgien? Die Trennung von seinen Schwiegereltern war Thomas Mann nicht unlieb. Katia drängte ihre Eltern, in die Schweiz zu fliehen, Pringsheims mochten nicht so recht. Bei jedem Besuch brachten sie heimlich Wertsachen mit über die deutsche Grenze für ihre Tochter, für ihren Schwiegersohn. Golo notierte in dieser Zeit: »Die armen Pringsheims. Dem Alten schielt der Tod aus den Augen; kein schöner.«[16] Das Jüdische, das Erlesene, trug auf einmal Tödliches in sich. Und wie in verleugneter Konkurrenz zum Jüdischen wurde das Homosexuelle innerfamiliäres Erkennungszeichen.

Bei Tisch mutmaßten Erika und Klaus verheißungsvoll gegenüber den Eltern, in der Jüngsten, in Medi, schlummerten lesbische Anlagen. Elisabeth steckte in der Pubertät, in der Lebensphase, in der es innerlich um Trennung geht, und das im gemeinsamen Exil. Sie »fraß nachts den Kühlschrank leer«, fand sich zu dick, zu klein, sah sich mit ihrer großen pianistischen Begabung von den Eltern nicht anerkannt, da sie ein Mädchen war, und wollte so sein wie Erika: »Ich fand die Eri war eine sehr schöne Erscheinung.«[17] In ihren Briefen an die Eltern erkundigte sich Erika nach ihrem Bruder Golo, eigentlich Angelus, in feminisierter Ausdrucksweise, nämlich nach der Angèle, der Gollette, und Klaus schrieb in seinen zahlreichen Bettelbriefen um Geld an seine Mutter gerade dann gern von sich in weiblicher Form.

Thomas Mann hatte in der Zeit seiner Werbung um Katia Pringsheim sich dieser jüdischen Prinzessin als der feingliedrige deutsche Dichterprinz vorgestellt, der nicht »der Mann« sei, »unmittelbar sichere Gefühle« in einer Frau zu wecken. Das war ihm »ein Zeichen von Persönlichkeit«. Wegen seiner und ihrer »Art, etwas Außerordentliches« zu sein, deshalb paßten sie »so gut zu einander«[18]. Ihr Jüdisches verklärte er bei sich in diesen Werbungsbriefen zu etwas Erlesenem, machte es sich passend zu seiner homophilen Künstlererlesenheit. Er wollte gleich sein mit ihr, abgetrennt vom gemeinen Volk.

So war sie aber gar nicht. Was er sich offenbar erhoffe, könne sie ihm nicht sein, schrieb Katia Pringsheim, und nach seinen wortreichen Erklärungen zu sich selbst wollte sie wissen, was er sich aus ihr mache. Diese wesentliche, diese eigentlich zentrale Frage warf ihn zurück auf sein »kaltes, verarmtes, rein darstellerisches, rein repräsentatives Dasein«. Es fehlten dem Dichter die Worte. »Dumme kleine Katja«, schob er seine Hilflosigkeit auf sie: »Aber ich liebe Sie ja, Herrgott noch mal, verstehen Sie denn nicht, was das heißt?« Ja, das sollte sie ihm nun erklären.

»Erika beim Abendessen behauptet«, notierte Thomas Mann am 4. Januar 1949 sorgsam ins Tagebuch, »Frido zeige alle Zeichen der Homosexualität.« Erikas Neffe, Sohn ihres jüngsten Bruders Michael, Thomas Manns Lieblingsenkel, zu diesem Zeitpunkt neun Jahre alt, wurde beim Abendessen von der 44jährigen Tochter dem

74jährigen Vater dargebracht mit diesem Schlüsselwort: homosexuell. Ein auszeichnendes, die generationelle Trennung auflösendes Erkennungsmal, dieses Zeichen vereinte Vater und Tochter.

Frido Mann erinnerte sich im Gespräch mit Heinrich Breloer, »ich kann es fast noch nachfühlen«, wo er als kleiner Junge »so affektierte Gebärden und Verhaltensweisen … im Gesicht«[19] gehabt hatte. Er trug vor, was Erika mit ihm für den Großvater, den Zauberer, einstudierte, um sich in dessen »schönem Reich« bewegen zu können. Sie wußte, wie das ging, von Kindheit an.

Beim Essen und im Gespräch über die »Zeichen der Homosexualität« zwischen Erika und Thomas in Anwesenheit von Katia bringt die Erstgeborene dem Zauberer einen Knaben dar. Für ihre Eltern ist es die erlesenere Art von Kind. Zudem ist es akkurat jener Knabe, der dem Vater innerlich vorlag als sein »Echo« im *Doktor Faustus*. Der Roman war zwei Jahre zuvor, 1947, erschienen, Erika Mann hatte das umfangreiche Werk ihres Vaters lektoriert. Zu dieser Zeit, nach dem Ende des Dritten Reiches, stand sie wieder ganz im Dienst der Eltern. Sie war die Erstgeborene, doch kein Sohn geworden, sie nimmt sich den Erstgeborenen ihres jüngsten Bruders und beraubt diesen Knaben seiner heterosexuellen Männlichkeit. Den Lieblingsenkel der Eltern feminisiert sie durch »die Zeichen der Homosexualität« und präsentiert ihn wie ein gemeinsames Kunstkind, hervorgegangen aus intimem Wissen zwischen Zauberer und Vatertochter.

Als Erika Mann 1936 nach New York flog, dreißig Jahre alt, eine junge Frau, hatte sie die seit einigen Monaten in Deutschland gültigen »Nürnberger Rassengesetze«[20] in ihrem Gepäck. In Amerika war das Jüdische nicht selbstverständlich das Verleugnete, es war unter Umständen sogar das Erlesene, die feinere amerikanische Art, das Weltbürgertum, der Wohlstand. Zum Beispiel der jüdisch-amerikanische Verleger Alfred Knopf, der Thomas Manns Romane in englischer Sprache herausgab. Die meisten Juden in New York aber waren arme, von täglicher Existenzangst geplagte Emigranten. Es gab eine politisch institutionalisierte und allgemein gesellschaftliche jüdische Präsenz und Realität, etwa wie es sie im Deutschen Reich zur Kaiserzeit gegeben hatte und in der Weimarer Republik und wie es sie immer noch gab im Hitler-Deutschland von 1936, doch umfunktioniert in eine Art Ghetto, wo die jüdischen Gemeinden und jüdischen Organisationen inzwischen von der Gestapo kontrolliert wurden. »Juden en masse«, hatte Erika Manns Großmutter, Hedwig Pringsheim, an ihren Freund Maximilian Harden geschrieben, fände sie »abscheulich«[21]. Das schrieb 1905 in Deutschland eine Jüdin einem Juden. »Juden en masse«, das waren in jedem Fall zu viele Juden. Meinte die feine jüdische Dame damit die Ostjuden im Berliner Scheunenviertel oder am Münchner Gärtnerplatz? Oder meinte sie irgendeine Premierenfeier, bei der ganz Berlin, ganz München anwesend war und also mal wieder »Juden en masse«? Wahrscheinlich meinte sie die ganze Mischpoche, und das leistete sie sich als Jüdin zu sagen, natürlich zu einem anderen Juden.

Dagegen richtete Erika Manns Mutter, Katia, ihre Abwehr gegenüber dem eigenen Jüdischen jetzt zunehmend gegen die Deutschen in Deutschland, von denen eine Katia Pringsheim, eine Frau Thomas Mann, sich nicht in rassistischer Weise würde definieren lassen. Jetzt, da die »fluchwürdige Bande«[22] gegen Juden hetzte, fand sich das Jüdische in ihr wieder an; es war unantastbar gewesen in der Abwehr und hatte darin überlebt.

Als in gemütlicher Emigrantenrunde, anläßlich René Schickeles 50. Geburtstag, im Exil in Sanary jemand sagte, ach, was wäre das wohl jetzt für ein großes Fest gewesen, hätte man Schickeles Geburtstag in Berlin feiern können, da entgegnete Katia Mann: »Besser konnte die Gesellschaft auch nicht sein.« Sie erzählt davon in ihren *Ungeschriebenen Memoiren* und fügte hinzu: »Es war eigentlich ein netter deutscher Kreis dort in Sanary.«[23] Ein netter, deutscher Kreis. So konnte man es auch sehen. Unter anderen Albert Einstein, Fritzi Massary, Bruno Walter, Lion Feuchtwanger, Franz Werfel, Therese Giehse, Joseph Roth, Stefan Zweig, Arnold Schönberg, Max Reinhardt, Else Lasker-Schüler, Ernst Bloch. Deutsche und österreichische Juden, die das Deutsche, verdorben durch die Nationalsozialisten und ihre große Anhängerschaft, im Exil bewahrten. Ein netter, deutscher Kreis. Die Elite. Katia Mann hielt weiterhin fest an der Vereinbarkeit von jüdisch und deutsch. Darauf wäre ihr Mann nie gekommen.

Erika Mann, die erstgeborene Tochter, nicht der Sohn Klaus, vertrat in Amerika öffentlich die Familie Thomas Mann, während ihre Eltern noch in der Schweiz waren. In New York wird es unter jüdischen Emigranten kein Geheimnis gewesen sein, daß die Ehefrau des inzwischen weltberühmten deutschen Dichters, daß Erika Manns Mutter Jüdin war. Eine Pringsheim. Getauft? Wer nicht? Von den Juden, die gesellschaftlich etwas geworden waren, nahm man es sowieso an, ohne es genau zu wissen oder überhaupt wissen zu wollen. Man war dennoch jüdisch, es verband einen etwas Familiäres gegenüber den nichtjüdischen, besonders den deutschen Emigranten. War man obendrein als Jude auch noch deutsch oder österreichisch, so war man unter den Juden ein besonderer Jude. Man sprach schließlich die Sprache der Feinde, der Nazis, aber gleichzeitig die Sprache der Erlesenen, die Sprache von Heine, Lessing, Kafka, Kant, Freud, Mann – allesamt *no names* für Amerikaner, nicht aber für Juden in Amerika.

Erika Mann fühlte sich wohl in New York, sozusagen heimisch, nämlich »gemütlich«, wie sie ihrer Mutter am 24. Oktober 1936 schrieb, wozu nicht zum wenigsten das Hotel *The Bedford* beitrug, »indem die Zimmer gemütlich sind und indem viele (allzuviele) deutsche Juden von gemütlichen Qualitäten dort hausen«, unter anderen »Filmfritze Wilder«, er war ein Jahr jünger als Erika Mann, in Berlin hatte er noch 1931 das Drehbuch zu Erich Kästners *Emil und die Detektive* verfaßt. Als Nachsatz schrieb die Tochter, Klaus habe bereits zwei Vorträge hinter sich, »vor Juden, es ging ganz gut, auch mit dem accent«[24]. Dem typisch deutschen Akzent und dadurch für Juden ein bißchen heimisch.

Englisch können, die Sprache sprechen und schreiben, das war lebenswichtig im amerikanischen Exil, besser noch, sie so beherrschen, daß es nach erlesenem Englisch klang und nicht wie das Kauderwelsch jüdischer Emigranten aus Deutschland. Erika Mann mit ihrem phänomenalen Gedächtnis und ihrem Talent zur Imitation atmete die neue Sprache ein. Sie war darin begabt wie ihre Mutter. Katia Mann half ihren Kindern bei Latein und Griechisch, konnte fließend Englisch, hatte als kleines Kind durch ihre *bonne* Französisch noch vor der Muttersprache erlernt und beherrschte »es noch immer völlig«[25]. Sie dolmetschte für ihren Ehemann im Exil, er bat sie darum, »ungern«, erinnerte sich Golo Mann. Dann trat sie neben ihm hervor mit ihrem Können. »Solches in seiner Gegenwart zu zeigen, machte ihr Vergnügen, ihm weniger.« Thomas Mann in seinem Tagebuch, 6. Juli 1935, zweite Amerikareise: »Verstimmung gegen K. wegen ihres Egoismus in Dingen der englischen Unterhaltung.«

Für Sonntag, den 14. März 1937, war in Madison Square Garden eine Massendemonstration gegen Hitler-Deutschland geplant, organisiert vom American Jewish Congress und Jewish Labour Committee. Es war der Appell des Jüdischen Weltkongresses an die Weltöffentlichkeit, gegen Hitler-Deutschland einen Handelskrieg zu führen. Vor Tausenden von Menschen sollte als besonderer Gast die 31jährige Erika Mann über die deutsche Frau sprechen. »... und alles wird über das ganze Land gefunkt«, schrieb sie hocherfreut,

»das regt mich auf. ›Die Frau im Dritten Reich‹, – ich werde es ihr geben.«[26]

Fünf Tage danach ein überschwenglicher Brief an die Mutter: »Frau General-Süsi, – Frau Ober-Annehmlichkeit, ... es war das glanzvollste, was ich je gegen die Säue habe abhalten sehn und ich war ganz entzückt, dabei zu sein. Überfüllt der Riesenplatz, – 23 000 in der Tat ..., und Tausende mußten weggewiesen werden. Keineswegs vorwiegend jüdisch, – geschickter Weise sprach nur ein Jud überhaupt, – im übrigen, wie man ja auch bei Euchzuschweiz gelesen haben wird, ein sehr konservativer General und der Arbeiterführer Lewis *und* klein Erimaus, – das waren die Hauptsprecher.«[27]

Erika Mann verlas in deutscher und englischer Sprache bei strömendem Regen zunächst ein Telegramm ihres Vaters: »Zu Deinem Auftreten vor American Jewish Congress beglückwünsche ich Dich herzlich stop Du sprichst dort als selbständige Persönlichkeit zugleich aber tust Du es gewissermaßen an meiner Statt als meine Tochter und als meines Geistes Kind.« Sein Werkzeug. Die Welt glaube an Amerikas Sendung, »der Menschheit auf dem Wege des Friedens und der sozialen Gerechtigkeit voranzugehen«[28], ließ er sie ausrichten.

»Geschickter Weise sprach nur ein Jud überhaupt«, hatte Erika Mann ihrer Mutter geschrieben. In diesem »geschickter Weise« hallt die Antisemitismuserfahrung von Generationen nach, und passend dazu heißt es »Jud«. Nur ein Jud. Sie selbst kommt natürlich gar nicht in Betracht, sie gibt es als »Jud« überhaupt nicht in der Welt. In der Welt ist »klein Erimaus« die Tochter von Thomas Mann. Übrigens war der Jud der Vorsitzende des jüdischen Weltkongresses, der damals 62jährige Rabbiner Stephen Samuel Wise, gebürtig aus Ungarn, seit frühester Kindheit Amerikaner, Präsident der Zionist Organization of America und Sekretär der Zionistischen Weltorganisation sowie Mitbegründer der National Association for the Advancement of Colored People.

Und worüber sprach sie? Vor allem über Jüdisches, denn Erika Mann las den 23 000 Menschen aus den »Nürnberger Rassengesetzen« vor, einem amerikanischen Publikum, das immer noch zwischen Weißen und Schwarzen in Rassentrennung lebte. Und alles, was sie aus den judenfeindlichen deutschen Gesetzen vorlas, betraf sie selbst und ihre Familie: Halbjude, deutsch-jüdische Ehe, jüdischer Mischling, jüdischer Großelternteil, jüdischer Haushalt und so fort.

Beim Eintritt ins Leben weiß das Kind nichts von seiner Zugehörigkeit, die ihm angehört, während es noch erwartet wird. Weder von der familiären Zugehörigkeit noch von der geschlechtlichen weiß es. Aber die umstehenden Erwachsenen wissen und verleugnen. Erika, im katholischen München geboren, wurde getauft, und zwar evangelisch. Thomas Mann und seine Mutter Julia hatten Wert gelegt auf eine betont christliche Zeremonie. Nachdem es schon keine kirchliche Trauung gegeben hatte, sollte gegenüber der Familie Pringsheim keine Konzession mehr gemacht werden. Doch heimlich, verleugnet zwar, aber in erlesenster Form schlich sich das Jüdische wieder ein. Alfred Pringsheim nämlich schenkte seinem erstgeborenen Enkelkind einen Silberbecher. Das war nicht irgendein Silberbecher. Es war sein Silberbecher, ein silberner Kiddusch-Becher, Alfred Pringsheim hatte ihn nach seiner Geburt erhalten, wie der jüdische Sohn ihn bekommt anläßlich der Beschneidung[29], und der 55jährige Großvater gab ihn weiter an ein Mädchen, an seine erstgeborene Enkeltochter Erika.

Die Erstgeborenen sollen oftmals Söhne werden. Mehr, als daß es immer so war, ist damit erst einmal nicht gesagt. Es ist noch kein Zeichen der Liebe, und deshalb könnte sich im Blick der Mutter wie des Vaters auf den erstgeborenen Sohn, den Stammhalter, die Sehnsucht nach einer Tochter verborgen halten, und diese Sehnsucht gilt dem nachfolgenden Kind. Aber wie so oft kam es auch bei den Manns genau andersherum: Erika statt Erik.

Auf der Erstgeburt liegt Bedeutung, die Rechte einschließt. Die Eltern vergeben sie sozusagen blind, indem sie das Geschlecht des erwarteten Kindes als männlich voraussetzen, ohne es bestimmen zu können. Die Tochter als Erstgeborene tritt somit ins Leben als die Verdreherin des Rechts. Nun steht es ihr zu, aber als hätte sie es sich geraubt, als hätte sie die Eltern getäuscht und den nachfolgenden Bruder um seinen Platz des Erstgeborenen betrogen.

Die Bibel der Juden hat diesen Rechts- und Liebeskonflikt zwischen Eltern und Geschwistern am Beispiel von erst- und zweitgeborenem Sohn vielschichtig zum Thema. Zu diesem Geschwisterthema entwarf Thomas Mann seine Roman-Triologie *Joseph und seine Brüder*, darin der Zweitgeborene Jaakob der feingliedrige Liebling der Mutter ist und seinerseits seinen Lieblingssohn Joseph, keinesfalls der Erstgeborene, zärtlich verwöhnt als männliche Wiedergeburt seiner toten Frau Rachel. Thomas Mann war Zweitgeborener und Liebling der Mutter. Er hatte sich »als Fortsetzung und Wiederbeginn meinerselbst unter neuen Bedingungen« einen Sohn als Erstgeborenen gewünscht. Einen Sohn empfände er »als poesievoller«[30], schrieb er nach Erikas Geburt an seinen älteren Bruder Heinrich.

Hier benennt der Vater einer Tochter, was ihm in idealster Weise ein Sohn sein könnte. Als Klaus dann zwölf Monate später da ist, hält Vater Thomas an Erika fest. War für die Mutter die Tochter eine Enttäuschung, war für diesen Vater, der die Weiblichkeit im Gegenüber nicht begehrte, wohl aber die knabenhafte Männlichkeit, die Tochter eine Beruhigung, keine verbotene Verlockung. Erika war seines »Geistes Kind«, und ihre Androgynität machte sie geradezu ideal.

»Mein Mann war viel mehr für die Mädchen. Obgleich er ein Mädchen für nichts Ernsthaftes hielt, war Erika immer sein Liebling; und dann die Jüngste, Elisabeth. Die beiden Mädchen hatte er bei weitem am liebsten; sie standen ihm entschieden näher als die Söhne«[31], so wird Katia Mann oft zitiert. Diese beiden Mädchen. Monika jedoch, die mittlere Tochter, stand ihm überhaupt nicht nahe, die war bloß weiblich und galt in der Familie als untalentiert. Erika und Elisabeth dagegen hatten wie einst ihre Mutter als kleine Mädchen eine Weile heimlich gehofft, doch noch ein Junge zu werden.

Während Katia ihre Tochter Erika, ihre erste Enttäuschung, noch stillte, wurde sie wieder schwanger und hoffte, in ihrem schwellenden Bauch den ersehnten Sohn in sich zu tragen. Wenige Tage nach Erikas erstem Geburtstag brachte sie Klaus zur Welt. Mit dem kleinen blonden, blauäugigen Knaben war Katia beschäftigt, mehr als mit der nur um ein Jahr älteren schwarzhaarigen, dunkeläugigen Erika. »Wir Kinder hatten ja alle dunkle Augen von der Mutter, außer dem Klaus, der Klaus hatte blaue Augen, aber die Augen von meinem Vater waren grün.«[32] Lange, dunkle Zöpfe trug Erika als kleines Mädchen, wie nach ihr keine der beiden Schwestern. Klaus hatte lange goldblonde Locken. Mit Ankunft des dritten Kindes wurde von der Mutter der Pagenkopf geschlechtsübergreifend eingeführt. Zum Spielen steckte Frau Thomas Mann ihre drei Mädchen und drei Jungen in einheitliche Russenkittel. Dadurch sahen die Jungen eigentlich wie Mädchen aus, und die Töchter trugen etwas, was genauso die Söhne anhatten.

Die junge Katia Mann wirkt auf Fotografien aus dieser Zeit überaus zart, wie noch unentdeckt. Daß ihr dichtender Ehemann ihre Weiblichkeit nicht feiern konnte getrennt von ihrem Jüdischsein, mochte Katia nicht, es waren erlesene Worte, die nicht ihr, der Frau, galten, und später gehörten sie seinem göttlichen Joseph an, zu dem sie besser paßten. In seinem jüdischen Menschheitsepos konnte der

Dichter in der Hauptfigur des schönen, begabten Joseph das Jüdische mit eigenem homophilen Begehren vereinen. Tatsächlich aber gehörte das Jüdische zum Weiblichen. In Katia Mann gab es gegenüber beidem eine innere Abwehr. »Mädchen können es in der Kunst nicht so weit bringen wie Männer, das haben beide Eltern uns beigebracht«[33], so Elisabeth Mann Borgese. Diese Entwertung, mitgetragen von der Mutter, blieb nicht ohne Auswirkung auf die Töchter. Medi, die Jüngste, las sich in das Geschlechterthema ein. »Ich wollte mir erklären, was dahintersteckt, wenn einer für oder gegen Frauen-Beteiligung ist. Und da gab es viel zu lesen.«[34] Jahre später, als Frau um die Vierzig, veröffentlichte Elisabeth Mann, inzwischen verheiratete Borgese, *Ascent of Woman*[35], womit sie an das feministische Denken und Schreiben ihrer Urgroßmutter Hedwig Dohm anknüpfte. Monika, die Mittlere, in der Familie die Übersehene und darin träge geworden, ließ sich nieder im Fraulichen. Erika wurde homosexuell und nahm, genialisch, reizend und hochgereizt, den Platz der Vatertochter ein. Wohin diese Tochter sich auch entfernte, ob auf ihren *lecture tours* über Hitler-Deutschland durch Amerika oder im Spanischen Bürgerkrieg gegen das faschistische Franco-Regime, ob in London während der Bombenangriffe der Deutschen, ob bei der Landung der US Army in Europa oder als Journalistin beim Nürnberger Prozeß gegen die großen Nazis – Erika Mann blieb Galionsfigur am Familienschiff.

»Wo ein männlicher Wille und produktive Gaben vorhanden, da wird man damit schon fertig werden … zumal als Sohn von mir.«[36] Eben nicht. Denn Katia Mann hatte diese beschwörenden Worte ihrem Klaus geschickt, der von seinen Drogen nicht loskam und nur immer mehr Geld forderte. Männlichen Willen, allem und jedem entgegenzutreten, hatte Erika Mann. Sie war der Traumsohn ihrer Mutter.

Katia Manns Verleugnung ihres Jüdischseins, ihrem Seelenleben eingeschrieben und vertraut, sowie ihr zurückgenommenes weibliches Begehren entsprachen allzugut Thomas Manns Antisemitismus wie auch seiner homophilen Abkehr vom Weiblichen. Das Wort »jüdisch« kommt in Katia Manns *Ungeschriebenen Memoiren* zum erstenmal in dieser Weise vor: Sie erzählt von einer großen Gesellschaft im Hause des Ehepaars Stuck in München, zu der sie als junges Mädchen mit ihren Eltern eingeladen war. Wichtig ist ihr an der »großen Gesellschaft« allein die »merkwürdige Auffassung von einer Tischordnung«, die bei Stucks üblich war. »An einen Tisch setzten sie alle Aristokraten, an den zweiten setzten sie alle besseren Leute, auch meine Eltern und mich – Thomas Mann hätte und hat, wenn er dort eingeladen war, auch dort gesessen«, das ist offenbar wichtig, »und an den dritten Tisch setzten sie den Abhub, Leute, die sie meinten, niemandem zumuten zu können«. Als Beispiel für solche Leute fallen ihr Juden ein. »Ein Universitätsprofessor und seine Frau.« Auch ihr Vater war Universitätsprofessor. »In der Villa Stuck zählten sie zum Abhub. Sie waren beide rein jüdisch, und die Frau war ziemlich abschreckend häßlich. Nun, man hätte sie dann gar nicht einladen sollen. Aber so ging es dort zu.«[37]

Und so hat Katia Mann es bestimmt nicht nur einmal ihren Kindern erzählt: rein jüdisch, ziemlich abschreckend häßlich, am schlechten Tisch. Ihre Worte haben nichts Pathetisches. Sie erzählt etwas aus ihrer Jungmädchenzeit, erste Auftritte in großer Gesellschaft. Ihre Eltern und sie sind Juden, und wenn es den Gastgebern paßt, setzen sie die Juden zum Abhub, da hilft auch kein Professorentitel. Genaugenommen erzählt sie etwas über den Antisemitismus bei Stucks. Die Jüdin, gegen den sich der Antisemitismus richtet, muß »ziemlich abschreckend häßlich« sein. Auf den ersten Blick stimmt in diesem Klischee Katia Mann mit ihrem Ehemann überein. Auf den zweiten Blick wird deutlich: Hier spricht die Tochter einer berühmt schönen jüdischen Mutter und einer ebenso berühmt schönen jüdischen Großmutter. Eine schöne Jüdin mußte man sein, und Katia Mann fand sich selbst als Frau nicht attraktiv, keinesfalls schön. »In meiner Jugend war ich, glaube ich, recht hübsch. Das Traurige ist, daß ich es gar nicht wußte.« Sie hätte es wissen können, fraglos ist es ihr vermittelt worden, doch war das Gefühl in ihr: »Es hat eigentlich nie jemand in meiner Familie die Freundlichkeit gehabt, es mir zu sagen.« Und schon gar nicht konnte sie es selbst erkennen: »Ich hatte gar keine hohe Meinung von meinen äußeren Reizen und wußte nichts davon. Schade eigentlich.«[38]

Hedwig Pringsheim fand ihre Tochter »sehr hübsch« aussehend. Besonders nach dem zweiten Kind, und »das Mütterliche«, befand die Mutter über ihre Tochter, sei Katias »überhaupt recht eigentliches Gebiet«[39]. Den Platz der in ihrer Schönheit, ihrem Esprit und ihrer Intelligenz bewunderten Frau hatte seit jeher Hedwig Pringsheim eingenommen, die große Salondame. Ihre Tochter Katia sollte die mütterliche Aufgabe erfüllen. Die hochintelligente Katia Pringsheim, gebunden ans Haus, beschäftigt mit dem Nachwuchs. Im Sinne ihrer feministischen Großmutter Hedwig Dohm war das nicht, aber ganz im Sinne von deren Tochter Hedwig Pringsheim. Die hatte den jungen Dichter für ihre Tochter ausersehen. So einer hätte ihr gefallen können. Der vielversprechende Thomas Mann repräsentierte für Hedwig Pringsheim damals die deutsche Literatur, das Erlesene. Er gefiel ihr, denn sie gefiel ihm, weil er sich in ihr gefallen konnte. Die reiche, schöne, bedeutende Frau war seine Fürsprecherin, in ihrem Blick erkannte er sich als der erlesene deutsche Dichter. So stimmten sie überein. Ein schöner Roman.

Real sah es anders aus. Ihre Tochter Katia lebe »ziemlich still«, schrieb Hedwig Pringsheim, »da ihr Mann ein rechter Pimperling« sei. Er wäre nichts für sie gewesen. Und das fand er auch. Ihr Tommy lebt »nur Material«, erkannte sie, und sie lieferte ihm Material.

»Ich könnte die herrlichsten Briefe über meinen Aufenthalt im Sanatorium schreiben; aber ich will dem Schwiegertommy nicht ins Handwerk pfuschen.«[40] Das schrieb sie aus Davos, wo sie mehrere Wochen bei Katia verbrachte. Ihr Brief an ihren Freund Maximilian Harden vom 2. Juli 1912 liest sich über lange Strecken wie Originalauszüge aus dem *Zauberberg*. Hedwig Pringsheim hatte einen guten Blick, sie war literarisch interessiert, und sie hatte einen sicheren Geschmack. Sie war eine völlig andere Frau als ihre Tochter, eine Frau, die den Platz im Zentrum einnahm, die ihn nicht frei gemacht hätte für einen Mann, auch nicht für Thomas Mann. Alfred Pringsheim mochte seine Frau betrogen haben, seine Liebschaften hatten sie nie aus seinem Lebenszentrum gerückt, seine *grande dame* war und blieb sie.

Ihre Tochter wurde Frau Thomas Mann. Die Namenstravestie ist von alter Tradition in der Geschichte der Gattinnen, die dadurch dem Geschlecht ihres Mannes beigeordnet wurden. Es ist etwas Unheimliches um diesen Totalverlust einer Frau im Namen ihres Mannes. Nicht erst aus heutiger Sicht. Zu Katia Manns Zeiten war es nicht mehr üblich, als Frau durch Heirat zum Nachnamen des Ehemannes auch noch seinen Vornamen anzunehmen. Sie tat es und war doch keine sich unterwerfende Gattin. Darum fällt diese Form ihrer scheinbaren Selbstauflösung ins Gewicht.

Sie war die Chefin der Firma Thomas Mann und firmierte ebenfalls auf ihrem persönlichen Briefpapier als Frau Thomas Mann. Das wirkt wie eine schwarz auf weiß der Welt dokumentierte Zugehörigkeit, von ihr erwählt und damit ab sofort offiziell gültig. Frau Thomas Mann – wer das las und sie so sah, sah nur mehr Katia als seine Frau, sah nichts mehr von der Jüdin, durch die seine Kinder heimlich und unbewußt »einen goldnen Kuppel-Traum von Märchen-Osten und Morgenland im Blute«[41] hegten.

Was Thomas Mann als jüdisch in seinen Gestalten typisierte, offenbarte, was ihn in der Abneigung anzog. Neben der »geprüften Geistigkeit und ironischen Vernunft«[42] vorwiegend das Körperliche, sei es häßlich, schmierig, impotent, sinnlich verführend oder vulgär-lüstern. Es zog ihn an als das eigentlich Schlimme, und das kam dem Jüdischen zu, während daneben das für seine Lebensverfassung unheimlich bedrohliche Homosexuelle zwar triebhaft, doch asketisch gezügelt erscheinen konnte.

»Und vielleicht«, hatte Thomas Mann nach Erikas Geburt an Heinrich geschrieben, »bringt mich die Tochter innerlich in ein näheres Verhältnis zum ›anderen‹ Geschlecht, von dem ich eigentlich, obgleich nun Ehemann, noch immer nichts weiß.«[43] Das zu ändern, hat Thomas Mann seiner Frau gegenüber so gut wie nichts getan. Die Nachwelt weiß es aus seinen Tagebüchern. Erika Mann, die Vatertochter, wandte sich mit ihrem sexuellen Begehren Frauen zu. Ihre beiden Ehemänner, Gustaf Gründgens und Wystan H. Auden, waren homosexuell. »Töchter introjizieren Konflikte, die um die Männlichkeit des Vaters zentriert sind, sie breiten den Mantel der Idealisierung schützend über dem Vater aus, und sie schützen damit zugleich sich selbst vor den enttäuschenden und beängstigenden Aspekten des Vaters«[44], schreibt die Psychoanalytikerin Edda Uhlmann in ihrer Abhandlung *Väterliche Phantasmen im weiblichen Selbst.*

Als kleines Kind empfand Erika Mann ihren jüngeren Bruder Klaus, sie nannte ihn Eissi, als notwendige Ergänzung von sich selbst. »Kaum hatte ich mich an seine Anwesenheit hienieden und unser Zwillingsdasein gewöhnt, als ich auch schon der Überzeugung war, jedes kleine Mädchen brauche einen Klaus, und, wo alles mit rechten Dingen zugehe, habe es ihn auch.« Ihr kleiner Bruder war zu ihrer Nachbesserung nötig. »Ein' Eissi muß man doch haben!«[45] Wenn man ein Mädchen ist.

Katia Mann war eine starke Mutter und eine starke Frau an der Seite ihres Mannes, aber sie scheint kein weibliches Vorbild gewesen zu sein für ihre Tochter Erika, kein mütterlich zuverlässiges Gegenüber. Die vielen Geburten schwächten die junge Frau. Sanatoriumsaufenthalte, meistens in Begleitung von Hedwig Pringsheim, waren die Folge. Katia Manns Kinder mußten sie oft vermissen, wochen- und monatelang. 1909 wurde Golo geboren. Erika, gerade dreieinhalb Jahre alt, hatte sich genau wie ihre Mutter einen Jungen gewünscht. Versteht sich. 1910 kam Monika, Erika war fünf und schon die Älteste von vieren.

Daß die Mutter fortmußte, fort zu den jüngeren Geschwistern, fort ins Sanatorium, fort zum nächsten neuen Kind, wieder ins Sanatorium, das war in den Jahren, in denen Erika aufwuchs, ein sich stets erneuernder Verlust der mütterlichen Frau. Im Herbst 1911, nach einem ihrer Kuraufenthalte, Erika war sechs Jahre alt, Klaus fünf und Golo zwei, notierte Katia bei ihrer Rückkehr über Golo: »An mir hängt er immer noch besonders und hätte, als ich aus Sils Maria zurückkam, wie Erika spöttisch bemerkt, vor Freude fast geweint.«[46] Spöttisch. Der Spott einer Sechsjährigen über ihren zweijährigen Bruder verhüllte womöglich vor der heimkehrenden Mutter eigene Gefühle von früher Verlassenheit. Golo Mann hat an seiner Schwester frühzeitig ein »geselliges Talent« wahrgenommen, »Charme und Mut«. Sie machte Leute und Dialekte nach, war unübersehbar begabt, war gesegnet mit einem ausgezeichneten Gedächtnis wie ihre Großmutter Hedwig Pringsheim, sagte lange Gedichte auf, tobte herum wie ein Junge, prügelte sich für ihre empfindsamen Brüder. Und Erika log, sie tat es bald so ausschweifend und intensiv, daß sich die Getrenntheit von wahr und erfunden in ihren Behauptungen auflöste. Kurzum, das kleine Mädchen versprühte sich in alle Richtungen wie ein Zauberstab. »Zauberer«, diesen Namen soll sie ihrem Vater gegeben haben.

»Der Mantel der Idealisierung«, der Zaubermantel, den »die Tochter schützend über dem Vater« ausbreite, sei »eine illusionäre

Art der Wiedergutmachung an der beschädigten Männlichkeit des Vaters«, heißt es bei Edda Uhlmann weiter. »Die Tochter glaubt, in dieser Kollusion ihre eigene Bedeutung finden zu können und gleichzeitig die Kontrolle über ihn zu haben.«[47] War Katia fort – 1918 wurde Elisabeth geboren, 1919 folgte Michael –, versuchte Erika, inzwischen ein junges Mädchen, den Platz der Frau beim Vater einzunehmen. Erika, notierte Thomas Mann, »buk uns heute Eierkuchen zum Abendessen. Sympathisch in ihrer Wirtschaftsschürze und oft von aparter Schönheit.«[48] Seine Tochter versäumte den Unterricht, damit ihm seine Schwiegermutter im Haus erspart blieb. Erika haßte die Schule, ihr war es recht, nicht aber ihrer Mutter, die dennoch die Tochter gern zur Stellvertreterin nahm. »Ganz lieb ist es mir ja nicht«, schrieb Katia ihrem Mann, »ich fürchte immer, sie verkommt ein bischen dabei, und in ihrem Alter ist es jedenfalls eigentlich nicht ganz das Richtige. Sie dürfte eben keine so untaugliche Mutter haben.«[49] Es folgten für die Tochter detaillierte Angaben zur Haushaltsführung und zum Umgang mit den Dienstmädchen, die Erika als eine Gleichaltrige kommandierte.

»Verliebt in Erika, die mich offenbar liebt und sich meiner Zärtlichkeit freut«[50], notierte in dieser Zeit und wiederum in Abwesenheit seiner Frau der Vater über seine Älteste im Tagebuch. Aus dem Sanatorium schrieb Katia beunruhigt und traurig ihrem Ehemann, sie bekomme den Eindruck, »als ob meine Briefe, als Lebenszeichen natürlich notwendig und erwünscht, doch in Bezug auf ihren Inhalt, nachdem das wesentliche, da es mir gut geht, ja einmal feststeht, einigermaßen gleichgültig« wären. Sie habe »soviel Zeit zum Nachdenken, und da denke ich doch manchmal, daß ich mein Leben nicht ganz richtig eingestellt habe, und daß es nicht gut war, es so ausschließlich auf Dich und die Kinder zu stellen«[51].

Nach »verliebt in Erika« folgt wenig später: »Verliebt in Klaus«, den der Vater »im Bade erschreckend hübsch« findet. Er nimmt sich die Zeit, »eine weltschmerzlich zerrissene Novelle« seines Sohnes zu lesen, »und kritisierte sie an seinem Bett unter Zärtlichkeiten, über die er sich, glaube ich, freut«[52].

Erika hatte weder eine Novelle geschrieben, noch konnte sie mit ihrer heranreifenden Weiblichkeit den Vater wonneschaudernd erschrecken. Eine schmerzliche Kränkung für sie, eine schwere Enttäuschung im Blick auf ihn, den Zauberer. Sie, die Tochter, war nicht Objekt seines Begehrens, denn das Männliche war das Erlesene, das Weibliche eher das Verleugnete. Für Erika Mann wurden Frauen Objekt ihrer Sehnsucht und ihres Neides. Neidgefühle galten der Frau an sich, die konnte im Gegenüber zum Mann einfach sein, was sie war und sein wollte, eben eine Frau. Und gerade das war es, was sie abwertete, dieses Frau-Sein, und nach dieser Frau ging ihr Begehren. Ihr Neid galt der Authentizität, galt der Frau, die mit sich selbst übereinstimmen konnte. Als Vatertochter, als sein »Erikind« blieb sie Teil von ihm und gleichzeitig gebunden an ihre Mutter, der sie ihn stützen half.

Für Katia Mann wurde ihre erstgeborene Tochter zum lebenstüchtigen Partner, denn ihr »Reh«, wie sie ihren komplizierten Tommy nannte, konnte ihr das nicht sein, ihr Liebling Klaus war durch seine Drogensucht eine zusätzliche Belastung. Golo im Schatten seiner Ungeliebtheit blieb für sich und ging seinen Weg. Monika ließ sich von der Familie mitziehen, zunächst als die angeblich Unbegabte, die Frauliche, später nachhaltig verstört durch den Tod ihres Ehemanns, ihr weggerissen bei der Schiffskatastrophe, die sie überlebte. Elisabeth fand im Rücken der großen und von ihr bewunderten Schwester in ihr eigenes Leben. Medi war auf einmal geworden, was Erika abwertete und beneidete: Ehefrau und Mutter, obendrein wurde sie noch eine erfolgreiche Wissenschaftlerin. Michael, der Jüngste, hatte sich mit 16 Jahren eine etwas ältere Frau als seine mütterliche Geliebte erwählt und geheiratet. Erika Mann, die unverheiratete und kinderlose Frau, blieb zur Verfügung der Eltern. Sie erfüllte diese Rolle.

Das Homosexuelle verband die Kinder mit dem Vater und schloß die Mutter aus. Das Jüdische verband die Kinder mit der Mutter und schloß den Vater aus. Verbotene Nähe war nicht das Homosexuelle, sondern das Jüdische, das Besondere, und jüdisch war auch weiblich, verletzte Weiblichkeit, repräsentiert durch die Mutter.

Katia Mann verdeckte ihr Jüdischsein als Frau an der Seite von Thomas Mann. Sie machte es, wie es mit ihr gemacht worden war, wie auch ihre Kinder zunächst vom eigenen Jüdischen nichts wußten. Und sie lernten für ihr Leben, darüber nichts wissen zu sollen und nichts wissen zu wollen. Klaus Mann erinnert sich in seinem Buch *Kind dieser Zeit*, daß Erika und er einmal in München, in der Dämmerung, »an einer Herzogpark-Villa« mit ihren Fäusten gegen die Fensterscheiben geklopft und »mit gräßlich rauhen Stimmen … Judden – Judden« gerufen hatten, »das U ganz kurz … und ein merkwürdig ordinäres und aggressives Doppel-D«. Wo hatten sie das getan? Bei Herrschaften, »die zwar ein wenig semitisches Blut hatten, aber nicht gern viel davon hergemacht sahen«[53]. Ein Trommelfeuer gegen die Schlafzimmertür der eigenen Eltern.

Gerade das Jüdischsein der Mutter hätte für die Töchter und Söhne Thomas Manns zur Getrenntheit führen können im Machtbereich des Zauberers, zur hilfreichen Unterscheidung und Eigenständigkeit ihm gegenüber. Indessen war alles bedrohlich für Thomas Mann, was ihn aus dem Zentrum seiner Welt und Umwelt gerückt hätte, und was hätte das besser gekonnt als das Jüdische?

»Tatsächlich war TM«, schrieb Golo Mann, »der immer präsenten, der logisch-juristischen Intelligenz der Mutter nicht gewachsen. Er hatte leichtsinnig, nur so des Gespräches halber, irgendeine Behauptung gemacht, die ihn gar nicht interessierte und die er nicht aufrechterhalten konnte. Ihrerseits war die Mutter, so sehr sie ihn liebte und bewunderte, ihm diente, eine viel zu starke und naive Persönlichkeit, als daß sie in dieser Beziehung sich hätte ändern können oder wollen, in fünfzigjähriger Ehe nicht.« Der beleidigte Dichter zu seiner Frau: »Du hättest Juristin werden können, du hättest Mathematikerin werden können, aber eine Philosophin bist du nicht.«[54]

Ihr Vater, erzählte Elisabeth Mann Borgese, habe lernen müssen, »daß meine Mutter eine ungeheure Intelligenz hatte, sie war wohl einer der intelligentesten Menschen, denen ich je begegnet bin«. Nicht der Vater habe seine Frau behütet, sondern die Mutter ihren Mann. »Er war viel gefährdeter als sie, und ohne sie wäre er gar nicht durchgekommen.«[55]

Am 24. Juli 1938, es war Katia Manns 55. Geburtstag, wollten Alfred und Hedwig Pringsheim ihre Tochter in der Schweiz besuchen. Drei Monate zuvor waren in München 60 prominente Juden verhaftet und ins Lager nach Dachau gebracht worden, Rabbiner, Professoren, darunter Kollegen von Alfred Pringsheim. Am 26. April erging eine Anordnung an alle Juden im Reich, jedes Vermögen über 5000 Reichsmark detailliert anzumelden, und zwar »zugunsten der deutschen Volkswirtschaft«. Am 10. Juni wurde in München die Hauptsynagoge gesprengt, unter allgemeinem Jubel feierte die »Stadt der Bewegung« diese Zerstörung. Seit Juli 1938 galt Kennkartenpflicht für alle Juden. Wie lange würde das Ehepaar Pringsheim noch reisen dürfen?

In Konstanz am Bodensee wollten sie sich treffen. Durch die Stadt verläuft die Grenze zwischen Deutschland und der Schweiz, hier im täglichen Grenzverkehr hoffte das Ehepaar Pringsheim in die Schweiz einreisen zu können. Vielleicht war es diesmal das letzte Mal? Katia Mann bereitete für September die Emigration ihrer Familie nach Amerika vor. Deutsche Grenzbeamte hielten Alfred und

Hedwig Pringsheim zurück, nicht einmal mehr ein Tagesvisum wurde ihnen ausgestellt. Katia konnte nicht zu ihren Eltern herüberkommen, sie wäre sofort verhaftet worden. Ohne ihre Tochter noch einmal gesehen zu haben, reisten die beiden Alten zurück nach München. Im selben Jahr wurde Alfred Pringsheim als Jude aus der Bayerischen Akademie der Wissenschaften ausgeschlossen.

Am 31. Oktober 1939, einen Tag vor der endgültigen Schließung aller Grenzen, entkam das Ehepaar Pringsheim in die Schweiz. In ihrem Tagebuch notierte Hedwig Pringsheim am selben Abend in Zürich: »Um ½7 auf, … bei dichtem Nebel hinüber auf die Ban, wo Heinz[56] uns schon im Durchgangs-Wagen 1. Cl. 3 gute Plätze belegte … Bis Bregenz normal glatte Fart. Dort begannen die Schrecknisse. Eine abscheuliche, sadistisch brutale Revision, erst Heinz abgeholt, dann Alfred in empörender Weise ausgezogen, untersucht, mishandelt, sodaß er fast den späteren Zug versäumte; trister Abschied von Heinz, der nach München zurückmußte. In St. Margareten leichte Schweizer Revision, aber kein Golo. Zu schlechtem Kaffee von einer netten Amerikanerin und Tommy-Schwärmerin eingeladen, dann glatte Fart bis Zürich, wo niemand an der Ban, dafür Alfred von der Coupétreppe stürzte, unter den Wagen geriet und von 2 Arbeitern heraufgeholt werden mußte: mein Entsetzen! Eine hülfreiche Schweizer Dame verschaffte mir Träger und Taxi, wärend ich den Patienten mühselig schleppte.«[57] Sie berichtete alles Katia nach Amerika. »Komisch, komisch: ich kann es immer noch nicht glauben und hoffen, daß wir nach 61 Jaren Münchner nun seit 14 Tagen endgültig Züricher geworden sind!«[58]

Erika auf *lecture tour* schrieb an ihre Mutter, sie habe »schrecklich über Ofei unterm Zug lachen müssen«[59]. Befremdliche Reaktion. Wie abgetrennt vom Gefühl. Hauptsache, alles geht weiter. Die Mutter beruhigen, heiter stimmen, zuversichtlich machen. »Aber«, ergänzte die Tochter, »wiewohl es freilich tragisch zu nennen ist, daß sie in dem Augenblick eintrafen«, nämlich in der Schweiz, da diese »für uns unpraktikabel geworden war, so ist es doch ein Segen, daß sie entwischten. Was weiß man denn, was die Tiere noch brüten, wenn alles erst anfängt, so recht von Herzen schief zu gehen.«

Am 25. Juni 1941 telegrafierte Hedwig Pringsheim nach Amerika an ihre Tochter: »Vater soeben friedlich entschlafen.« Alfred Pringsheim war 91 Jahre alt geworden. »Nach dem Tod ihres Gefährten«, schreibt Golo Mann, »fing sie, die so lange disziplinierte, stolze und aufrechte Frau, an, sich gehen zu lassen und so, allmählich, in Geistesschwäche zu verfallen. Ich glaube, weil sie wollte. Zu einer Besucherin, kurz vor ihrem Tod: ›Sie brauchen nicht wieder zu kommen, ich interessiere mich für nichts mehr.‹ – So war sie im Grunde sich über ihren Verfall im Klaren; es gab ihn, weil sie es nun so wünschte.«[60] Sie fühle sich alt, schrieb sie ihrer Tochter, »verbraucht, und so gänzlich ›ibrig‹, daß ich grad eben noch so weiter vegetiren mag«[61]. Katias Bitte, nach Kalifornien zu übersiedeln, lehnte sie freundlich und bestimmt ab.

Am 27. Juli 1942 starb Hedwig Pringsheim. Drei Tage nach dem Geburtstag ihrer Tochter, zwei Wochen nach ihrem eigenen Geburtstag. Vielleicht geschah es in diesen Tagen, daß sie erledigte, was sie offenbar empfand, noch tun zu müssen. Alfred nämlich, ihr »kleiner, süßer Mann«, hatte auf der Flucht in die Schweiz Briefe von Richard Wagner durchgeschmuggelt, gerichtet an ihn höchstpersönlich. Es waren Dankesbriefe des Komponisten. Der junge Alfred, damals noch zu Hause in Berlin, hatte gemeinsam mit seinen Eltern, Paula und Rudolf Pringsheim, erste Patronatsscheine für den Bau des Bayreuther Festspielhauses gekauft. 1878 mußte Frau Cosima allerdings in ihr Tagebuch notieren: »Drei Pringsheims ausgetreten!« Nicht Wagners Musik, aber »der wachsende Antisemitismus des Wagnerkreises« trennte Alfred Pringsheim »von dem Meister«, schreibt Golo Mann in seinen *Erinnerungen.*

Diese Wagner-Briefe, diese Originalhandschriften des *Tristan*-Komponisten, hätte Thomas Mann nur zu gern nach dem Tod von Alfred Pringsheim in seinen Besitz genommen. Hedwig Pringsheim verbrannte sie.

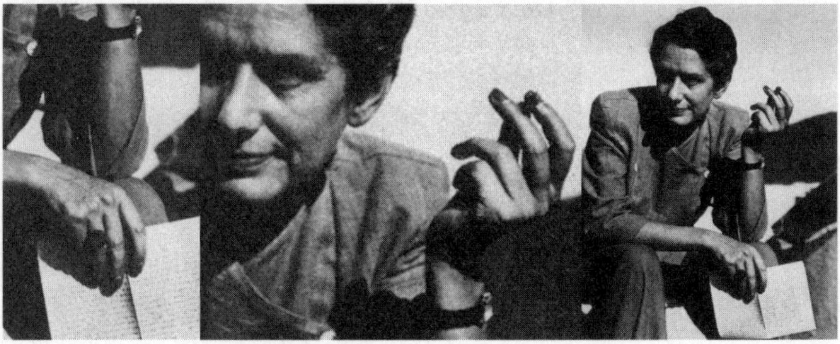

Jüdische Polemik

»Erika Mann besaß einen scharfen politischen Verstand.
In einer Familie von scheinbar politisch
engagierten Schriftstellern war sie vielleicht als einzige begabt
für die politische Analyse.«
Hans Mayer

Erika Mann, Mitte der 1940er Jahre
© Monacensia. Literaturarchiv
und Bibliothek, München

Erika Mann war keine Schriftstellerin. Sie war eine politische Journalistin und Reporterin. Sie schrieb literarisch-satirische Texte für ihr Kabarett *Die Pfeffermühle* und Kinderbücher, aber vor allem war sie eine Polemikerin und Kommentatorin. Der Literaturwissenschaftler Hans Mayer, der sie im Exil kennenlernte, schrieb in einem Artikel 1975 über diese Frau: »Erika Mann besaß einen scharfen politischen Verstand. In einer Familie von scheinbar politisch engagierten Schriftstellern war sie vielleicht als einzige begabt für die politische Analyse.«[1]

Sie war eine streitbare Frau, und sie war innerlich getrieben, den »selbstmörderisch unbequemen Charakter meiner Ansichten«[2] öffentlich zu machen. Am 9. August 1948 hörte man sie in *Town Meeting*, einer der populärsten amerikanischen Radiosendungen. Es ging um Berlin. Im Streit um diese Stadt war sie dafür, sich mit Moskau zu einigen. Auf die Frage, ob Amerika notfalls einen Krieg um Berlin führen und die inzwischen doch demokratisch gewordenen Deutschen retten sollte vor der UdSSR und dem Kommunismus, antwortete Erika Mann: »Wie können wir demokratische Deutsche retten, wenn wir keine größere Zahl von Deutschen kennen, die es wirklich sind? Ich glaube nicht, daß man um Berlin Krieg führen sollte.« Berlin habe für die westlichen Alliierten keine solche Bedeutung, und sie glaube nicht, »daß es genügend demokratische Deutsche« in Berlin gebe, »für die zu kämpfen sich tatsächlich«[3] lohne.

Sie hatte ausgesprochen, was die Mehrheit dachte, und nicht nur in Amerika, auch in Europa. Öffentlich jedoch entrüstete man sich über sie und warf ihr vor, die Interessen Stalins zu vertreten. Behielt Erika Mann nicht recht? Die westlichen Alliierten teilten Berlin mit Moskau, und Bonn wurde westdeutsche Hauptstadt. Diese Berlin-Debatte und Erika Manns Position darin war für die deutsche Presse Gelegenheit, den antisemitischen Ton auch nach 1945 gegen Erika Mann beizubehalten. Im *Montags Echo* vom 28. September 1948 schrieb man von dem »seit ihrer Pubertät datierenden snobistischen Kulturbolschewismus« der Erika Mann. Der Berliner *Telegraf* wußte auf einmal von »Hunderttausenden von freiheitlich denkenden Deutschen«, »die ihre Heimat auch in der dunkelsten Zeit nicht verließen und das Martyrium des Hitlerregimes auf sich nehmen mußten«, während andere es sich hätten leisten können, dem »faschistischen Gesinnungsterror« zu entgehen. Im Münchner *Echo der Woche* wurde Erika Mann wegen ihrer »kommunistischen Zersetzungsarbeit« als »Stalins 5. Kolonne«[4] bezeichnet.

In Deutschland waren es die altvertrauten üblen Töne: sentimental verlogen und vernichtend. Doch konnte Erika Mann nicht einfach ignoriert werden, ihr Name war zu wichtig. Sie war amerikanische Berichterstatterin beim Internationalen Kriegsverbrecherprozeß in Nürnberg. Sie hatte den Fund von München-Freimann öffentlich gemacht: 24 Millionen Karten der NSDAP-Mitgliederkartei und Tausende damit zusammenhängender Dokumente waren entdeckt worden. Erika Mann mahnte die amerikanischen Besatzer, diese 40 Tonnen Archivmaterial vor den Deutschen zu schützen.

Daß sie während der Nazizeit mit ihren Kommentaren in der internationalen Presse als Deutsche über Deutschland zu Worte kam, war sowohl für deutsche Journalisten als auch für deutsche Politiker ein über 1945 hinaus andauerndes Ärgernis. Was die Gestapo vor

1945 über Erika Mann gesammelt und nach Berlin übermittelt hatte, fand sich später in ihrer FBI-Akte wieder und beim BND in Bonn: »Kommunistisch«, »sexuell pervers«, »unechtes Wesen«, »maßloser Haß«[5]. Die Sprache der Gestapo war antisemitisch, sie wurde vom amerikanischen Geheimdienst übernommen und war im Bonner Geheimdienst dieselbe geblieben wie zu Zeiten der Gestapo. Das Interesse des Bundesnachrichtendienstes war wohl, Erika Mann als politische Journalistin mundtot zu machen. Das Interesse im deutschen Journalismus nach 1945 war, unter sich zu bleiben. Irgendwie hatten doch alle mitgemacht. Eine Erika Mann hätte da gestört.

Die Hamburger Agentur *interpress* gab in ihrem *Biographischen Pressedienst*, Ausgabe *Kultur*, von 1949, mit folgenden Worten über Erika Mann Auskunft: »Schmales Gesicht, dunkles Haar und lebhafte Augen – so sehen eigentlich Italienerinnen aus.« Eigentlich sah sie *interpress* nicht deutsch genug aus. Ihre Einreiseerlaubnis nach Amerika habe sich Erika Mann »gewissermaßen erheiratet«, was wie »erschlichen« klingen sollte und so gemeint war. Daß Erika Mann von der Nazi-Regierung 1935 ausgebürgert wurde, hielt die Hamburger Agentur nicht für nötig zu erwähnen. *interpress* weiter: In Amerika »reiste sie für gewöhnlich auf die Themen: ›After Hitler – what?‹ oder ›A Family against Dictatorship‹«. Habe »Erika bis dahin auf ihr politisches Desinteresse geschworen, entdeckte sie sich plötzlich als eine politische Begabung«, wurde »eine glühende Antifaschistin, die ihre Meinung geschickt an englische und amerikanische Zeitungen zu verkaufen wußte«.

»Erheiratete Einreiseerlaubnis«, »glühende Antifaschistin«, »reiste auf Themen«, »geschickt verkauft« – der böse, haßerfüllte Ton liegt deutlich vernehmbar unter nahezu jedem Wort. Über Erika Manns Mutter hieß es bei *interpress*: »Katja geb. Pringsheim, entstammte einer alten Münchener Kaufmannsfamilie.« Mathematikprofessor Alfred Pringsheim – der jüdische »Koofmich«? Als ob man es nicht wüßte. Vier Jahre nach dem Untergang der arischen Herrenrasse, nach der Öffnung der Konzentrationslager, erinnerte man sich in Gegenwart der Zurückgekommenen und Überlebenden auf einmal nicht mehr an Juden. Das Wort war verschwunden. Und das Wissen um die Taten war verschwunden.

»Was ist es, was diese Stadt so unwirklich macht«, schrieb Erika Mann im Juli 1945 über Berlin. »Die Ruinen selbst sind nur das vorhersehbare Ergebnis von Monaten alliierter Bombardierung und wochenlangem russischem Sperrfeuer. Man könnte auch sagen, daß sie der physische Ausdruck eines moralischen Verfalls ohnegleichen sind. Und was ist mit den Menschen? Passen sie in das Bild? Das tun sie nicht, und es ist genau diese Diskrepanz, die den Alptraum hervorruft. Die Berliner sind überwiegend gut angezogen und insgesamt ziemlich gut ernährt. Sie bewegen sich zügig, sprechen laut und lassen nicht die geringste peinliche Berührtheit erkennen, geschweige denn eine Spur von Schuldgefühl. Weil Hitler den Krieg verloren hat, nehmen viele von ihnen Anstoß an Hitler. Von den Westalliierten erwartet man, daß sie es schaffen, Berlin wieder auf die Beine zu bringen.« Im Frühjahr 1946 notierte sie: »Die Deutschen glauben ernsthaft – jede und jeder für sich und ohne sich mit anderen zu verschwören –, daß ihr Leid alle Vorstellungskraft übersteigt. Neunzig Prozent von ihnen glauben auch an dic Unschuld des deutschen Volkes. Die wenigen, die eine gewisse deutsche Kollektivschuld zugeben, pochen darauf, daß die Sieger eigentlich genauso viel Schuld haben.«[6]

War das, was Erika Mann schrieb und wie sie argumentierte, jüdische Polemik? Hätte nach dem Ende der Nazizeit in Deutschland überhaupt jemand noch von jüdischer Polemik gesprochen? Kann Polemik jüdisch sein? Unbestreitbar gibt es den jüdischen Witz.

Darauf immerhin können sich alle einigen. Im jüdischen Witz lacht der Jude über sich selbst. Die Existenz des jüdischen Witzes anzuerkennen gelingt der Mitwelt darum neidlos. Jüdische Polemik, sofern es sie gibt, beschäftigt sich vorzugsweise mit der Mitwelt, und eben jener deutschen Mitwelt war von langer Hand diese Bezeichnung geläufig: jüdische Polemik. Das bedeutete soviel wie nicht objektiv, zerstörerisch, vergiftend, anarchistisch, zersetzend. »Für den deutschen Leser des frühen 19. Jahrhunderts waren Journalisten und Juden identisch«, schreibt Sander L. Gilman, Historiker und amerikanischer Jude, in seiner großen Studie *Jüdischer Selbsthaß. Antisemitismus und die verborgene Sprache der Juden.*[7] Der »jüdische Ton«[8], sagte man damals über die »nihilistische Satire«, man sprach vom »Journalisteln« in Anlehnung ans Jiddeln. Das Wort »polemisch« wurde zum Synonym für »jüdisch«. In der Nazisprache war polemisch gleich jüdisch-zersetzend, nur Arier konnten rein objektiv denken. Und noch heute macht das Wort »polemisch« in deutschen Ohren eher einen schlechten Ton. Doch die jüdischen Journalisten in Deutschland und Österreich jiddelten nicht. Von Karl Kraus bis Kurt Tucholsky schrieben sie gekonnte Polemiken, die geschliffene Sprache des Feuilletons, der pointierten Glosse, des scharfen Kommentars. Da es brillantes Deutsch war, mußte es »verborgenes Mauscheln der Juden«[9] sein. Die hohe Kunst der Polemik verstanden selbstverständlich auch nichtjüdische Journalisten, zum Beispiel Carl von Ossietzky. Er wurde in der deutschen Öffentlichkeit noch lange nach 1945 für jüdisch gehalten.

Erika Mann lebte seit 1952 wieder in der Schweiz. Sie und ihre Eltern waren nicht nach München, nicht nach Deutschland zurückgekehrt, aber doch nach nebenan. Ihr Bruder Klaus hatte sich 1949 das Leben genommen. Ihr Vater war im August 1955 in Zürich gestorben. Gemeinsam mit ihrer Mutter lebte sie im Haus in Kilchberg. Beide Frauen waren weiterhin mit ihm beschäftigt, mit der Durchsicht seiner Briefe, die im S. Fischer Verlag herausgegeben werden sollten.

Deutschlands Teilung war geschehen, und während sich die BRD zur freien Welt rechnete und ihre Chronik, abgeschnitten von Nazi-Deutschland, einfach mit »Stunde Null« begann, zählte die DDR zum Ostblock und sah ihrerseits allein in der BRD den Nazi-Nachfolgestaat. Nachdem sie noch gestern »ein Reich, ein Volk, ein Führer« gewesen waren, gab es jetzt in der europäischen Welt keine zwei Regierungen, die sich giftiger beäugten als die von Konrad Adenauer im Westen und Walter Ulbricht im Osten.

Vor diesem politischen Hintergrund wollte Erika Mann sich nach längerem journalistischen Schweigen 1958 mit einem Kommentar zum Literaturnobelpreis für Boris Pasternak einmischen. Der russische Schriftsteller durfte nicht zur Verleihung ausreisen und war aus der »Schriftstellerkammer« der UdSSR ausgeschlossen worden. Nicht die Auszeichnung aus Stockholm habe Boris Pasternak gefährdet, schrieb Erika Mann, sondern »als Presse und Rundfunk der gesamten ›Freien Welt‹ sich gar nicht genug tun konnten in ihrem Jubel darüber, daß einem innersowjetischen Autor ... diese höchste Ehrung« zuteil geworden war. »Aber so ist es nun einmal bei uns: unser Interesse geht weniger dahin, einen guten Mann und einen, der gewissermaßen zu uns gehört, zu ehren und zu retten, als dahin, unter allen Umständen die UdSSR blöde vor den Kopf zu stoßen.« Sie bot ihren Kommentar der dänischen Zeitschrift *Information* an. Man lehnte ab. Erika Manns Argumentation sei »stalinistisch geprägt«, sie verneine »die Freiheit des Geistes«[10].

Es war der inzwischen übliche Vorwurf gegen die Nonkonformistin. Ähnlich war es ihr zuletzt in Amerika ergangen. Emigranten, die noch gestern Verbündete im Kampf gegen die Nazis gewesen waren, wurden nach dem Sieg über Deutschland bespitzelt und verhört. »Man wurde nicht eingesperrt wie bei den Nazis, man wurde abgewürgt.«[11] Auch Erika Mann. Die beliebte und gefragte Rednerin wurde nicht mehr eingeladen. Wer nicht links dachte, war rechts, und wer die westliche Welt kritisierte, mußte ein Sowjetagent sein. Dieser Vereinfachung hatte Erika Mann stets widerstanden. Ihr Platz war dazwischen. Sie wolle, hatte sie im November 1939 an ihre Mutter geschrieben, »daß Hitler fein säuberlich *besiegt* werde, *ohne* daß deshalb in ganz Europa der National-Bolschewismus ausbricht«[12].

Hätte sie ihren Pasternak-Kommentar in der DDR veröffentlichen können? In der Bundesrepublik? In Hamburg, Berlin, Frankfurt oder München scheint man in den 1950er und 1960er Jahren der Ansicht gewesen zu sein, Erika Mann habe der deutschen Öffentlichkeit nichts mehr zu sagen. Nur über ihren Vater, nur als seine Tochter, aber nicht als die politische Journalistin Erika Mann. Seit ihrer Rückkehr nach Europa war sie damit beschäftigt, die Romane ihres Vaters verfilmen zu lassen und Kinderbücher zu schreiben. Versuchte sie selbst es gar nicht bei der *ZEIT* oder beim *Spiegel*, bei der *FAZ* oder der *Süddeutschen*? Kannte sie niemanden mehr? Oder kannte sie manche, die dort in leitenden Funktionen saßen, noch allzugut? Gegen alle Erwartungen fand sich eine Zeitung in Deutschland. Die in München erscheinende *Kultur*, eine »unabhängige Zeitung mit internationalen Beiträgen«, veröffentlichte Erika Manns Kommentar.[13] Und der provozierte. Die Zürcher *Tat* schlagzeilte süffisant: »Erika und die ›Katastrophe‹ Pasternak«[14]. Bezeichnend war die Auslassung des Nachnamens der 53jährigen, international bekannten Publizistin. Erika. Bloß die Thomas Mann-Tochter. Die warf sich mal wieder vor einen alternden Schriftsteller.

Warum gab es kein Interesse an ihren analysierenden Polemiken? Man kannte in beiden Teilen Deutschlands Erika Manns Meinung über Nazi-Deutschland und Deutschland danach. Sie hielt es »für irrig«, schrieb sie an Kurt Sontheimer, der damals anders dachte, »die ›innerdeutsche‹ Version zu akzeptieren, nach welcher ›der Masse des deutschen Volkes … die Nazigreueltaten und -praktiken‹ weit weniger bekannt waren, als uns, die wir uns ›draußen‹ befanden. Wer irgend in Deutschland sehen wollte, der sah.«[15] Man wußte in journalistischen und politischen Kreisen der BRD und DDR von ihren Kriegsreportagen in englischen, kanadischen und amerikanischen Blättern, von ihren Berichten über Hitler-Deutschland im *German Service* der BBC, kannte ihre Hörfunk-Interviews, ihre Kommentare für die New Yorker Zeitungen *Herald Tribune*, *Liberty Magazine* und den jüdischen *Aufbau*. In westdeutschen Redaktionen gab es Journalisten, ehemalige Militärs, Wissenschaftler, deren einstige NSDAP- und SS-Zugehörigkeit und deren Taten verschleiert wurden; diese Männer hatten noch immer und schon wieder beste Positionen und ihre alten Seilschaften. Erika Manns Kompetenz, ihre Kontakte, ihre polemische Begabung waren in der BRD nicht gefragt und nicht erwünscht.

Sieben Jahre war Erika Mann ab 1938 eine der erfolgreichsten politischen Redner zwischen New York und San Francisco gewesen; sechs Monate im Jahr, mehrmals in der Woche, manchmal zwei Veranstaltungen pro Tag. Sie sprach in amerikanischen Colleges, Universitäten, im New Yorker German Jewish Club, vor Akademikerinnen, vor Pädagogen, Women's Clubs, Jewish Community Centers, wissenschaftlichen Akademien. Sie sprach über den Alltag im Dritten Reich. Zunehmend öfter sprach sie über den Krieg in Europa, durch den sie als Kriegsberichterstatterin im Sommerhalbjahr reiste.

In ihrem Referat vor dem Internationalen Pen-Kongreß 1941 in London erzählte sie von diesen *lecture tours* durch Amerika: »Im Anschluß an meine Vorträge und nach den Publikumsfragen warten immer ein paar Botenjungen hinter der Bühne auf mich.« Sie gaben ihr Briefe. »Auf diesen Briefen steht meist *persönlich*, *dringend* oder *wichtig*; einer mag mit ›ein wahrer Amerikaner‹ unterschrieben sein, ein anderer mit ›eine amerikanische Mutter‹, ein dritter mit ›ein christlicher Amerikaner‹ und ein vierter einfach mit ›Heil Hitler!‹. Sie alle pflegen in schrecklichem Englisch geschrieben zu sein, das deutlich ihre Naziherkunft verrät, und sie versichern mir, daß die Geduld des Absenders erschöpft sei, was mich anbetrifft, und daß bald ein gewaltsamer Tod meine kriminellen, verräterischen und kriegstreiberischen Aktivitäten beenden werde.«[16]

Seit August 1940 war sie auf Einladung von Churchills Informationsminister Duff Cooper fünf Jahre Korrespondentin der BBC gewesen. Von ihren BBC-Sendungen für *Deutsche Hörer* sind nur drei erhalten geblieben, eine begann so: »Deutsche Hörer, es steht schlecht um die schlechte Sache Eures schlechten Führers. Er selber weiß das – auch seine Generäle fangen an, es zu begreifen, und die Hunderttausende von jungen deutschen Soldaten, die auf Nimmerwiederkehr in den verbrannten Steppen Rußlands verschwunden sind, spüren es an den eigenen zerfetzten, verdurstenden, hungernden Leibern.« Sie wandte sich direkt an ihre deutschen Zuhörer: »Nur Sie belügt man, auf Ihre unterwürfige Leichtgläubigkeit meint man zählen zu dürfen.«

Wer hatte sie damals in Deutschland gehört, heimlich oder dienstlich? Kam nach 1945 in Deutschland jemand auf sie zu, um sich für ihren Mut, um sich für ihre klaren Worte damals im BBC zu bedanken? Wurde sie dafür von der Bundesrepublik Deutschland geehrt?

Bezeichnend ist, daß ihr bestes Buch, *School for Barbarians*[17], in dem sie die nationalsozialistische Erziehung der Hitlerjungen und BdM-Mädchen analysierte, erst 1986 in der BRD unter dem Titel *Zehn Millionen Kinder* veröffentlicht wurde, obwohl es seit 1938 im holländischen Verlag Querido auf deutsch vorlag. In der DDR ist das Buch nie erschienen. »Die Jüngeren – diejenigen, die zwischen neun und vierzehn Jahre alt waren, als Hitler an die Macht kam – werden unser größtes Problem darstellen«, sagte sie 1941 auf dem Internationalen Pen-Kongreß in London. Heute kann man in *Zehn Millionen Kinder* den Hitlerjungen und BdM-Mädchen begegnen, die später in der Bundesrepublik und der DDR als Erwachsene und selbst Eltern das Zusammenleben gestalteten, in der eigenen Familie sowie in der politischen Gesellschaft.

Erika Mann begann 1943, Aufzeichnungen für ihre Autobiographie zu machen. Sie war damals 38 Jahre alt, sie wollte Auskunft geben über Deutschland und über das Leben im Exil. Sie ist nie dazu gekommen, dieses Buch zu schreiben. Leider. Die Bücher ihres Vaters und ihres Bruders hatten Vorrang in ihrem Leben. In diesem biographischen Fragment *I Of All People*[18] schilderte sie ihre Flucht aus Deutschland am 13. März 1933. Erika Mann fuhr in ihrem Auto Richtung Schweiz. Nachts und allein. Zeit für Selbstgespräche.

Nach sieben Stunden nonstop erreicht sie Zürich, eine Hotelbar, auf einmal eine Welt, in der man übers Wetter spricht, ohne es politisch zu meinen. Sie kommt ins Gespräch mit einem Herrn mittleren Alters. »Was folgte, war die erste Ausgabe der alptraumhaften Unterhaltung, die sich noch Hunderte von Malen und an Hunderten von Orten wiederholen sollte.« Warum sie ihr Land verlassen habe? Immer und überall dieselbe Frage. Die Autorin schildert die für sie »alptraumhafte Unterhaltung«, und nicht immer ist eindeutig auszumachen, wer gerade spricht, sie, die Geflohene, oder der Herr mittleren Alters. Es heißt im Manuskript: »Ich sei ziemlich aufgewühlt, entschied er, eine Künstlerin, ans Übertreiben gewöhnt, eine Schauspielerin, die sich in den Kopf gesetzt hatte, das Leben zu dramatisieren. Ich war weder Jüdin noch Kommunistin. So weit, so gut.«

Wer spricht? Wer hat gesagt, sie sei weder Jüdin noch Kommunistin, sondern bloß eine das Leben dramatisierende Schauspielerin?

»Entschied er«, schreibt die Autorin. Jedoch als Autorin entscheidet sie für ihn, sie bestimmt, wie ihr »Herr mittleren Alters« entscheiden soll mit seinem Blick auf sie: keine Jüdin, keine Kommunistin. Ein »Herr mittleren Alters« kann für eine 38jährige Frau aus Deutschland 1933 ein Mann in jeder möglichen Position sein. Ein Flirt, ein Nazi-Spitzel, ein Emigrant, selbst jüdisch? Oder bloß ein biederer Herr aus Zürich? Anvertrauen durfte man sich keinem. Und für ihn, schreibt die Autorin Erika Mann, war sie »weder Jüdin noch Kommunistin. So weit, so gut«. Da steht es nun schwarz auf weiß für die Mit- und Nachwelt: weder Jüdin noch Kommunistin. Das war ihr wichtig.

Die »Abwehr der eigenen jüdischen Identität, die vielen als unvereinbar mit wahrer Kultur galt«, schreibt Sander L. Gilman in seinem Buch *Jüdischer Selbsthaß*, veränderte sich, »als aus den Zerstörungsphantasien die Wirklichkeit von Auschwitz geworden war. Seine Wirkung bekamen nicht nur die direkt Betroffenen zu spüren, sondern – wenn auch auf andere Weise – alle jene, die man auch nur im entferntesten als Juden bezeichnen konnte. Die Umsetzung des scheinbar abstrakten antisemitischen Denkmusters in ein Handlungsprogramm auf der Grundlage des westlichen Stereotyps des Juden machte klar, daß alle Juden, ob sie sich als solche verstanden oder nicht, potentiell gefährdet waren.«[19]

Klaus Mann träumte eines Nachts im Exil, seine Mutter lasse sich von Thomas Mann scheiden, »um ihm die Rassenschande zu ersparen«[20]. Selbst hoffte Klaus Mann, bei den Nazis als »aufzunordender Arier zweiter Klasse« durchgehen zu können. »Meine ›rassische Erbmasse‹ war zwar keineswegs einwandfrei«, schrieb er im *Wendepunkt*, »aber doch nicht verderbt genug, um mich im Dritten Reich völlig unmöglich zu machen.«

Von allen sechs Geschwistern hat – soweit bekannt – allein Golo Mann sich nach 1945 vor der deutschen Öffentlichkeit in den jüdischen Zusammenhang seiner Familie gestellt. In seinen 1986 herausgegebenen *Erinnerungen* benannte er, weshalb er aus Deutschland fliehen mußte: »Mein Berufsplan war in jedem Fall zerrissen, an eine Anstellung nicht zu denken. Doppelt fand ich mich kompromittiert.«[21]

Doppelt, das heißt als Sohn seiner Mutter und als Sohn seines Vaters. Nicht an erster, sondern an zweiter Stelle nennt Golo Mann seinen Vater: »Das einstweilen, aber wie lange noch schweigende Draußenbleiben TMs, das gar nicht schweigende Draußenbleiben meiner Geschwister und Heinrich Manns. Immer wäre ich eine Geisel zur beliebigen Verwendung geblieben, völlig vereinsamt, ohne Arbeit, ohne Lohn. Der Familie abzuschwören, würde nicht helfen.« Und warum nicht? »Das stand dem Onkel Viktor«, jüngster Bruder von Thomas Mann, »ganz ein Biedermann, und ›reiner Arier‹ obendrein.« Das war Golo Mann nicht. Kein Abschwören hätte ihm geholfen. Darum nennt er als ersten Grund seiner Flucht »die jüdische Herkunft«. Er nennt nicht seine jüdische Mutter, der getreue Sohn überspringt Katia Mann, »die jüdische Herkunft meiner Großeltern Pringsheim«, schreibt er und fügt hinzu, »jene der Großmutter blieb nur darum etwas unbestimmt, weil die Dohms im frühen 19. Jahrhundert zum Christentum übergetreten waren«.

Die Taufe, das wußte auch der Historiker Golo Mann, rettete keinen Juden. Auf der Deportationsliste wurden getaufte Juden unter Umständen zunächst zurückgestellt, wenn ein Elternteil nichtjüdisch war. Hedwig Pringsheim hatte sich am 15. August 1934 bei der Gestapo als protestantisch bezeichnet. Die Frage, ob sie nichtjüdischer Abstammung sei, beantwortete sie mit: »Nein!«[22] Dennoch muß der raffinierten alten Dame im Umgang mit den Münchner NS-Rassenbeamten etwas gelungen sein: »Mich hat man schließlich von der angedrohten ›Sarah‹ befreit, und ich bin sogar stolze Besitzerin eines arischen Passes. Wat ick mir davon koofe?!«

Wie konnte die Fälschung gelingen? Hedwig Pringsheims Mutter, Hedwig Dohm, und deren Mutter waren unehelich geboren. Das war ein Segen. Zudem waren beide Großelternfamilien aus dem Osten, die Urkunden waren bei polnischen Ämtern einzufordern gewesen, und zwar zu einem Zeitpunkt, da Polen noch nicht von den Deutschen besetzt war. Man konnte Abstammungspapiere fälschen – gegen viel Geld und mit viel Mut.

Erika Mann hat nie etwas über ihre jüdische Zugehörigkeit geschrieben. Als politische Journalistin stand sie in der Tradition jüdischer Polemik und damit in der Tradition ihrer Familie mütterlicherseits: angefangen bei ihren Urgroßeltern Hedwig und Ernst Dohm – sie feministische Essayistin und Pamphletistin, er *Kladderadatsch*-Chefredakteur und Satiriker – über ihre Großeltern Hedwig und Alfred Pringsheim – sie die Feuilletonistin, er ein begabter Rhetoriker – bis hin zu ihrer Mutter Katia Mann, einer Frau von scharfem, analytischem Verstand. Doch auf ihre mütterliche Familie berief sich Erika Mann nicht. Wohl, weil sie jüdisch war. Erika Mann berief sich ausschließlich auf ihren Vater.

Die deutsche Mischpoche

»Daß, wie zu erwarten stand, Z. hier den wüstesten Versuchungen ausgesetzt war, die er aber schließlich alle überwand, sei am Rande vermerkt.«
Erika Mann

Mitte (von li. nach re.): Katia, Erika, Thomas und Golo Mann während eines Europa-Aufenthalts, um 1950

Wie begegnete man sich nach 1945 in Deutschland? Wie sah man sich wieder, und sah man einander überhaupt wieder? Wer war deportiert worden und wohin? Wer war wie gestorben? Wer hatte wie überlebt? Und wo? Wie konnte man als deutscher Jude, voll, halb, viertel, in Nazi-Deutschland überlebt haben? Getarnt? Wie? Versteckt? Von wem? Aus dem Exil kamen die Entkommenen zurück und fragten. Sie fragten nach den Toten, nach den Überlebenden und auch nach den Sachen, nach Wertsachen, nach Erinnerungsstücken. Wie konnte man ihnen entgegentreten? Was hatte man ihnen zu erzählen? Was würden sie einem nicht glauben? Jüdischen Familienmitgliedern, die in Deutschland überlebt hatten, hing etwas an von den Nazis. Sie selbst empfanden es so gegenüber den aus dem Exil zurückkehrenden deutschen Juden. Daß sie alle zusammen einmal als eine jüdisch-deutsche Familie auch deutsch gewesen waren, nur Deutsche hatten sein wollen, dazu ihr Judentum glaubten ablegen zu können, sich taufen ließen und ihr jüdisches Sein verborgen gehalten hatten? Sogar voreinander. Sogar innerhalb der eigenen Familie. Auf diesem Wissen lag Rauch und Asche.

Nach den ersten englischen Bombenangriffen auf deutsche Städte hatte Katia Mann von Haß durchglühte Freude empfunden. Niemand teilte diese Gefühle so uneingeschränkt mit ihr wie ihre älteste Tochter. Erika Mann setzte alle Hebel in Bewegung, um an irgendeiner amerikanischen oder englischen Front als Kriegsberichterstatterin dabeizusein, wie sie es 1940 in London gewesen war, als Deutschland die Hauptstadt Englands bombardierte.

In der Nacht vom 28. auf den 29. März 1942 kam über Lübeck die Rache für das zerstörte Coventry. Von abends, 18 Minuten nach elf, bis in die ersten Morgenstunden des Palmsonntag, zwei Minuten vor drei, so verzeichnet es die städtische Chronik[1], wurde vor allem die eng bebaute Innenstadt bombardiert. Zwei Wochen später ging wieder ein Zug von Lübeck nach Hamburg über Hannover Richtung Osten nach Theresienstadt ins Konzentrationslager. Die letzten Lübecker Juden wurden deportiert. Nicht der Krieg, nicht die Bombenangriffe, nicht die eigene Not konnte den deutschen Vernichtungswillen gegenüber den Juden aufhalten. Wenn Zerstörung jemals gerechtfertigt sei, dann gegen die Deutschen, schrieb Katia Mann am 2. Juni 1942.[2]

In der Schweiz, im Kreis der auf die Engländer jubelnd mit Champagner anstoßenden Emigranten, dachte Hedwig Pringsheim an ihre Tochter im fernen Amerika. »Du, mein Liebling, würdest zwar unbedingt mittrinken, ich kenne ja deine leidenschaftliche Einstellung«, Katias Mutter aber empfand, »trotz alledem« sei sie »doch eine Deutsche«, und wenn sie »dem deutschen Unternehmen, zumal dem Fürer, unmöglich den Sieg, oder auch nur zeitweises Gelingen ihres Unternehmens wünschen« könne, »so blutet doch mein Herz, wenn ich an all die deutschen Mütter und Frauen und an die frischen, jungen Männer denke, die nutzlos in einen blutigen Tod gejagt werden. Golo sagt: ›geschieht ihnen ganz Recht!‹ Aber ich könnte keinen Champagner trinken, sondern nur Tränen vergießen: so eine sentimentale deutsche Ziege bin ich!«[3]

Hedwig Pringsheim gehörte zu der Generation deutscher Juden, für die Antisemitismus normal war, und entweder hatte man darunter zu leiden, oder man war wie sie in der besseren Lage gewesen, ihn ignorieren zu können. Als Deutschland nationalsozialistisch wurde, war sie eine alte jüdische Dame, ihre Tochter Katia stand in der Mitte ihres Lebens und mußte mit Mann und Kindern ins Exil gehen. Die Ausmordung der europäischen Judenheit war auf den Schreibtischen deutscher Bürokraten bereits durchorganisiert und von dort in Gang gesetzt worden, als Hedwig Pringsheim im Juli 1942 in Zürich starb. Die Schoa gehörte nicht mehr zu ihrem Leben, die Schoa gehörte in die Lebenswahrheit ihrer Tochter Katia und deren Töchter und Söhne. Für die Enkel wurde sie weiterzutragende Erinnerung, weiterzuerzählendes Wissen.

Katia Manns Bruder Heinz Pringsheim war in Deutschland geblieben, er war in seinem Beruf weniger glücklich gewesen als seine hochbegabten Geschwister. Er hatte seine Eltern in München regelmäßig besucht, sie hatten sich beraten und besprochen über alles, was vielleicht mit Geld noch zu machen war, und als die beiden Alten endlich raus konnten, war es für Heinz Pringsheim zu spät. Er hatte mit Hilfe seiner zweiten Ehefrau Mara, geborene Duvé, keine Jüdin, die Nazizeit in einem abgelegenen Dorf in Bayern überstanden, materiell gut, dank der väterlichen Vorsorge, psychisch in Ängsten und Scham. Katia Manns Zwillingsbruder Klaus sowie ihr älterer Bruder Peter Pringsheim konnten rechtzeitig ins Ausland gehen.

Im Sommer 1945 war Erika Mann in Nürnberg akkreditiert als Journalistin beim Internationalen Prozeß gegen die deutschen Kriegsverbrecher, und natürlich besuchte sie den Bruder ihrer Mutter. »Onkel Heinz, danke, geht es ganz gut«, schrieb sie. »Es ist verwirrend, wie sehr er *allen anderen* gleicht«, Erikas Großeltern, der eigenen Mutter, den beiden anderen Pringsheim-Onkeln, »ihr alle seid in seinem alten dünnen Gesichtchen. Er ist nie verhaftet worden und scheint im großen und ganzen eine erträgliche Zeit gehabt zu haben.« Da weder Klaus noch Golo Mann, die gleichfalls als Soldaten der amerikanischen Besatzungsarmee in Deutschland waren,

Onkel Heinz bisher besucht hatten, »war er furchtbar erregt und verunsichert wegen eventueller Mißverständnisse und daß sich daraus Feindschaften ergeben könnten. Ich tat alles, was ich konnte, um ihn zu beruhigen.«[4]

Nicht besuchen wollte Erika Mann ihren anderen Onkel, Thomas Manns jüngsten Bruder, Viktor Mann. Der kam von selbst und stand auf einmal in ihrem Zimmer. »Auch er war äußerst, äußerst aufgeregt« und hatte inzwischen einen »langen, phrasenhaften Brief« an seinen großen, berühmten Bruder nach Amerika geschickt, »in dem alles ordnungsgemäß erklärt« wurde.

Was gab es da zu erklären? Wie hatte Viktor Mann in Deutschland die Nazizeit überstanden? Ganz gut, um nicht zu sagen – sehr gut. »In der Bayerischen Handelsbank als Diplomvolkswirt tätig und dort noch nicht einmal Prokurist«, schreibt Golo Mann, »stieg Onkel Viktor nun rasch zum Direktor auf und vertauschte seine bescheidene Wohnung in München-Ost mit einer ungleich eleganteren in Schwabing; ein Aufstieg, welchen er dem Auszug seiner jüdischen Kollegen verdankte.«[5]

Im Gespräch mit dem Filmemacher Heinrich Breloer erzählt der Adoptivsohn von Heinz Pringsheim, Horst Pringsheim-Reday: »Nach der Pogromnacht, da hat sie [meine Mutter] mich aufgeklärt … Dein Vater ist Halbjude, offiziell Halbjude, und du mußt jetzt vorsichtig sein.«[6] In ihre Ehe hatte Mara Duvé ihren Sohn Horst mitgebracht, und aus Heinz Pringsheims Adoptivkind war ein Hitlerjunge geworden. Sonntags zum Essen besuchte er die jüdischen Großeltern, die inzwischen ihre letzte und noch etwas kleiner gewordene Wohnung hatten beziehen müssen. Wurde Horsts Adoptivvater zur Gestapo bestellt, hieß es gegenüber dem Jungen, der Vater gehe ins Kino. Kam er dann endlich heim, fragte Mara ihren Mann, wie es gewesen sei. Sehr nett, habe der Vater immer geantwortet. War gar nichts los.

Alfred und Hedwig Pringsheim packten ihre zwei Koffer, das Gewicht war vorgegeben. »Der letzte Tag«, erinnerte sich Horst Pringsheim-Reday, »das hat mir meine Mutter erzählt: Die beiden saßen noch auf ihren Koffern in der Wohnung, da fuhr hier ein höherer SS-Führer vor, mit Möbelwagen, ging nach oben und ordnete an, daß all das in den Möbelwagen eingeladen wurde, was er für wertvoll hielt.« Seine Großmutter habe »groteskerweise … dann noch gesagt: ›Ja, der Mann hatte aber gute Manieren und war sehr höflich und korrekt.‹« So wird es gewesen sein. Der SS-Mann hätte auch ganz anders auftreten können, wie Hedwig Pringsheim wohl wußte. Wer war dieser höhere SS-Mann? Wo sind die wertvollen Sachen heute? In welchem Haus in München oder anderswo stehen sie? Was der SS-Mann übrig gelassen hatte, wurde anschließend öffentlich versteigert. Geschirr, Bestecke, Tischwäsche, Bettwäsche, alles mit Monogramm, Weingläser, in die »Hedwig« und »Alfred« eingraviert war. In welche deutschen Haushalte wurde das einsortiert? Wer benutzte es später? Der kostbare Thoma-Fries aus der Pringsheimschen Villa kam nach Abbruch des Hauses in die Stuttgarter Staatsgalerie, die ihn noch heute hat. Als das Ehepaar Pringsheim ihn dort ein letztes Mal betrachtete, war er ausgestellt ohne Angaben über seine jüdische Herkunft.

Nicht, weil Thomas Mann so berühmt war, hatten die alten Pringsheims Ende 1939 noch gehen können, sondern weil ihr Schwiegersohn für die Nazis trotz seiner angeheirateten jüdischen Verwandtschaft der große deutsche Dichter blieb. Frau Liebermann, der Witwe des berühmten Malers Max Liebermann, erging es anders. In seiner *Entstehung des Doktor Faustus* schreibt Thomas Mann über die ersten Januartage des Jahres 1943: »Vielleicht trugen der herrschende Föhnsturm und solche Nachrichten zu meiner Verfassung bei, wie daß die Nazis in idiotischer Grausamkeit, trotz schwedischer Intervention, darauf bestanden, die dreiundachtzigjährige Witwe Max Liebermanns nach Polen zu deportieren. Sie nahm Gift statt dessen …«[7]

Neben der deutschen Westmischpoche gab es die deutsche Ostmischpoche. Auch Heinrich Mann war mit einer Jüdin verheiratet gewesen. Mit Maria Mann, geborene Kanová, hatte er eine gemeinsame Tochter: Leonie, genannt Goschi, 1916 in München geboren, elf Jahre jünger als Erika, war so jüdisch wie ihre Cousine. Darüber war nie gesprochen worden, das war den Kindern von Katia und Thomas Mann nicht bewußt. Jedoch von der Abneigung zwischen den beiden verbrüderten Vätern war etwas auf die Kinder übergegangen. Der eigene Vater war der »Zauberer«, und sein älterer Bruder, Goschis Vater, war »Onkel Heini«, der aber elegant war. Katia mochte ihn, sie sprachen gern Französisch miteinander, denn Onkel Heini fühlte sich in Paris zu Hause, in der großen Welt, und Goschis Mutter hatte, im Gegensatz zu Katia, einen richtigen Beruf, sie war Schauspielerin geworden, doch eine richtige Deutsche war sie nicht, denn sie kam aus Prag. In der Erinnerung der Katia-Tochter Medi war diese Tante Mimi dick und hysterisch und habe ihr »Goschilein«[8] ständig herausgeputzt.

Familiengeschichten. Man verkehrte freundschaftlich miteinander und zog übereinander her. Wie anderer Leute Familiengeschichten. Und heute, unter dem Brennglas der Rückbetrachtung auf diese Zeit, waren die einen vom staatlicherseits vorgesehenen Tod bedroht und die anderen im sicheren Exil. Bis es soweit kam, lebte sich das Leben einfach weiter, Liebe, Streit, Betrug, Familienfeiern, Eifersucht, Wut und Schmerz.

Leonies Eltern trennten sich 1930, sie war 14 Jahre alt, ihr Vater, Heinrich Mann, ließ sich scheiden, er hatte eine andere Frau. Drei Jahre später verließ Maria Mann, geborene Kanová, mit ihrer Tochter das vom nationalsozialistischen Triumph durchtränkte München und ging nach Hause, nach Prag. Dort wurden sie von

Deutschland eingeholt. Es folgte der Überfall auf die Tschechoslowakei. Vater Heinrich und Tochter Leonie blieben in Kontakt miteinander.[9] In Genf sahen sie sich 1939 zum letzten Mal. Bei Leonies Rückkehr nach Prag wurden Mutter und Tochter von der Gestapo verhaftet. Heinrich Mann in Frankreich erfuhr davon, er versuchte alles ihm irgend Mögliche, und es gelang ihm tatsächlich, Maria und Leonie aus der Gestapohaft freizubekommen. 1942, Heinrich lebte inzwischen in Los Angeles, wurde Maria Mann nach Theresienstadt deportiert. Sie war 56 Jahre alt. Ihr und Heinrichs Enkelsohn, Jindrich Mann[10], nach der Befreiung Leonies Erstgeborener, erzählt im Gespräch mit Heinrich Breloer, seine Mutter habe zur Nazizeit in Prag keine Wohnung gehabt, sie habe mal hier, mal dort zur Untermiete gelebt und sei immer wieder »sehr schnell ausgescheucht«[11] worden. Als Jüdin und Deutsche war Leonie Mann, damals eine junge Frau von Ende Zwanzig, ihren tschechischen Nachbarn doppelt verdächtig. Sie mußte sich in Prag regelmäßig bei der Gestapo melden, sie versuchte, Kontakt zu ihrer Mutter im Lager zu halten, sie war verarmt, und sie war die Tochter eines prominenten politischen Flüchtlings, eines Hitlergegners. Jindrich Mann: »Die einzigen Verwandten, die sie hatte – ich habe mit meiner Mutter kaum darüber gesprochen – waren ja die Verwandten meiner Großmutter, und die kamen alle nach Auschwitz oder Theresienstadt.« Und die väterliche Verwandtschaft war in Amerika für Leonie Mann unerreichbar. Ihre Mutter überlebte die Befreiung aus Theresienstadt kaum zwei Jahre, Maria Mann starb mit 61 Jahren an den Folgen der Lagerhaft. Bei der Friedhofsverwaltung in Prag wird die wirkliche Todesursache nicht genannt. Dort, erfuhr Heinrich Breloer, heißt es in den Unterlagen: »Nr. 72786. Mannová, Marie. Evangelisch. Geboren am 28.1.1886 in Cáslav. Gestorben am 19.4.1947 Prag 2. Todesursache: Arteriosklerose.«[12]

Zweieinhalb Monate vor Maria Manns Tod, Anfang 1947, erhielt

Thomas Mann in Pacific Palisades einen Brief von einer Cilly Neuhaus, deutsche Jüdin aus Frankfurt am Main, die inzwischen in Amerika lebte. Sie war mit ihrem Mann, Rabbiner Leopold Neuhaus, nach Theresienstadt deportiert worden. Ihr Mann hatte nicht überlebt. Noch im Lager hatten sie Maria Mann kennengelernt, sehr elend, verwirrt und schon gebrochen. Cilly Neuhaus hoffte, mit diesem Brief an Thomas Mann etwas für Maria Mann tun zu können. Thomas Mann antwortete: »Mein Bruder ... steht in Verbindung mit Mimi und seiner Tochter in Prag. Theresienstadt hätte sie sich ersparen können, wenn sie in Rußland geblieben wäre, wo man sie um seinetwillen aufgenommen hatte – wenn meine Information richtig ist.«[13]

Der Ton ist erschreckend fühllos. Vermutlich kannte Katia Mann beide Briefe, sowohl den von Cilly Neuhaus als auch die Antwort ihres Mannes. Wie ist diese Fühllosigkeit zu erklären? Daran zu rühren, an die im Osten, das wahrzunehmen, was die Überlebenden schattenhaft umgab, hieß sich der Gewalt annähern zu müssen, der man entkommen war, die für einen selbst diffus bedrohlich blieb und von der die anderen wußten, ohne davon sprechen zu können.

Und im übrigen mochte man sich auch danach so wenig, wie man sich vorher gemocht hatte. Leonie übergab den Nachlaß ihres Vaters der DDR, darunter auch die Briefe, die Thomas Mann an seinen Bruder geschrieben hatte, Dokumente aus dem Bruderzwist. Im fernen Kalifornien geriet Thomas Mann außer sich vor Wut und Empörung über die undankbare und respektlose Nichte. Er schrieb es ihr nach Prag. Dort lebte Goschi mit ihren zwei kleinen Söhnen und ihrem Ehemann, einem erfolglosen Schriftsteller. Sie waren arm, sie brauchten Geld. Und im nachhinein betrachtet, mag es nicht verkehrt gewesen sein, Heinrich Manns Nachlaß an den DDR-Staat zu verkaufen und ihn so vor den kontrollierenden, zensierenden Blicken des Zauberers und seiner kühnen, herrlichen Vatertochter auf diese Weise bewahrt zu haben. Thomas Manns Zornbriefe an die Tochter seines Bruders fehlen selbstredend in der von Erika Mann herausgegebenen Sammlung.

Er verhielt sich nicht anders als vorher, als immer schon. Sein Anspruch auf unbedingte Rücksicht gegenüber seiner Person war derselbe geblieben. Heute, vor dem Hintergrund der Schoa, mögen solche Auseinandersetzungen geschmacklos und gefühllos erscheinen. Damals, in den ersten Jahren nach 1945, lag die jüdische Katastrophe obendrein vor aller Augen. Gleichzeitig begann die große Verleugnung. Deutschland und Österreich, die beiden Länder der Täter, verheimlichten und beschönigten. In den von Nazi-Deutschland überfallenen Ländern wurde die Teilhabe am Antisemitismus verleugnet, die Kollaboration mit der Gestapo, die Zugehörigkeit zur SS.

Am 11. Mai 1947 fuhren Katia und Thomas Mann in Begleitung von Erika Mann an Bord der *Queen Elizabeth* über den großen Teich, es war ihr erster Nachkriegsbesuch in Europa. Deutschland würden sie nicht betreten. So hatten sie es gemeinsam vor Beginn ihrer Reise beschlossen. Erika Mann am 6. Juni 1947 in einem Brief aus Zürich an eine Freundin über ihren Vater: »Daß, wie zu erwarten stand, Z. hier den wüstesten Versuchungen ausgesetzt war, die er aber schließlich alle überwand, sei am Rande vermerkt. Nicht zuletzt war es (neben meinem klein-feinen Einfluß) die Erpressermanier derer, die ihn zu deutsch-propagandistischen Zwecken auszubeuten gedachten, was ihn hinderte zu gehn.«[14]

Die Bonner Universität, die 1936 Thomas Mann die Ehrendoktorwürde entzogen hatte, wollte sie ihm allzugern wieder entgegentragen. Solche Gesten von bundesdeutscher Seite wurden nahezu ausschließlich gegenüber nichtjüdischen deutschen Emigranten gemacht. Das war anders in der DDR. Waren die dort zurückgerufenen und ehemals hinausgeworfenen Professoren und Doktoren sozialistisch genug, machte es nichts, wenn sie jüdisch waren, das wurde sowieso verschwiegen.

Erika Mann am 17. Juni 1949 aus Zürich: »Z. (mit Frau Mieleinlieb) scheint definitiv Ende Juli ins Vaterland zu gehen, und während ich, wie Du weißt, nichts tue oder rede um ihn zu hindern, sind schon die Vorbereitungen, – Besprechungen, Ferngespräche und Korrespondenzen – mir allzu quälend.«[15] Sie fuhr nicht mit. Über diesen Deutschlandbesuch schrieb Katia Mann am 4. August 1949 aus Amsterdam ihrer Tochter nach Österreich, wo Erika Mann mit Therese Giehse ein wenig Urlaub machte.

»Liebste Schatz«, schrieb die Mutter ihrer Tochter, »eine Erleichterung« sei es, dem Boden Deutschlands »entronnen zu sein«. Es war im Goethe-Jahr 1949 nach Frankfurt am Main und über Stuttgart und Nürnberg nach München gegangen, von dort dann nach Weimar. »Über München hat ja Theres berichten mögen.« Die war also im Gegensatz zu Erika dagewesen, um Thomas Mann zu hören und das Spektakel um ihn zu erleben. »Daß der Beifall dort zum Teil aufrichtig und spontan war, steht mir fest, daß das meiste dort garstig und bedrohlich ist, weiß ich ebenfalls, wenn wir eben auch persönlich nichts davon merken konnten. Die ganze Zeit waren wir schwer bewacht.«[16]

In Westdeutschland gab es Proteste gegen Thomas Manns Vorhaben, auch »in der Ostzone« über Goethe zu sprechen. Er war eingeladen, dort das Lager Buchenwald zu besichtigen, in dem inzwischen mißliebige Kommunisten, vor allem aber Nazis von gestern saßen, und darüber regte man sich in der Bundesrepublik fürchterlich auf. Thomas Mann ging nicht nach Buchenwald, in Weimar aber hielt er dieselbe Goethe-Rede wie in Frankfurt am Main, denn »die Ostzone gewissermaßen links liegen zu lassen«, wäre ihm »unschön« erschienen. Er kam, »um dem alten Vaterlande als Ganzem« seinen Besuch zu machen. Das aber gab es überhaupt nicht mehr.

Für Katia Mann hatte »dieser Aufenthalt, mit all den gealterten, aber unveränderten Gesichtern und den zertrümmerten Stätten, etwas besonders Gespenstisches«, schrieb sie an Erika. »Heinzchens sind abscheulich, auch die P. konnte mir nicht gefallen, unsere Nelly ist die Beste.« Ihre erste Begegnung mit der in Nazi-Deutschland gebliebenen jüdischen Verwandtschaft gestaltete sich für Katia Mann anders als für ihre Tochter vier Jahre zuvor. Sie war die Schwester von »Heinzchens«. Was zwischen ihnen stand, was sie ihm und seiner Frau ansah, war ihr, der Entkommenen, »abscheulich«. Nelly, »unsere Beste«, war für Katia Mann dagegen unverfänglich, sie war Tommys Familie, die Frau von Viktor Mann, der wenige Wochen zuvor gestorben war. Und als seine Frau ohne ihn war sie noch sympathischer.

Aber die P. Die P. war Katias Nichte, jüdisch und nun verheiratet mit einem ehemaligen SS-Major, sie war die Tochter ihres Zwillingsbruders Klaus und dessen erster Frau, der Tschechin Klara Koszler. Die P., Emilie Pringsheim, Milka genannt, war wie ihre sieben Jahre ältere Cousine Erika in Berlin am Max Reinhardt Seminar zur Schauspielerin ausgebildet worden. Vor dem deutschen Überfall heiratete sie für viel Geld einen Tschechen und ging nach Prag, um dort Theater spielen zu können. Unter deutscher Okkupation durfte sie als sogenannte Halbjüdin nicht mehr auf der Bühne erscheinen, sie wurde dienstverpflichtet, arbeitete in einer NS-Behörde, und dort verliebte sich in sie der SS-Major Hans Ehrenfried Reuter.[17] Was für Geschichten. Was mochte dieser Mann erlebt und getan haben, bis er sich zufällig in eine jüdische Frau verliebte? Erika hatte auf ihrer *Pfeffermühlen*-Tournee in Prag 1936 damals bei Tante Mimi diese Cousine angetroffen, von der sie später glaubte, »die P.« müsse eine Nazi-Spionin gewesen sein.

Der aufgeblähte, giftgeschwollene deutsche Wahnsinn, verbunden mit der permanent gegenwärtigen Bedrohung von Verhaftung und Deportation, hatte die Verfolgten und Bedrohten in Situationen, in Augenblicke des Lebens und Weiterlebens gebracht, die lastend blieben. Nicht aber für die eigentlichen Täter. Dieses Gift wirkte weiter in den Begegnungen und Versuchen von Verständigung, und familiäre Animositäten von einst konnten danach zu zerstörerischen Verdächtigungen anwachsen.

Bloß wieder weg aus Deutschland und nach Hause, in die kalifornische Sonne, in das schöne Land, das Katia Mann an Israel erinnerte.[18] Aber erst noch ging es in die Ostzone. Vom »Moment der Einreise bis zur Abfahrt«, so Katia Mann weiter an Erika, »in einer Cortège von zehn Wagen, mit reportierenden Radiowagen, mit Blechmusik, Schulkinder Chören, Spruchbändern, Bürgermeister-Reden, Girlanden«, so ging es von Ort zu Ort. »Besonders die FDJ (Freie Deutsche Jugend), die von Morgen bis Abend ihr Friedens-Horst Wessel Lied grölte und dazwischen im Chor schrie: ›Wir grüßen unseren Thomas Mann‹ erregte recht fatale Assoziationen.« Daß »der Vater es wirklich recht leidlich überstanden hat, kann man nur als deutsches Wunder bezeichnen«.

Hier reiste Katia Mann, geborene Pringsheim, an der Seite ihres Ehemannes, des großen deutschen Dichters, durch Spaliere ihr zujubelnder arischer Deutscher und hörte das Grölen, das sie wiedererkannte aus den Jahren vor 1933, als SA und HJ durch Münchens Straßen marschiert waren und vom Judenblut grölten. Ob Katia Mann selbst ihre Unbestechlichkeit, mit der sie der deutschen Sentimentalität, auch der ihres Mannes, begegnete, als typisch jüdischen Geisteswitz bezeichnet hätte? Wahrscheinlich nicht. Etwas als jüdisch zu benennen muß sich die jüdische Nachwelt nehmen und nicht nehmen lassen, denn es geht dabei um jüdischen Besitz, um aufgelesene Bruchstücke.

Thomas Mann im Postskriptum des Briefes seiner Frau an Tochter Erika fand die Reise »verrückt, aber einmütig«, da alle »sich unsinnig freuten«, ihn lobten, weil er es auf sich genommen habe, es sei »nichts zu bereuen«. Mit anderen Worten: Er war glücklich mit seinen Deutschen. Katia Mann zweifelte, »ob es richtig war, der dortigen Propaganda als so überaus fetter Bissen zu dienen«.

Zwei Monate zuvor, am 18. Mai 1949 in der Londoner *Wiener Library*, benannt nach ihrem Begründer, dem Berliner Juden Alfred Wiener, hatte Thomas Mann zwischen Büchern gestanden, die weltweit noch heute die bedeutendste Bibliothek mit Literatur über, gegen und für den Nationalsozialismus darstellen. Dort hatte er vier Jahre nach dem Ende der Nazizeit gesagt: »Man soll diese Zeit nicht vergessen, die Deutschen sind geneigt, sie zu vergessen, sie zu verdrängen.« Es gelte in Deutschland bereits als »taktlos und unpatriotisch, an die Verbrechen der zwölf Jahre zu erinnern«[19].

Sechs Jahre später: das Schiller-Jahr. Und diesmal, 1955, fuhr Erika Mann mit. Auch in die DDR. Dort hatte es, wie den autobiographischen Aufzeichnungen von Hans Mayer zu entnehmen ist, von jüdischer Seite die eine und andere Absage zum großen Bankett mit Thomas Mann gegeben.[20] Man müsse nicht unbedingt dabei sein, ließen der Philosoph Ernst Bloch und der Dichter Leonhard Frank verlauten, und auch Hans Mayer verabschiedete sich bald. Der bedeutende Literaturwissenschaftler, Kölner Sohn einer Familie von typischen »deutschen Staatsbürgern jüdischen Glaubens« und »Kommunist ohne Parteibuch« – so bezeichnete er sich –, Hans Mayer hielt es »für unwahrscheinlich«, daß Thomas Mann ihn gemocht habe. »Zu viel sprach dagegen«, und »die Heirat mit einer Jüdin« habe bei Thomas Mann »frühe Aversionen im Umgang mit jüdischen Literaten nicht aufgehoben«. Thomas Manns »lebenslange Auseinandersetzung« mit Heinrich Mann, »der sich wohlfühlte unter den Expressionisten, jüdischen und anderen«, hielt Hans Mayer außerdem »für mit betreibend«, daß sich Thomas Manns »Abneigung bei jeder Begegnung mit Juden und Jüdinnen eher noch verstärkte«.

Warum sind deutsche Juden in die DDR gegangen? Zurückgebracht nach Deutschland hatte sie ihre Sehnsucht nach Dresden, nach Halle, nach Hamburg, nach Köln, nach München, nach Berlin, nach Leipzig und nach ihrer deutschen Sprache. Die DDR, nicht die BRD, bot nach 1945 heimkehrenden jüdischen Wissenschaftlern Professuren an, so auch Hans Mayer den Lehrstuhl für Nationalliteraturen in Leipzig. 1957 wurde er allerdings zwangsemeritiert, er war der DDR nicht parteilich genug gewesen. 1963 blieb er in Westdeutschland, wo man inzwischen an mancher Universität soweit war, gegen den Willen noch immer wirkender ehemaliger NSDAP-Mitglieder einem jüdischen Gelehrten und Exilanten von einst eine Professur anzubieten; für Hans Mayer wurde es Hannover.

Die in die DDR gegangenen Juden waren, ohne daß es das Wort »Jude« gab, »Opfer des Faschismus« und galten »selbstverständlich weniger«[21] als die nichtjüdischen »Opfer des Faschismus«. Aber sie galten nicht nur weniger. Sie galten auch mehr. Viel mehr. Und das machte sie nicht beliebt. Als Juden waren sie politisch unverdächtig, sie hatten keine Nazis gewesen sein können, nicht einmal ganz kleine Nazis. Sie waren ins Exil geflohen, hatten den internationalen kommunistischen Widerstand kennengelernt und sich ihm angeschlossen. Die kommunistische Idee hatten sie im Ausland sozusagen koscher gehalten. Auf einmal waren die in die DDR gekommenen Juden die besseren Deutschen. Das mochte für deutsche Juden wie Balsam sein nach erlittener Entwertung, Demütigung, Ausgrenzung, Verarmung. Sie wollten ein besseres Deutschland mit aufbauen, sie wollten nicht die besseren Deutschen sein. Doch so wurden sie erlebt und dafür mehr oder weniger heimlich gehaßt.

Innerfamiliäre Feindseligkeiten, Neid, Verbitterung zwischen BRD und DDR, das konnte sich für einzelne zum Guten auswirken. So für Klaus Mann und seinen Roman *Mephisto*. Der Aufbau-Verlag in Berlin (Ost) druckte das Buch 1956, auch deshalb, weil es in »Adenauer-Deutschland« (Erika Mann) nicht erscheinen durfte. Die Bundesrepublik nahm Rücksicht auf Gustaf Gründgens. Aber nicht nur auf ihn. Der Roman gab beispielhaft Auskunft über typisch deutsche Karrieren in der Nazizeit. Der berühmte Schauspieler wurde später Intendant des Hamburger Schauspielhauses, er war im Dritten Reich Hermann Görings Intendant des Staatlichen Schauspielhauses und einer seiner Staatsräte gewesen.

Gründgens nannte Klaus Manns *Mephisto* einen »Schlüsselroman« und machte Schutz seiner Persönlichkeitsrechte geltend. Die 60 000 DDR-Exemplare waren schnell verkauft. Einige gelangten in den Westen. Erika Mann sorgte erfolgreich für weitere Verbreitung. Polen, Ungarn, die Tschechoslowakei brachten *Mephisto* in Übersetzungen heraus. Nur die Bundesrepublik Deutschland sperrte sich gegen dieses Buch. Die Nymphenburger Verlagshandlung klagte auf Veröffentlichung, und Erika Mann gab dem Anwalt Argumentationshilfe: Das Ungeheuerliche um Gustaf Gründgens, »von dem Klaus Mann wußte, daß es keineswegs vereinzelt auftrat, sondern scharen- und typenweise vorkam, suchte er im ›Mephisto‹ darzustellen«[22]. Genau darüber wollte man in der BRD nichts veröffentlichen. »Die Allgemeinheit ist nicht daran interessiert, ein falsches Bild über die Theaterverhältnisse nach 1933 aus der Sicht eines Emigranten zu erhalten«[23], hieß es in der Urteilsbegründung des Oberlandesgerichts Hamburg vom 17. März 1966. Vertraute antisemitische Töne und indirekt auch gegen Erika Mann gerichtet.

Von der deutschen Presse war das Hamburger *Mephisto*-Urteil nicht etwa als Zensur begriffen, sondern allgemein wohlwollend aufgefaßt worden, einfühlsam kommentiert gegenüber den Empfindlichkeiten der in die Nazizeit einst mächtig verstrickten Deutschen. Der Bundesgerichtshof in Karlsruhe gab 1968 einer Revision nicht statt. Bis 1984 lag der Roman in 22 Sprachen vor, darunter Hebräisch, Polnisch, Amerikanisch, Französisch, Russisch, Niederländisch, Englisch, Portugiesisch und Spanisch; 1980 wurde er endlich auch in der BRD gedruckt und verkauft.

Gewidmet hatte Klaus Mann sein Buch *Mephisto, Roman einer Karriere* 1936 der Schauspielerin Therese Giehse, die dem Autor antwortete: »Ich fühle mich geehrt.« Gustaf Gründgens hatte die Widmung übersehen. Der Hamburger Intendant suchte die Schauspielerin in Zürich auf, um sich von der Jüdin im öffentlichen Streit gegen Erika Mann helfen zu lassen. Therese Giehse: »Er hat halt ein großes Getue gehabt. Er hätte gemußt. Nur dadurch, daß er mitgemacht hat, hätte er vielen Leuten das Leben gerettet. Sich selbst hat er vor allem gerettet. Den Staatsrat mußte er annehmen. Der Göring hat ihn wissen lassen, wenn er den Staatsrat ablehnt, dann wäre es aus. Angenehm war das alles sicher nicht. Andererseits war es bequem. Schließlich hat er prunkvoll gewohnt und wurde verwöhnt. Schlecht gelebt hat er dabei nicht.«[24]

Durch den Pressewirbel um den 1963 verstorbenen Gustaf Gründgens erinnerte man sich in Westdeutschland der Thomas Mann-Tochter. *Mephisto* blieb verboten, da plante ein bundesdeutscher Fernsehproduzent, eine Sendung über die *Pfeffermühle* zu machen, und wandte sich an Erika Mann. In Westdeutschland kam es in dieser Zeit zu sogenannten Studentenunruhen, die APO, die Außerparlamentarische Opposition, formierte sich gegen die USA und den Vietnamkrieg, in Amerika begründeten Feministinnen *Women's Lib*, die neue Frauenbewegung. Dem Fernsehproduzenten antwortete Erika Mann: »Sehr zu Recht haben Sie darauf hingewiesen, daß die junge Generation in der Vorstellung lebe, Nazismus und Krieg seien 300 Jahre her.« In Zürich habe gerade ein Restaurant bei ihr um die Erlaubnis gebeten, sich *Pfeffermühle* nennen zu dürfen. »Auch hier«, in der Schweiz, »versteht sich, sind wir ›Geschichte‹, aber doch nicht fremde oder gar ›feindliche‹ wie in Deutschland.« Wiederholt »haben die Veranstalter des ›Holland-Festival‹ mich eingeladen, irgendwie mitzuwirken. Dort – wie anderwärts – bleibt man uns zugeneigt.«

In der Bundesrepublik war das anders. Im deutschen Bewußtsein gab es keine Zuneigung zu dieser Frau, der Künstlerin und Widerstandskämpferin, und Erika Mann wußte das: »Es gibt keine Verständigung zwischen den deutschen Fernguckern und Leuten wie mir.«[25]

Im Besitz des Vaters

»Deine Sachen kann ich!«
Erika Mann

Erika und Thomas Mann,
Kilchberg bei Zürich,
Anfang der 1950er Jahre

Es kam mit der Post. Ein schmales, kleines Päckchen für mich. Darin war etwas von Erika Mann. Ihre Stimme. Der Mitschnitt eines Interviews auf Kassette.[1] Ich legte das Tonband in den Apparat. Die Aufnahme war von 1968. Anders als Fotografie oder Film wirkt eine Stimme, aufgenommen im Gespräch, wie ein über den Tod des Menschen hinaus erhalten gebliebener Teil der Persönlichkeit im Besitz der Nachwelt. Eine Filmaufnahme scheint die Person zu zeigen. Die sprechende Stimme ist im Raum. Geradezu leibhaftig Erika Mann. Daß sie nicht zu sehen ist, verdichtet obendrein die Wahrnehmung. Keine Ablenkung durch Mimik oder Gestik. Wie hört sich Erika Mann an? Man ist ganz Ohr und nimmt dabei manches auf, was einem später nachgeschlichen kommt. Etwa die Frage: Hatte eigentlich sie zuerst gehustet? Oder war er es gewesen? Immer wieder räusperte er sich. Zigarettenqualm? Oder eine abgewehrte Unstimmigkeit im Gespräch, nämlich zwischen Erika Mann und dem Journalisten Fritz J. Raddatz? Ich hatte sie auf Band. Ich konnte sie immer wieder zurücklaufen lassen.

Es gibt Filmaufnahmen von Erika Mann. In Familie. Bei offiziellen Anlässen. Kleine Rollenauftritte in deutschen Spielfilmen. Der erste 1931 in *Mädchen in Uniform*, eine Deutschlehrerin. Der nächste über zwanzig Jahre später. Dazwischen: 1933 Abriß ihrer Schauspielkarriere in Deutschland. Flucht in die Schweiz. 1936 erzwungenes Ende der erfolgreichen *Pfeffermühle*, Emigration nach Amerika.

1953 filmte Erika Mann wieder in Deutschland, sie bearbeitete die Drehbücher zu Romanen ihres Vaters.

Man solle die Verfilmung nicht an der Vorlage messen, schrieb sie, »sondern soll allenfalls fragen, ob *innerhalb der Gegebenheiten des Films* der Roman am Leben blieb ... Ganz zu befriedigen wird eine Romanverfilmung nie vermögen. Das weiß ich heute, nachdem ich mich sieben Monate lang mit einem Drehbuch für einen zweiteiligen ›Buddenbrooks‹-Film geplagt«, seitdem »leben die Filmleute und ich in hellem Hader, und die Kluft zwischen dem, was diese Knülche wollen und dem, was ich will oder auch nur akzeptabel fände, ist so tief«[2].

Schriftlich erzählende Sprache und dialogischen Text in hörbaren und sichtbaren Ausdruck zu bringen war das Metier der Schauspielerin, Erika Manns Handwerk, ihre große Begabung. In dem Film *Königliche Hoheit* ist sie einen kleinen Auftritt lang zu sehen, ein paar Augenblicke nur. Die Idee, der Spaß, die Tochter des Dichters einzubauen, wird sich während der Dreharbeiten ergeben haben. Daß sie dabei mitmachte, entsprach ihrer Leidenschaft zu spielen.

Laufbahn und Karriere einer Schauspielerin und Regisseurin in der deutschen Theaterwelt, in der Filmmetropole Berlin, diese Möglichkeiten waren für sie durch die Nazizeit längst abgerissen. Anzuknüpfen war daran für Erika Mann nicht mehr. Damals war sie jung gewesen. Jetzt war sie mit Ende Vierzig zu alt. Nun arbeitete sie mit denen zusammen, die in Deutschland einfach weitermachen konnten, im Dritten Reich der Nazis wie in der geteilten Republik danach. In *Königliche Hoheit*, 1953 gedreht, ist Erika Mann eine Oberschwester in einem Waisenhaus. Prinz Klaus Heinrich mit seinem etwas zu kurzen linken Arm, gespielt von Dieter Borsche, besichtigt gerade den Reinigungsvorgang der Milchfläschchen, während von der anderen Seite die amerikanische Millionärstochter eintritt, dargestellt von Ruth Leuwerik.

Im Romanentwurf um 1907 hatte Thomas Mann die Millionärstochter ursprünglich jüdisch angelegt, aber wegen seiner jüdischen Ehefrau Katia und nach den schweren Auseinandersetzungen mit seinem Schwiegervater um *Wälsungenblut* dann doch lieber indianisch-portugiesisch und deutschen Geblüts[3], denn warum sollte nicht auch einmal eine Nichtjüdin aus reichem Hause sein, deren Vater trotzdem Samuel N., vermutlich Nathan, Spoelmann hieß und der seiner bildhübschen, spitzzüngigen, Mathematik studierenden Tochter jeden Wunsch erfüllte, genauso wie Alfred Pringsheim seiner Katia. Für das deutsche und österreichische Kinopublikum, noch nicht zehn Jahre nach Hitler, war der reiche Dicke auf der Leinwand natürlich ein Jude, während seine Tochter, die milde Leuwerik, alles andere war als ein irgendwie geartetes Halbblut, und zu dem edlen Borsche paßte sie ideal.

Es wiederholt sich im Blick auf dieses Liebespaar etwas von dem, was sich stets im Blick auf das Ehepaar Katia und Thomas Mann ereignet: Zwar weiß man, daß sie aus einem jüdischen Elternhaus kommt, doch bewirkt seine eheliche Verbindung mit ihr eine Art Auslöschung. Wenn Prinz Klaus Heinrich sein hoheitliches Auge begehrlich auf der amerikanischen Millionärstochter ruhen läßt, ist Imma Spoelmann irgendwie nicht mehr wirklich mit Vater Samuel Nathan verwandt. Und sieht die deutsche Leserschaft auf den deutschen Dichter und seine Frau, ist von Katia Mann der jüdische Schatten abgefallen.

Die Begegnung im Waisenhaus zwischen total verschuldetem deutschen Prinzen und amerikanischer Kapitalistentochter ist arrangiert und soll zufällig aussehen. Im Film bemühen sich alle Anwesenden, auftretende Verlegenheiten zu vertuschen, der leitende Waisenhausarzt und sein Personal, das Gefolge des Prinzen sowie das der Millionärstochter. Unverhohlen neugierig indessen bestaunt in schwarzer Diakonissentracht das Waisenhausfräulein Erika Mann dieses sensationelle Zusammentreffen. Dann wird sie auch noch angesprochen, die reiche Imma Spoelmann hat eine Frage. Aus Schwester Erikas Mund wälzen sich schwerfällig norddeutsche Töne, sie antwortet langsam und etwas einfältig, sie bekommt sekundenlang welthistorische Bedeutung zwischen diesen beiden Hoheiten des Städtchens Grimmburg, und sie hört dabei nicht auf, die millionärshaft königliche Begegnung mit naiv-dreistem Ausdruck in sich einzusaugen.

Diesen Film habe ich mehrfach gesehen, einer seiner Höhepunkte ist die beschriebene Szene in der Waisenhausmilchküche, Erika Mann war mir dabei nie als Erika Mann aufgefallen. Sie trat nicht in Erscheinung als extra komische Figur, sie war nicht die Tochter des Dichters, dem Kinopublikum als Beigabe spendiert. Sie blieb diese Waisenhauskinderschwester, auch nachdem mir klargeworden war, daß ich für eine halbe Minute, kaum länger, Gelegenheit hatte, Erika Mann zu sehen.

Keiner ihrer Berufe hat ihr so gelegen wie dieser: Schauspielerin. Keines ihrer Talente hat ihr im Leben so geholfen und ist ihr selbst so gefährlich geworden wie ihre Begabung zu spielen. Entwurzelung durch Emigration, wechselnde Länder, Menschen, Sprachen, Berufe, alles Fremde war ihr eine Herausforderung, sich ideal einzupassen in das andere Leben. Als Journalistin schrieb sie von den Kriegsschauplätzen der Welt in Ich-Form, das las sich gut und spezifisch reizvoll, da sie Erika Mann war, die Thomas Mann-Tochter, die über etwas berichtete, wovon sie für diesen Zeitraum Teil geworden zu sein schien, sie war zum Objekt ihrer Reportagen geworden. Ihre Anpassung an etwas oder an jemanden ließ ihr Ego verschmelzen mit der zu erzählenden Geschichte oder mit dem Gegenüber, schien sich darin zu zentrieren und war somit durchaus mächtig einerseits wie andererseits ohnmächtig im verfremdeten und verstellten Selbst. So war sie geworden. Sich bis zur scheinbaren Ich-Auflösung einfügen. Der Mann durfte in ihr die hochintelligente Zuhörerin und Gefährtin lieben, die kindlich war oder mütterlich-schwesterlich, jedenfalls nicht vorrangig weiblich, nicht vorrangig die Frau. Seit frühester Kindheit war ihr das zu eigen. Ihm zu gefallen, vom Vater begehrt und geliebt zu werden, damit er sich ihr zuwandte und sie als sein Kind in Besitz nahm, während ihre Mutter sich viel zu bald von ihr abwandte und mit dem jüngeren Bruder beschäftigt war.

Erika Mann blieb für ihren Vater auch als Frau »das lebens- und liebevolle, stets heiteren Auftrieb bringende Kind«[4]. Seine innere Imagination von ihrem Ich stellte sie für ihn dar, und so konnte er von der Zusammenarbeit mit ihr schwärmen: »Mit mir nur rat' ich, red' ich zu dir.«[5] Dabei ging es um empfindliche Kürzungen seiner zu langen Manuskripte. Es waren immer Männer, denen sie sich so hingab. Vater, Bruder, väterliche Freunde unterwegs und schließlich: der alte heimliche Geliebte, Dirigent Bruno Walter, Altersgenosse ihres Vaters.

Mit Frauen war es anders. Erika Mann steht in einer Reihe starker Frauen: Ihre Urgroßmutter Hedwig Dohm, ihre Großmutter Hedwig Pringsheim und ihre Mutter Katia Mann – sie waren Töchter starker Mütter und wurden selbst Mutter. Nur Erika Mann blieb Tochter, ohne auch Mutter geworden zu sein. Es ist etwas Besonderes um die Beziehung zwischen Mutter und Tochter. Ganz einfach deshalb, weil sie dasselbe Geschlecht haben. Sie sind einander näher als Mutter und Sohn. Das macht zwischen ihnen das Beziehungssystem emotionaler Abhängigkeit, durchzogen von Liebe, Sehnsucht, Neid, anders kompliziert, anders empfindlich.

Thomas Manns Beziehung zu Erika scheint dichter gewesen zu sein als die zwischen Mutter und Tochter. Wie er sein Erikind an sich band und was sie ihm bedeutete, ist unübersehbar. Wie Katia

Mann ihre Tochter an sich band und was ihr Erika bedeutete, wird daneben kaum deutlich, indessen war die Bindung an ihre Mutter für die Tochter nicht weniger prägend. Katia Mann, die sich immer nur Söhne gewünscht hatte, trug in sich eine Sehnsucht nach der Frau, und diesen inneren Widerspruch ihrer Mutter machte die androgyne Tochter Erika auf ihre Weise sichtbar.

Erika Manns Mutter blieb ihr Leben lang und über alle räumlichen Trennungen hinweg ihrer eigenen Mutter, Hedwig Pringsheim, emotional eng verbunden. Diese Ungetrenntheit gehörte zu einem Schmerz, zu der ungestillten Sehnsucht, die schöne und begehrenswerte Mutter möge ihre Tochter als nicht minder schöne und begehrenswerte Frau anerkennen. Die Anerkennung durch die Mutter als die andere Frau ist für eine Tochter, um sich ihrer Weiblichkeit sicher sein zu können, wichtiger als das Begehren im Blick des Vaters. Es war aber zwischen Mutter Hedwig Pringsheim und Tochter Katia genau umgekehrt. Die heranwachsende Tochter, die von ihren »eigenen äußeren Reizen«[6] nichts wußte, liebte und bewunderte die Schönheit und den Charme ihrer Mutter. Die war zwar die gefeierte Salondame, doch auch die von ihrem Mann Betrogene. Alfred Pringsheim hatte eine Geliebte, und ganz München, ganz Berlin wußte das. »Du bist wie ein Witwer, der eine andere will«[7], hatte Katia ihrem Vater ins Gesicht gesagt. Es war der Abend vor Silvester gewesen. 1891. Das damals achtjährige Mädchen hatte sich schützend vor ihre berühmt schöne und tiefverletzte Mutter gestellt.

Hedwig Pringsheim war die erstgeborene von vier Töchtern einer nicht minder schönen Mutter, die obendrein noch eine berühmte feministische Polemikerin und eine bekannte Romanschriftstellerin war. Hedwig Dohms vier Töchter rangen darum, Liebling dieser bedeutenden und obendrein bildhübschen Mutter zu sein. Die zierliche Schöne sah bald neben ihren vier stattlichen Töchtern aus wie deren kleine Schwester, besonders neben ihrer Ältesten. In der Konkurrenz dieser Tochter mit ihrer Mutter ging es um etwas anderes. Um die intellektuelle Anerkennung. Hedwig Pringsheim hatte sich nach einem kurzen Gastspiel als junge Schauspielerin schnell in die sichere und bequemere Obhut eines wohlhabenden Ehemannes begeben. Etwas, was ihre feministische Mutter an Frauen verachtete, und genau das machte sie in ihren Schriften öffentlich. Daß Hedwig Pringsheim bei ihrer Mutter um intellektuelle Anerkennung warb, wird nicht zuletzt deutlich in ihren vielen, langen Briefen, die sie so gut geschrieben hatte, daß die Schriftstellerin Hedwig Dohm daraus seitenlange Passagen einfach in ihre Romane übernahm. Das geistige Eigentum ihrer Tochter. Jahre später, nach dem Tod ihrer Mutter, schrieb Hedwig Pringsheim in einem Artikel über die berühmte Feministin Hedwig Dohm: »Alles, wofür sie gekämpft und gelitten hat, wofür sie ausgelacht und angepöbelt worden ist, hat sich erfüllt, und zwar viel schneller als man erhoffen durfte. Das hat sie noch mit vollem Bewußtsein genossen, daß, wenn auch nicht ihre Töchter, so doch ihre Enkelinnen sich der neuen Freiheit freuen durften: sechs von ihnen haben studiert, drei den Doktorhut erworben, alle stehen im Berufsleben.«[8]

Als Hedwig Pringsheim diesen Text über ihre Mutter 1930 für die *Vossische Zeitung* schrieb, war Katia Mann, eine der darin erwähnten Dohm-Enkelinnen, 47 Jahre alt, eine verheiratete Frau und Mutter von sechs Kindern. Berufstätig aber war sie nicht. Doch ihre Mutter hatte sie einfach zu den berufstätigen Enkelinnen der berühmten feministischen Hedwig Dohm dazugerechnet. Das hatte sich in dem Artikel für die Schreiberin so besser gemacht. Doch gerade das stimmte eben nicht, denn die hochintelligente einzige Tochter Hedwig Pringsheims, Katia, war kurz vor ihrer Doktorarbeit von ihrer Mutter verheiratet worden, und zwar mit Thomas Mann. Im Alter wurde Katia Mann ihrem Vater, Alfred Pringsheim, immer ähnlicher, und vor ihren Augen wuchs ihre vielseitig begabte Tochter Erika zu einer Schönheit heran, die Schönste unter den drei Töchtern. Ihrer Mutter wurde Erika Mann ein aufmunternder Partner, ließ Katia vertraute Mitwisserin ihrer Frauengeschichten sein und umwarb die von ihrem Ehemann vernachlässigte Frau in ihren Briefen mit Kosenamen, erdacht von einer töchterlichen Liebhaberin: *Frau Obersüß, Frau Süßengut, liebste Süsi, Frau General-Süsi, Frau Ober-Annehmlichkeit, Goldenmucke, Frau Goldi, liebe Frau Schatz, Frau Liebling-Morchel, Liebste, allerzierlichste Frau Tschutschu.* Am Ende stand: *Ganz à toi, treulichst, ich bin deine liebe liebe E, sei umhalst, vollkommen à vous. Sehrsehrsehr E.* Und damit war Tochter Erika auch schon fort, nach Überspitzung und Übertreibung entschwunden. Das war ihre Art, sich vorübergehend trennen zu können, innerlich blieb sie. Was sie unterwegs erlebte, davon gab sie ihrer Mutter ab, schriftlich aus der Entfernung.

Das unterhaltsame Wortspektakel der übertreibenden Erika ließ diese Tochter grenzenlos belastbar erscheinen. Zwischen der »allerzierlichsten Frau Tschutschu« und »Sehrsehrsehr-E« wurden in dieser Wahnsinnszeit Nöte, Tragödien, Ängste, Hoffnungen, Miseren besprochen und gemeinsam gestemmt. War es nicht die Familie, dann waren es Freunde, Kollegen, Künstler, Schriftsteller, Juden meistens, die Katia Mann oder Erika Mann um Hilfe baten, um Rettung vor den Deutschen, aus der tödlichen Gefahr. Bei solchen Aktionen bedienten sich die beiden Frauen seines Namens, denn der war hilfreich: Thomas Mann. Üblicherweise ging es zwischen Mutter und Tochter um ihn, den seine Frau nicht nur das »Reh« nannte, er war »das Monstrum«[9]. Oder es ging um Klaus, für Erika der »liebe Stinkfisch«.

Erika Mann am zuverlässigsten gewachsen war Therese Giehse. Sie war ein dickes Kind gewesen, sie entsprach als junges Mädchen und Frau überhaupt nicht dem Typ der Zeit: gertenschlank, sportlich, exzentrisch. So war Erika Mann. Therese Giehse ging trotzdem zur Bühne und trug den Widerstreit von Schamgefühl, Sehnsucht und Begehren in sich. Sie war zurückhaltend, sie war eine Beobachterin geworden und hatte lernen müssen, sich nicht als der mütterliche Typ ausbeuten und beiseite schieben zu lassen, weder von Männern noch von Frauen. Ihre Freundschaft zu Erika Mann wurde eine Liebesbeziehung und »eine höchst fruchtbare künstlerische Partnerschaft«, die berühmte Schauspielerin »war Erikas Mentor in allem, was mit dem Theater zu tun hatte, und Erika vertraute ihrem Urteil«[10].

Die *Pfeffermühlen*-Jahre von 1933 bis 1936 waren ihre gemeinsame Zeit. Erika Mann schrieb die Texte der Charakterdarstellerin direkt auf den üppig-schönen Leib, kleine Kostbarkeiten des literarisch-politischen Kabaretts, Idee und Entwurf entstanden zwischen ihnen beiden, und beide führten sie Regie. »Die Giehse war Kopf und Körper, Erika Mann die ›Frau Direktor‹ und das Gehirn des beherzten Unternehmens.«[11] Außerdem machte sie die Conférence. Erika Mann dabei zu sehen und zu hören war für die Freundin und große Kollegin »ein immer neuer Genuß. Sie konnte mit dem Publikum auf unvergleichliche Art und Weise reden, gleichzeitig überzeugend und verführerisch«. In ihrem eigenen Bühnenunternehmen und neben Therese Giehse war Erika Mann an ihrem Platz. Sie ist in ihrer Arbeit nie besser gewesen. In diese Zeit fällt die für die Familie Mann existentiell erschütterndste Konfrontation der Tochter mit dem Vater.

Klaus ging es nicht gut. Er war mit dem Amsterdamer Querido Verlag liiert, der 1933 eine »Deutsche Abteilung« gründete. Für den Thomas Mann-Sohn stand bei Querido viel auf dem Spiel. Klaus Manns Zeitschrift *Die Sammlung* war ein wichtiges Sprachrohr gegen Nazi-Deutschland, aber sie ging schlecht. Den nun im Ausland lebenden Vater als fette Beute für Queridos Exilverlag an Land zu ziehen hätte Klaus Mann auf immer abgesichert und ihn Erika von den Schultern genommen. Gemeinsam wollten die Geschwister den Vater vom S. Fischer Verlag trennen, doch für Thomas Mann war es ideal, daß sein Verleger Gottfried Bermann Fischer, obwohl er und die Fischer-Familie Juden waren, mit seinem großen Unternehmen in Nazi-Deutschland blieb, solange es irgend ging.

Den Verleger ihres Vaters, glauben Inge und Walter Jens, habe Erika Mann »wegen seiner Verlagspolitik mit beispiellosem Haß verfolgt«. Sie schreiben es in der Katia Mann-Biographie und zitieren aus einem Brief Erika Manns an Klaus im September 1933, darin nennt sie Gottfried Bermann Fischer einen »Schleimfrosch« und bezeichnet ihn als »Bersau« und »Berdreck«. »Daß die Bersau in allem und jedem darauf hinaus will und es deutlich schreibt – sämmtliche Emigranten sollten auf Lebenszeit den Mund halten, damit er, Berdreck, in Deutschland keinen Ärger habe, ist sonnenklar.«[12] In diesem Stil. Kein schöner Stil. Wütend. Rasend. Der Ton der kämpferischen Schwester, die sich mit viel Getöse für ihren empfindlichen Bruder schlägt, wie damals in München-Bogenhausen, wo sie sich seinetwegen mit den Kindern auf der Straße prügelte, und jetzt sogar für ihn gegen den Zauberer. Denn eigentlich konnte sie für ihren Bruder Klaus gar nichts tun. Weder beim Vater noch überhaupt.

Sie versuchte dennoch, Thomas Mann den Querido Verlag nahezubringen. »Dieser Brief, lieber Z., – ist mir peinlich, – ich fürchte auch, er ist nicht, was man ›gut‹ nennt, – ich bin schrecklich müde von der Reise. Nun braucht er ja aber auch nicht ›gut‹ zu sein, – er muß nicht versuchen, Dich zu *überreden*. Was ich mit ihm möchte, ist bloß, diese Sache, deren relative Unwichtigkeit für Dich ich kenne, in ihrer Wichtigkeit für den K. beleuchten ...«[13] Für Klaus versuchte sie es. Thomas Manns erstes Buch im Exil, ein Essayband, erschien dennoch nicht bei Querido, sondern 1935 bei Fischer in

Deutschland, und »nun da es da ist«, freute sich die Tochter für den Vater, »des gehaßten Firmenschildes ungeachtet«[14].

Inzwischen war in der Schweiz ihre *Pfeffermühle* als »Hetzbühne«, »Parteibühne« und »jüdisches Emigrantentheater« verleumdet und daraufhin verboten worden. An Schweizer Zeitungen schrieb sie: »Wir versuchen, in der leichten Form, die wir uns gewählt haben, die schweren Dinge zu sagen, die heute gesagt werden müssen, – und wir hätten allen Grund, uns zu schämen, wollten wir jemals damit aufhören.«[15] Die *Neue Zürcher Zeitung* druckte Erika Manns Erklärung nicht ab. Ein Wort vom Zauberer hätte geholfen, gerichtet an den Feuilletonchef Korrodi, der ihr Kabarett in seiner Zeitung verunglimpfte. Ein schönes Machtwort ihres Vaters für sie, für seine Tochter. Sie wünschte es sich. Sie wußte, es würde nicht kommen. Sie hoffte dennoch, es möge kommen, ohne daß sie darum bat. Es kam nicht.

Die *Pfeffermühle* zog vom Schweizer Exil ins holländische. Nach einer Aufführung in Amsterdam schrieb ihr der Dichter Joseph Roth, Jude aus Österreich: »Sehr verehrte gnädige Frau, ich danke Ihnen für den schönen Abend in Ihrem Theater. Ich habe die Empfindung, daß ich Ihnen sagen muß: Sie machen zehn Mal mehr gegen die Barbarei, als wir alle Schriftsteller zusammen. Ich bin ein wenig beschämt, aber dafür auch sehr stark ermuntert. Ich danke Ihnen und küsse Ihre Hand. Ihr ergebener Joseph Roth.«[16]

Und ihr Vater zog es noch immer vor, ganz einfach zu schweigen. Daß sich Thomas Mann nicht öffentlich von diesem Deutschland distanzierte, sein Stillhalten gegenüber den Nazis, Erika Mann war die uneindeutige und darin absichtsvolle Haltung ihres Vaters zutiefst zuwider. Doch richtete sie ihre Wut nicht gegen ihn. Ihr Haß traf Gottfried Bermann Fischer – Schleimfrosch, Bersau, Berdreck –, jedes dieser Schimpfworte galt eigentlich dem Vater. Daß nicht Thomas Mann, sondern Gottfried Bermann Fischer für sie die schleimige Drecksau war, barg untergründig noch weiteren seelischen Konfliktstoff. Statt gegen den christlich-arischen Mann richtete sie ihren Haß gegen den jüdischen Mann. Jüdisch wie ihre Mutter, und durch ihre Mutter auch sie selbst. Die verleugnete, die vielleicht sogar verhaßte jüdische Zugehörigkeit. Völlig ist das nicht auszuleuchten, aber zu vermuten.

Der deutsche Nobelpreisträger für Literatur saß im sicheren Exil und schwieg. Das war eine andauernd schwelende Ungeheuerlichkeit. Fast drei Jahre lang. Dann kam die Herausforderung aus Paris. Leopold Schwarzschild, selbst Jude, mit Klaus und Erika Mann gut bekannt, nannte am 11. Januar 1936 in seiner Exilzeitschrift *Das Neue Tage-Buch* Thomas Manns Verleger Gottfried Bermann Fischer einen »Schutzjuden des Propagandaministers Goebbels«, der, wie von »deutschen Amtstellen gewünscht und favorisiert«, einen »getarnten Exilverlag« mit Thomas Mann als Aushängeschild in Wien gründen wolle.[17] Auf Bitten von Bermann Fischer gab Thomas Mann in der *Neuen Zürcher Zeitung* eine Ehrenerklärung für seinen Verleger ab. Er formulierte sie, stellte sich aber Hermann Hesse und Annette Kolb zur Seite. Schwarzschilds Verdächtigungen gegen den Fischer-Verleger nannte Thomas Mann öffentlich »Ghetto-Wahnsinn«.

Nachdem das erschienen war, rechnete die Tochter mit dem Vater ab. Ihr Brief ist aus tiefster, schmerzvoller Erbitterung geschrieben. Sie ist zu diesem Zeitpunkt 30 Jahre alt und tritt ihm entgegen als eine Ebenbürtige, die seine Ränke seit langem kennt. Etwa die Tatsache, daß Thomas Mann sich Hermann Hesse und Annette Kolb dazugeholt hatte: Beide, sowohl der seit langem in der Schweiz ansässige Schriftsteller als auch die deutsche Dichterin, waren noch 1936 »Mitarbeiter an deutschen Tageszeitungen«. Des Zauberers List und Hinterlist durchschaute Erika: »Wolltest Du also mit diesen beiden ›protestieren‹, so mußte es vorbehaltslos gegen Schwarzschild gehn«, nämlich bedingungslos und rückhaltlos gegen den brillanten jüdischen Polemiker, den Hesse und Kolb ablehnten. Einer der »ganz wenigen«, die etwas zuwege brachten im Exil. »Du selbst hast dieser Einsicht (privat!) oft genug Ausdruck gegeben.« Privat, immer nur privat habe sich der Vater mutig geäußert. »Dein Appell für Ossietzky durfte nicht veröffentlicht werden, – Du schwiegst, als Hamsun denselben Ossietzky öffentlich anpöbelte.« Ihr Onkel Heinrich Mann dagegen hatte im *Pariser Tageblatt* eine »Antwort an Knut Hamsun« geschrieben.

Gegen seinen Sohn Klaus sei der Vater vorgegangen, öffentlich. Nie für den Sohn, nicht für seinen Bruder Heinrich und nie für sie, für ihre *Pfeffermühle.* Nur um sich selbst kreise der Vater. Ihr Wissen um all das war bislang Teil der unverbrüchlichen Vater-Tochter-Beziehung gewesen. Nun legte sie vor ihm dar, daß er nicht einmal sie, sein kühnes, herrliches Kind, in sein Denken und Handeln einbezog. Beschämt darüber war sie. Die von ihm so oft beschworene Gemeinschaft mit ihr war ein Trugbild, für das sie nun empfand, allein gelebt zu haben. »Falls Du einen Gedanken in dieser Richtung gedacht haben solltest«, nämlich zu ihr hin, dann hätte er gewußt, »wie traurig und schrecklich« für sie war, was er in der NZZ veröffentlicht hatte: seine Stimme gegen die Stimme der Emigration, zu der sie sich zählte. »Falls es ein Opfer für Dich bedeutet, daß ich Dir, mählich, aber sicher, abhanden komme, –: leg es zu dem übrigen.« Und sie schloß mit dem Ausdruck ihrer Treue: »Ich bin Dein Kind E.« Das sollte nach einem Bruch mit ihm aussehen, zu dem sie eigentlich nicht fähig war.

Es kam sofort ein Brief von Katia. »Liebe Frau Schatz«, schrieb die Mutter, und daß die Tochter doch nicht etwa annehmen solle, daß »der Zauberer wußte, was er tat«. Bemüht darum, die Tochter in ihrem Schmerz zu halten und sie vor der Wucht ihrer eigenen Schläge zu bewahren, schrieb Katia: »Ich weiß, daß ich eine duldsamere Natur bin, als Du, man kann es natürlich auch Schwäche nennen …

Daß aber Deine mir selbstverständliche Mißbilligung so weit gehen würde, quasi mit ihm zu brechen, hätte ich wirklich nicht erwartet. Und für mich, die ich doch nun einmal sein Zubehör bin, ist es auch recht hart. Dein Brief ist ja natürlich kein Abschiedsbrief für immer«, schrieb die kluge Mutter diplomatisch, »und ich nehme an, daß sich in absehbarer Zeit ein Weg finden wird.«[18] Erika antwortete: »Er will über den Wassern schweben und das kann nicht erlaubt sein, auf die Dauer, weder ›höheren Ortes‹ noch unten bei uns.« Auf einmal war es ihr möglich, den Mantel des Zauberers zu zerreißen, und sie erkannte »sehr viel Hochmut«[19] in des Vaters Art. Im Fahrwasser seiner Frau schrieb er seiner Tochter, er habe ihr »nicht gern und nicht recht wissentlich«[20] den Schmerz zugefügt. Das war in seiner Art durchaus wahrhaftig.

Bis hinein ins Schriftbild der Zeichensetzung, Gedankenstriche, Komma, wo keines hingehört, aber sein muß wegen der Wortbetonung, ringt die Tochter mit dem Vater um Wahrhaftigkeit. Und er rechtfertigt sich: Den Juden Bermann muß er schützen vor den Methoden des Juden Schwarzschild, die er »nazihaft« nennt. Daß es nicht irgendwelche »nazihaften« Methoden dieses oder jenes jüdischen Emigranten sind, sondern Nazi-Deutschland selbst Verursacher und Nutznießer all dessen ist, verleugnet Thomas Mann zu wissen.

Erika antwortet ihrem Vater, mit seiner »kotelettbrötchenhaften« Einstellung, sich die besten Bissen zu sichern, beschwöre er »die schreckliche Spaltung der Emigration« herauf, »indem sie nun also unter Deiner Schirmherrschaft in eine echte, ganze und in eine unechte, halbe (der Du angehören willst) geteilt werden soll«. Sie benennt damit seine Unterscheidung zwischen jüdisch und nichtjüdisch, und so nimmt die Tochter in diesem Streit die jüdische Position ein: »Wir können es uns nicht leisten, auf Dich zu verzichten und Du darfst es Dir nicht leisten, uns zu verraten.«[21]

Am 26. Januar 1936 meldete sich der Feuilletonchef der *Neuen Zürcher Zeitung* zu Worte. Eduard Korrodi sah seine Stunde gekommen, gegen den Juden Leopold Schwarzschild und überhaupt gegen die Juden seine Feder spitzen zu können. Aus Deutschland sei bloß die »Romanindustrie« ausgewandert und nur »ein paar wirkliche Könner und Gestalter von Romanen«. Fälschlicherweise werde »die deutsche Literatur mit derjenigen jüdischer Autoren identifiziert«[22]. Was Eduard Korrodi nicht beabsichtigt hatte, aber Leopold Schwarzschild, mußte nun kommen: Thomas Mann war gezwungen, sich vor dem Hintergrund des antisemitischen Zeitgeistes von diesem Artikel Korrodis, von dieser Spaltung in jüdische Schmocks einerseits und deutsche Dichter andererseits, zu distanzieren. Seinen Brief an Korrodi, geschrieben zur Veröffentlichung in der NZZ, entwarf Katia Mann.[23] Gemeinsam hatten sie es geschafft: Katia und Erika und schließlich noch die 17jährige Elisabeth. Thomas Manns Erklärung gegen Nazi-Deutschland kam endlich, sie kam auffallend spät, und Nazi-Deutschland befand sich gerade in den Vorbereitungen zur Olympiade.

»Ich muß nicht sagen«, schrieb die »liebe liebe E.« an »Frau Süsi, – Frau Oberlieb, Frau Unbezahlbar«, wie sehr sie sich »über Zauberers *Großartiges*«[24] gefreut habe. Erika Mann schrieb aus Prag, dort gastierte die *Pfeffermühle*, und dort besuchte sie ihre Tante Mimi, Heinrich Manns erste Frau, die Jüdin Maria Mann-Kanová, sowie deren gemeinsame Tochter Leonie, Erika Manns Cousine – noch mehr jüdische Verwandtschaft. »Nun hat er alles gut gemacht und steht klar und richtig da. Ich hoffe sehr, es geht ihm gut und er hat sich von der Aufregung erholt.« Als ginge es zwischen Mutter und Tochter um ihren gemeinsamen Sohn.

Um das Wichtigste betrogen sie sich weiterhin alle gegenseitig. Über Thomas Manns Antisemitismus konnte nicht gesprochen werden, weder untereinander noch mit ihm und zu keiner Zeit. Das

Thema war als Familienthema tabu. Darüber wird es zwischen der jüdischen Mutter und ihren jüdischen Kindern nicht einmal eine Verständigung gegeben haben. Im Nachhall dieser überstandenen Bedrohung wurde deutlich, daß sie unlösbar voneinander abhängig waren, auch er von ihnen, aber noch mehr sie von ihm.

Erika Mann nahm nach der überstandenen Familienkrise wieder ihre Rolle ein: Vaters kühnes, herrliches Kind, und mit der Mutter nur beiseite und ab und zu über Jüdisches. »Wie steht man in Deinen Kreisen zu Davidle Frankfurter?«[25] Der junge jugoslawische Jude hatte am 4. Februar 1936 – vom Tag zuvor datiert Thomas Manns »Großartiges« – den Schweizer Landesgruppenleiter der NSDAP, Wilhelm Gustloff, in dessen Wohnung in Davos ermordet. Die öffentliche Erklärung ihres Ehemannes hatte die Jüdin Katia Mann in ihren Kreisen, vor den Eltern, den Freunden, den anderen Juden, aus beschämender Peinlichkeit erlöst. Und auch ihre und seine Kinder. Wichtig blieb, zurechtzukommen, durchzukommen, klarzukommen, weiterzukommen.

Erika Mann charmierte die Leute, hatte überallhin Beziehungen und flirtete kreuz und quer mit den Männern, von denen sie etwas brauchte. Die wichtigste Frau in ihrem Leben, Therese Giehse, war in sich viel zu gerade, viel zu genau, darum empfindlich, war eifersüchtig, und Erikas Gehabe um angeblich wichtige Leute konnte sie nicht ausstehen. Von den »Komplikationen mit Giesskys Psychele«, von deren »beunruhigtester Eifersucht« wegen Erikas vieler und für Therese »undurchschaubarer Beziehungen«[26] mit Männern schrieb aus New York 1936 die Tochter der Mutter, denn Katia Mann hatte das schon kommen sehen. »La Giehse«, »die Beese«, »die Giessky«, »das Bockbein«, wie Erika Mann sie zärtlich nannte, mußte für sich sorgen, sie brauchte die deutsche Sprache als Künstlerin, sie war besorgt um ihre Familie in Nazi-Deutschland, sie war dennoch Erika zuliebe gekommen, man wollte es in New York mit der *Pfeffermühle* versuchen, die sich aber für ein amerikanisches Publikum nicht eignete. Für die Giehse von Anfang an »eine ganz verrückte Sache, die Texte waren schlecht übersetzt, nichts war vorbereitet, nichts überlegt«. Die Trennung der beiden Frauen war unvermeidlich. »Sehr traurig und verärgert«[27] verließ nach sechs Wochen die Jüdin Therese Giehse das sichere Amerika und reiste zurück ins ungewisse Europa. Bei ihrer Ankunft im Hafen von Cherbourg übergab man ihr ein Telegramm. Das Zürcher Schauspielhaus hieß sie willkommen. Man brauchte sie.

Auch Erika Mann wurde gebraucht. Von ihren Eltern. Sie bereitete deren Emigration nach Amerika vor. Das wäre aber auch ohne sie gegangen. Die Möglichkeit, sich von Mutter und Vater zu trennen, um mit der wichtigsten Frau in ihrem Leben zusammenzubleiben, mit Therese Giehse gemeinsam in die Schweiz zurückzugehen, scheint für Erika Mann als wahrhaftiger Wunsch nicht fühlbar gewesen zu sein.

Wie auf einer Bühne war sie in realen Begegnungen, Anforderungen, Beziehungen eine, diese, jene Erika Mann. Aus sich selbst entfernt zu sein und was man eben noch überhaupt nicht gewesen war, darin zu überzeugen, zu betören und absolut zu erscheinen, unterschiedslos zwischen Leben und Bühne – das verband sie mit ihrem ersten Ehemann, dem Schauspieler Gustaf Gründgens. Die leblose Komödie ihrer realen Verbindung war entsprechend kurz. »Das ist so eine komische moderne Ehe«, durchschaute Erika Manns Großmutter Hedwig Pringsheim dieses Theater, es müßte »sich schon gradezu der Heilige Geist bemühen, um mir Urgroßmutterfreuden zu verschaffen«[28].

Auf der Bühne, in der für die Schauspielerin vorgegebenen Rolle, löschte die Darstellung eines Charakters das unruhige Selbst aus und füllte das Bewußtsein mit sozusagen Unechtem, worin Eigenes sich hervorwagen konnte. Erika Manns Elisabeth in Schillers *Don*

Carlos 1929 hatte Kritik und Publikum berührt und erschüttert, ihre erste große Rolle und gleich ein nachhaltiger Erfolg in München am Prinzregentenheater: Zu sehen war eine zarte, mädchenhaft ernste Königin, die sich dem König hingeben muß, dem alten Vater, nicht dessen Sohn, zu sehen war eine junge Frau, die nicht zum eigenen Leben kommt und darin Würde und Liebe zu bewahren sucht; alles im Dienst der königlichen Familie. Nach diesem Erfolg spielte die erst 24jährige Schauspielerin bei Max Reinhardt in Berlin unter der Regie von Gustaf Gründgens. Eine aussichtsreiche Zukunft eröffnete sich ihr. Geschriebenes darstellen, dem Text entgegenkommen, ihn in sich aufnehmen, mit ihm verschmelzen für ein Bühnenleben lang. Das Theater wäre Erika Manns ideales Zuhause gewesen. Und im Gegenüber zum wortmächtigen Zauberer war die Schauspielerei eine verwandte und dennoch eigen-mächtige Profession.

Aber Klaus war unglücklich. Er wollte werden, was sein Vater war. Und er war erfolglos. Ihm ging es nicht gut. Er wollte weg. Irgendwohin. Mit dem Auto nach Afrika. Nicht allein. Erika sollte mit. Das war für den Bruder gar keine Frage. Sein Mißerfolg trieb ihn davon. Wie konnte es Erika da anders gehen? Verträge, Max Reinhardt, Karriere. Sie brach mit allem und allen. Sie hatte auf einmal keine Lust mehr, war ganz und gar und unbedingt die Schwester von Klaus, sein treuer Kamerad, der seine Einfälle bejubelte: Wir hauen ab. Wir fahren um die Welt. Wir schreiben darüber ein Buch. Hauptsache, Klaus würde etwas veröffentlichen können. Gleich war sie die selbstzerstörerisch-todeslustig-dekadent übermütige Jugend aus seinen erfolglosen Stücken. Sie blieb realistisch genug, sich für die Weltreise auf vier Rädern zum Automonteur ausbilden zu lassen. Nach zwei Monaten und dem ersten nachhaltig wirkungsvollen Drogenrausch brachen sie das Unternehmen in Nordafrika ab.

»Was nützen meine Ermahnungen, ihr tut ja doch, was ihr wollt: reist durch die Welt, obwohl harte Arbeit an einem Ort vernünftiger und erfolgversprechender wäre«, hatte Katia Mann ihrer Ältesten geschrieben und dazu an »einem« Ort kräftig unterstrichen.[29] Aber waren so nicht junge Leute? So jedenfalls liebte Thomas Mann sie, charmant, fröhlich, losgelöst von Verantwortung, jugendstarke Objekte seiner heimlichen Begierde. Wollten sie den Zauberer bezaubern, durften sie nicht viel mehr sein, keinesfalls allzu ernsthaft.

Eine Schauspielerin mit eigener Zukunft, erfolgreich und für sich allein anspruchsvoll und ehrgeizig, Erika Mann hätte nicht die Schwester ihres Bruders und nicht die Tochter ihres Vaters bleiben können, die sie war. Klaus und sie bildeten das erste Geschwisterpaar nach dem Elternpaar. Auch dort stützte und schützte die starke Frau den besonderen Mann und versagte sich eigenes Begehren.

»Aber ich eigne mich einfach nicht zum Theaterspielen, ich passe einfach nicht so recht dafür, es ist unendlich schlimm, denn was in aller Welt soll ich denn sonst tun?«[30] schrieb Erika Mann im August 1925 an ihre Geliebte, Pamela Wedekind. Sie stand am Beginn ihrer Laufbahn, und schon ging es gleich richtig los mit ihr. In ihrem ersten Engagement in Bremen, noch nicht zwanzig Jahre alt, spielte sie im *Kreidekreis* von Klabund bereits die Hauptrolle. Das Stück war ein Jahr zuvor uraufgeführt worden mit Elisabeth Bergner, ebenfalls in der Rolle der Haitang. Die große Kollegin, Jüdin – sie überlebte in England –, war damals Erika Manns Vorbild, in deren Bühnenrollen sie sich hineindachte.

Weshalb eignete sie sich nicht und paßte nicht? Weil sie mit Blick auf den unglücklichen Klaus sich viel zu gut eignete und paßte. Und das war »unendlich schlimm«. In ihrem Licht wäre er zu sehen gewesen in seinem Schatten, bedeutungslos und unattraktiv. Das konnte sie ihm nicht antun. Das durfte sie ihm nicht antun. Schon als Kind, schreibt Klaus Mann im *Wendepunkt*, habe ihn »lähmende

Furcht vor moralischer und körperlicher Einsamkeit« heimgesucht und sei »niemals verschwunden«.

Es wurde nichts aus Erika Manns Schauspielkarriere. Sie mußte 1933 aus Deutschland fliehen.

»Wir wären ohnedies gegangen«, sagt sie auf dem Tonband. Die Aufnahme ist von 1968, Erika Mann im Gespräch mit Fritz J. Raddatz. »Wir hätten dort nicht atmen können.« Kein Wort aus ihrem Mund wegen jüdisch und daß man deshalb etwa »ohnedies« besser gegangen war. Aus dem Mund von Fritz J. Raddatz auch nichts übers Jüdische, zwei Jahrzehnte nach Hitler nicht zu denken, nicht auszusprechen das Wort »jüdisch«, und nun erst in Verbindung mit der Thomas Mann-Tochter.

Doch so fängt es gar nicht an. Noch mal zurück. Der Journalist begrüßt »die sehr verehrte Erika Mann« und fragt nach ihren »sehr speziellen Erfahrungen, eigene, sowohl persönlich als auch literarisch schriftstellerische Erfahrungen« in der Emigration »für jemanden, der wie Sie sowohl Autor als auch Schauspieler war«. Unter seinen Worten ist sie noch nicht zu hören, durch kein Räuspern, keinen Atemzug, kein Kleiderrascheln wird sie anwesend. Erst durch ihre Stimme. Da ist sie. »Ja«, sagt sie, »Sie fragen sehr viel auf einmal – aber! – ich will es versuchen.« Das letzte Wort ist ein Aufschwung. Vorhang hoch. Ihre Stimme ist ein Cello, ein hörbar ausgebildetes Instrument, die Töne reichen von honiggolden bis ins tief braunrote Mahagoni, im Ausdruck: herrische Freundlichkeit. »Für mich als Schauspielerin und als Schriftstellerin«, sie wählt die weibliche Form, er hatte sie als »Autor und Schauspieler« bezeichnet, »die ich nur bis zu einem gewissen Grade war«, nämlich »Schriftstellerin«, und kurz darauf räuspert sie sich laut und vernehmlich. Sie also zuerst.

Auslösend war seine Frage nach Erika Manns »schriftstellerischen Erfahrungen«, darin hatte der Journalist sein Interesse an Thomas Mann verborgen. Der ist aber nun tot. Da sitzt seine berühmte Tochter. Wie kriegt man das irgendwie über einen Kamm? Mit ihr nicht. Jedenfalls nicht so, nicht indirekt. Die »Schriftstellerin« hat sie weggeräuspert und erzählt von ihrem Kabarett *Die Pfeffermühle*, zum soundsovielten Mal, doch als sei es das erste Mal. Sie spricht reichhaltig, beachtet beim sprachlichen Ausdruck den Sinn des Wortes, darin so geübt wie normal, künstlich authentisch in jedem Satz, die hohe Schule der Professionalität. Er wirft leise ein: »Ja, danach wollte ich gerade fragen.« Und er räuspert sich. Sie hat ihn gehört, nimmt sich sekundenlang etwas zurück, vertraut damit, zuviel zu sein, dennoch irritiert, etwas verlegen, sie soll doch unterhalten, schon ihr Leben lang, aber er nutzt die Lücke nicht, die sie ihm läßt, und sie macht weiter, als könnte sie sich nicht aufhalten, und kann es wahrscheinlich auch nicht. Außerdem ist da das Mikrofon. Sie sind ja auf Sendung.

Die Leute seien nicht wegen des Namens Mann in die *Pfeffermühle* gekommen, wonach er gefragt hatte, die Leute wollten ihren Spaß haben und unterhalten werden, in sieben Ländern, insgesamt 1034 Vorstellungen, grotesk komisch, besonders Therese Giehse, die große Giehse, über sie im Entsetzen lachen. Er räuspert sich leise mehrfach. Die Spannung, die sie kunstvoll herstellt, wird bedroht von seinen Nebengeräuschen vorm Mikrofon im Studio. Sein trokkenes, leises Hüsteln. Ihre Stimme ist jetzt ganz hell, wie permanent lächelnd, Spannung in der Gesichtsmaske durch Wangenknochenmuskulatur und geöffnete Nasennebenhöhlen, ein Resonanzkörper in Vibration, modulierende Stimmbänder, etwas belegt, nur etwas, trotz der vielen Zigaretten und dem gräßlichen Kirschwasser, Schnaps, den sie zu Hause aus einem Wasserglas trinkt, denn sie braucht Aufputschmittel und Schlaftabletten, auch Morphium, eine 63jährige Bühnenstimme ohne Makel. Und zum Zeitpunkt des Gesprächs leidet Erika Mann bereits seit längerem an einer Knochenkrankheit, befördert durch Drogen und Alkohol. Schwer gehbehindert, kommt sie entweder an zwei silbernen Krücken oder an einem schön gearbeiteten Krückstock.

Und warum räuspert er sich immer wieder? Weil er sie eigentlich lieber über Thomas Mann reden hörte, aber sie spricht von sich, für seinen Geschmack schon zu ausführlich, leise und im Hintergrund hüstelt er hörbar in ihre Sätze. Und da geschieht es, daß Erika Mann vernehmbar und direkt plötzlich laut ins Mikrophon hustet. »Verzeihen Sie«, sagt sie wohlerzogen, »ich bin ein bißchen erkältet, – aber – es geht!« Dann fährt sie fort und gibt ihm seinen Thomas Mann. Es ist schließlich ihr Thomas Mann. Sie habe für ihn gedolmetscht, mit ihm seine Reden einstudiert. Die fremde Sprache in der Emigration. Die Amerikaner, erzählt sie, »stellen ihre Kirchen zu freier Rede« zur Verfügung. Da habe sie sich geübt. »Man kann von der Kanzel predigen.« Sie sagt »predichen«. Das ist Thomas Mann-Aussprache. Im übrigen spricht sie völlig akzentfrei. Nur dieses »predichen«. Es ist der einzige aussprachliche Schlenker, den sie sich jetzt genehmigt. »Wenn die Amerikaner etwas nicht mögen, dann sind es abgelesene Texte.« Seine Reden hat sie »bearbeitet und für ihn mundgerecht gemacht«. Mit ihm einstudiert, ihn abgehört, seine Aussprache verbessert. Seine und ihre Mundhöhle im Gegenüber als Spiel- und Ausdrucksort bis zur Übereinstimmung kontrolliert von ihr. »Unser großes Kabarett. Denn er war auch ein Aff'. Er hatte so viel Spaß an Albernheiten und lachte so gern.« Sie auch.

Sie lacht mit Raddatz über Onkel Heinrich, dem sie »gleichfalls eingelernt« hat, der mit seinem damals inzwischen französisch gewordenen Akzent Englisch falsch aussprach. Sie macht es vor und hat ein freches Lachen, ein klein bißchen rüde, darin jungenhaft verwildert, wie ohne Arg, doch man möchte nicht der Grund dieses frechen Gelächters sein, es will zum Lachen verführen, will Gefolgschaft, braucht Bestätigung, ist Teil von Erimaus, von seinem Erikind, das »heiteren Auftrieb« bringt. Und so unterschrieb sie ihre Briefe an den lieben Z.: »Ich bin die Deine: E.« »Kind E.« »Inniglich Kind E.«, mit 42 Jahren. Und er, an sein »teures Erikind« gerichtet, erkannte: »Darin bist du auch mein Kind.« Das kam als eine Auszeichnung daher und benannte seine eigenen Kompliziertheiten, die er in ihr auffand.

In seiner Thomas Mann-Biographie macht Klaus Harpprecht die Tochter mehr oder weniger verantwortlich für die übersteigerte Amerika-Feindlichkeit des Vaters nach 1945, nach dem Ende des Krieges und dem Sieg über die Deutschen. Dem hysterisch antikommunistischen Amerika gegenüber, das sogar ihn verdächtigte, erlaubte sich Thomas Mann aggressive, geschmacklose Entgleisungen, haßerfüllte Tiraden, er veröffentlichte sie in der *New York Times*.[31] Im Ton besserwisserischen Dünkels fiel der große Thomas Mann über einen amerikanischen namenlosen Journalisten her, der ihm übel ans Zeug wollte, darüber sich Öffentlichkeit zu verschaffen suchte und jüdisch-deutscher Herkunft war. Genau darauf, auf das Jüdische des Widersachers, stürzte sich der gekränkte deutsche Dichter mit verfolgendem Spott. Vater und Tochter wirkten da zusammen, seine schlimmsten antisemitischen Entgleisungen jedoch strich Erika Mann. Das weiß der Biograph Klaus Harpprecht, er schreibt es selbst. Doch ist ihm wichtig zu betonen, daß der Vater unter dem Einfluß seiner Tochter so aggressiv gewesen sei.

Die besondere Position der Vatertochter geht in unserer europäischen Kulturgeschichte zurück auf das berühmte Vater-Tochter-Paar Ödipus und Antigone. »In der Bearbeitung des Ödipus-Mythos von Sophokles ist ein Geschlechter- und Generationenarrangement ausgedrückt«, schreibt die Psychoanalytikerin Edda Uhlmann, »das nichts an Aktualität verloren hat.« Antigone werde »allgemein als eine Symbolfigur für Widerstand« gesehen, ist aber »eine Frau, die in der Tochterposition verbleiben mußte«. Gleich ihr kann auch Erika Mann als eine solche Vatertochter gesehen werden, die in »seinen Omnipotenzraum« gehört und die »eingebaut ist, in ein Abwehrgefüge, das, indem es die Generationen- und Geschlechtergrenzen überschreitet«, den Vater »vor unerträglichen Gefühlen schützen soll«[32].

Um welche »unerträglichen Gefühle« könnte es gegangen sein? Thomas Mann nahm seine Tochter Erika 1947 wieder ins Elternhaus auf. Weder als Reporterin noch als Rednerin war sie länger gefragt und verdiente wenig bis nichts. Sie war damals Anfang Vierzig und mußte sich Gedanken machen über ihren zukünftigen Lebensunterhalt. Der über siebzigjährige Vater, geleitet von väterlich sorgenden Empfindungen, darin stimmen seine zahlreichen Biographen überein, habe sie zu sich genommen, um seiner perspektiv- und existenzlos gewordenen Tochter Sicherheit und Schutz zu geben. Im Alter. In seinem Alter. Der Alte hatte die unbemannte Erika unter seine Fittiche und unter sein Dach genommen, weil er zu keiner Zeit seines Lebens in der Ausschließlichkeit eines Ehepaars hatte leben können. Nachdem alle Kinder aus dem Haus gegangen waren, wie man so sagt, waren ein oder zwei der erwachsenen Kinder immer auch wieder zu Hause. Meistens Erika. Eigentlich hat sie ihr Elternhaus nie verlassen. Zu keiner Zeit hatte sie eine Wohnung. Sie lebte in Hotels oder bei den Eltern. Nur noch mit Katia, allein im Gegenüber zu der heterosexuellen Frau, das hätte ein Thomas Mann nicht ausgehalten, und so hat er ja auch nie gelebt.

Homosexuelles Begehren und die Angst vor der Verschmelzung mit der mütterlichen Frau hat der Schriftsteller Thomas Mann in Novellen und Romanen thematisiert. Tonio Krögers Verliebtheit in den nordisch blonden Schulfreund bringt den weichen, zarten Jungen in die feminine Position, übertragen auf das Elternpaar ist es die Position der eigenen Mutter. In *Buddenbrooks* beschreibt Thomas Mann das innige, gegenüber dem Vater nahezu verschwörerische Verhältnis zwischen Mutter Gerda und Sohn Hanno. Wenn sie mit ihrem Sohn musiziert, er sie am Klavier begleitet, sie die Geige unterm Kinn leidenschaftlich streicht, droht der Kleine mit der Mutter zu verschmelzen. Und wie Thomas Mann wollte auch Hanno dem sich ausgeschlossen fühlenden Vater etwas sein, wonach der sich sehnte und was er mit der Mutter scheinbar nicht haben konnte. »In der langen Geschichte des Patriarchats«, schreibt Edda Uhlmann, »hat die Verschleierung der Angst des Mannes vor der Frau zu vielen Mythen geführt und ist in viele Theorien gegossen worden, die in den Köpfen sowohl von Männern wie auch in denen von Frauen herrschen. Die männliche Angstabwehr hat dazu geführt, die Furcht vor der Frau als Mutter, die aus frühkindlichen und ödipalen Ohnmachtserfahrungen herrührt, umzukehren in eine Beherrschung der Frau in der Position der Tochter.«[33]

Der alte Vater wollte sich von seinem einst kühnen, herrlichen Kind nicht trennen. Er bewahrte sie in dieser Größenphantasie, in der sie die Bewahrerin seiner Größe blieb. Der alten Mutter war die schwierige, launische Erika zuviel im Haus, sie hätte sie lieber davonziehen sehen. Klaus, zu dem Zeitpunkt in seiner Drogenabhängigkeit völlig haltlos, drängte damals geradezu ins Elternhaus. Im Gegensatz zu Erika hatte er seine Sucht nie vor den Eltern verborgen. Seinen Sohn wollte der Vater aber nicht im Hause haben. Er wäre eine zu große Belastung für Katia gewesen. Das ist wahr. Wahr ist aber auch, daß bei Thomas Mann die homosexuellen Verliebtheiten im Alter nicht etwa abnahmen, und für ihn wäre dieser hemmungslos schwule Sohn eine Zumutung gewesen.

Thomas Manns Begehren ging nach jungen Männern, die ganz anders waren als seine drei Söhne. Die Helden seiner heimlichen Sehnsüchte waren jugendliche Recken, für ihn personifizierten sie

»Kühnheit, Radikalismus, stärkste Gegenwart, – ohne irgend etwas mit jener gallo-jüdisch-internationalistischen ›Geistigkeit‹ zu schaffen zu haben, von der das deutsche Geistesleben sich eine Weile tyrannisieren lassen zu müssen glaubte«. Das Zitat, abstoßend antisemitisch und erschreckend nationalistisch, ist aus einem Brief Thomas Manns aus dem Jahr 1920 an einen jungen deutschnationalen Autor namens Hanns Johst, dem er darin bekannte: »Ich liebe Sie sehr, Herr Hanns Johst und freue mich Ihres Daseins.«[34] Seine Söhne entsprachen eher der »gallo-jüdisch-internationalistischen Geistigkeit«. Im Oktober 1933 – da war Thomas Mann gegen seinen Wunsch, aber nach dem Willen seiner Frau und seiner Kinder bereits seit einem halben Jahr im Schweizer Exil – schrieb dieser Hanns Johst an seinen »lieben Heinrich Himmler«, ob »man nicht vielleicht Herrn Thomas Mann, München, für seinen Sohn ein wenig inhaftieren« könnte? »Seine geistige Produktion würde ja durch eine Herbstfrische in Dachau nicht leiden.« Und »schwerlich freiwillig« werde »dieser Halbjude«, gemeint war Klaus Mann, »nach Deutschland zurückkehren«[35].

Seiner Vorliebe für den tumben teutschen Tor blieb der deutsche Dichter verbunden. 1952 im Zürcher Grandhotel Dolder – Katia Mann lag im Krankenhaus wegen eines gynäkologischen Eingriffs – verguckte sich Thomas Mann in einen Kellner. »Prächtiger Nazi«[36], notierte er altersgeil ins Tagebuch. Und wie hatte er sich 16 Jahre zuvor aufgeregt über seinen Schwiegervater Alfred Pringsheim, über »das senile und schon recht hemmungslose Gejökel des Dreiundachtzigjährigen mit dem hübschen Stubenmädchen«[37]. Erika Mann waren die hemmungslos schwulen Umwerbungen, mit denen ihr 77jähriger Vater in der Hotelöffentlichkeit und in Abwesenheit ihrer Mutter, seiner Frau, den Kellner verfolgte, immerhin doch so unangenehm, daß sie ihn ermahnte. Das störte Thomas Mann nicht eigentlich. Diese Tochter verstand das Schwule. Auch darum war es gut für ihn, sie zwischen sich und Katia Mann einquartieren zu können. Und sie war kein Sohn. Kein Konkurrent. In keiner Hinsicht. Weder schreibend noch anders. Ausschließlich mit einer Tochter war das alles zu machen. Eine Tochter würde ihn, den Mann, als Mann niemals in den Schatten stellen können.

Um die Frau, die seine Tochter war, ging es ihm nicht, nicht um ihre Arbeit, nicht um ihre Bücher. Davon wußte ihr Vater eigentlich gar nichts. Man muß seine Einführung zu ihrem wichtigsten Buch *School for Barbarians* lesen, um es schwarz auf weiß zu bekommen – wie Erika Mann damals, als sie sein für sie geschriebenes Vorwort las. Was Thomas Mann schrieb, hätte zu jedem Buch gepaßt. Gerade zu diesem paßte es nicht. Er spreizte sich bloß in seinen Formulierungen, die er für liebevoll anerkennend hielt.

Thomas Mann-Biograph Klaus Harpprecht sieht in Erika Mann nach 1945 nicht nur »die wichtigste Partnerin« ihres Vaters, sondern sogar dessen »zweite Frau«. Die Tochter als Zweitfrau. Und das stimmte ja irgendwie, nur scheint sich der Biograph an diesem erschreckenden Bild überhaupt nicht zu stören. Kein Wort weiter von ihm dazu. Das Überschreiten der Generationen- und Geschlechtergrenze durch den Vater hat nichts Beunruhigendes, ist nicht skandalös. Ein wenig skandalös scheint lediglich zu sein, daß es der Tochter »nicht leicht« wurde, »sich mit dieser Aufgabe zu bescheiden«[38].

In einer Bluse wie ein Oberhemd, darüber einen ärmellosen Herrenpullover, in hellen Hosen mit scharfer Bügelfalte sitzt Erika Mann am Teetisch ihrem Vater gegenüber, der einen ebenso hellen Anzug mit ebenso scharfer Bügelfalte trägt. Die totale Angleichung der jüdischen Tochter an den nichtjüdischen Vater. Diese Fotografie von Thomas und Erika ist aus seinen letzten Jahren, und wiewohl dreißig Jahre zwischen ihnen sind, sieht die Tochter so alt aus wie der Vater und wirkt der Vater jünger als die Tochter.[39] »Der

Mann, der Vater wird und damit faktisch eine Position in der Urszene einnimmt, hat keineswegs in jedem Fall die psychische Reife erlangt, die wir«, schreibt Edda Uhlmann, »aus psychoanalytischer Sicht als wünschenswert ansehen. Oftmals ist weder die Anerkennung des Geschlechtsunterschiedes noch die des Generationsunterschiedes in ihm fest verankert.«[40] Auf Thomas Mann traf beides zu.

Nach dem Abschluß seines umfangreichen Romans *Doktor Faustus* war er ohne schriftstellerische Zukunft, wie Erika Mann es nach dem Sieg über das Hitler-Reich war. Sie hatte keine beruflich kämpferische Perspektive mehr. Aber das war etwas anderes. Das konnte man nicht gleichsetzen. Er hielt sein großes Lebenswerk für beendet, und seine Tochter sollte ihn inspirieren, sollte Ordnung schaffen in des Zauberers Œuvre. Dagegen mußte sie zusehen, wie ihr »so eine (erfolgreiche) Carrière nach der anderen im braunen Schlamm« versank. Und sie war erst Mitte Vierzig. »Die Elterlein«, schrieb sie an ihre Freundin Lotte Walter, »haben genug zu leisten, auch ohne daß ich ihnen – völlig neuartiger Weise – auf der Tasche kauere.«[41] Sie wurde seine Lektorin, sie hatte ihm schon durch den umständlichen *Faustus* geholfen, nun führte sie ihn zurück zu seinem unvollendeten *Felix Krull*, zur Wiederaufnahme nach über vierzig Jahren der *Bekenntnisse des Hochstaplers*, die er 1910 begonnen hatte, Erika war damals vier Jahre alt gewesen.

»Du lässest Dir Deinen ›Schelmenroman‹ als Gerüst dienen, daran alles aufgehängt werden kann und wird, was Du weißt und noch nicht gesagt hast – oder vielmehr früher noch gar nicht wußtest.« Sie betreute ihn mütterlich ratend, trat darin völlig hinter ihm zurück, ihn ermutigend, stützend, geduldig haltend, sie beachtete sorgsam alle Gedankenfehler, die dem alternden Schriftsteller in der Konzeption unterliefen, »Quisquilien nur«, fand er, aber die erfahrene Künstlerin Erika Mann wußte: »Wär's doch schad', wenn ein paar Flüchtigkeiten der Illusion etwas anhätten.«[42] Sie schrieb ihm meist aus dem Krankenbett, sie lag auf der Gynäkologie oder in der Kurklinik, mußte sich operieren lassen, davon wieder erholen, versuchte einen Entzug, brach ab. »Beloved Dad, – here, then, we go, – und ich darf sagen, daß ich selten einer so absorbierenden Sisyphus-Arbeit oblegen.«[43]

Während sie seine beiden letzten Kapitel durchsah und ihm in zärtlich heiterem Ton die Korrekturen schmackhaft zu machen suchte, lektorierte sie parallel die im Exil auf englisch geschriebenen Arbeiten ihres Bruders. »Gewisse, geringfügige Änderungen, die ich mit Klaus besprochen, ohne daß er noch Zeit gefunden hätte, sie auszuführen, könnte ich selbst vornehmen.«[44] Sie war unerhört fleißig. »Fast ist man versucht zu sagen«, schrieb ihr der Herausgeber Martin Gregor-Dellin, »die besten Manuskripte Klaus Manns seien diejenigen, die Erika Mann übersetzt hat … was natürlich ungerecht ist gegenüber Ihrem Bruder, aber Sie leisten in der Tat Unglaubliches!«[45] Sie konnte es nicht immer, sie brauchte ihre Mittelchen. Besonders nach dem Tod von Klaus. Er war nach mehreren Selbstmordversuchen am 21. Mai 1949 gestorben. Danach zeigte es sich, daß aus dem heiter albernen, blitzgescheit fröhlichen Erikind eine extrem schlecht gelaunte Frau geworden war.

Sie kränkelte, gegen ihre Schlaflosigkeit nahm sie Spritzen. In Thomas Manns Tagebüchern seiner letzten beiden Jahre[46] ist zu lesen von »heillosen Gesprächen« zwischen Katia und Erika: »bedauerliche Übertreibungen«, »Gereiztheit«, »krankhaftes Mißtrauen«, »infantile Eifersuchtsszenen gegen Katia«, »Haß auf die Geschwister, besonders auf Medi und Golo«. Die beiden, die es geschafft hatten, in ihr eigenes Leben zu finden.

Nachdem Bruno Walter, Erikas alter heimlicher Geliebter und gleichaltriger Freund ihres Vaters, eine junge Sängerin geehelicht hatte, jünger als Erika und jünger als die eigene Tochter Lotte, beobachtete Thomas Mann »dunkle Unversöhnlichkeit« gegenüber »Bruno Walter und das Deutsche« bei seiner Ältesten. Nur er selbst scheint sich nicht attackiert gefühlt zu haben. Statt dessen notierte er beunruhigt: Erika »sollte eine Stütze sein, ist es auch oft, aber … ebenso oft eine Belastung«. Sie nahm Drogen, sie trank Schnaps, und sie verlor die Kontrolle über sich, ohrfeigte in der Hotelhalle jemanden, beschimpfte Gäste im Haus, war betrunken, lallte, fiel. Sein kühnes, herrliches Kind.

Am Tisch beim Essen mit den Eltern, dem Vater gegenübersitzend, sprach sie zu ihm über das »Erz-Päderastische, das Schwule« im *Krull.* Ihm gefiel's. An seiner Novelle *Die Betrogene* störte sie »die geschlechtliche Naturrenovation« der Protagonistin, das gehöre »zum Ur-Kram« des Vaters, und darüber habe sich Klaus schon aufgeregt, daß des Vaters Liebesgeschichten dem Bereich des »Verbotenen und Tödlichen« angehörten. »Also wenigstens nicht schwach«, konstatierte er im Tagebuch.

Aus seiner einfühlsamen Lektorin brach auf einmal Haß hervor. Überraschend für ihn. Und auch für sie. In ihrem autobiographischen Fragment *I Of All People* hatte die 38jährige Erika Mann über sich geschrieben: »Ich glaube, daß Idealismus nicht nur schöner, sondern im Ergebnis auch realistischer als jeder schlaue, zynische ›Realismus‹ ist.« Und ihr »fundamentaler Grundsatz« hatte geheißen, daß »Idealismus resolut, kompromißlos, sogar militant sein muß, damit er nicht untergeht«[47]. Von diesen kühnen, herrlichen Idealen war ihr nicht mehr zurückgeblieben als Zynismus. Edda Uhlmann: »Der beschädigte Vater wird in der Tochter zum feindseligen Introjekt, das Angst, Schmerz und Lähmung verursacht und von dem keine Trennung möglich zu sein scheint.«[48] Das läßt sich auch über dieses Vater-Tochter-Paar sagen.

Erika war an seiner Seite, als ihm der Ehrendoktor verliehen wurde in Oxford, in Cambridge. Unten, in der ersten Reihe, saß seine

Frau. Die Tochter war sein Mund, ihn übersetzend. Neben ihm mit leicht gesenktem Kopf. Und er erhobenen, dekorierten Hauptes. Darin war sie geübt. Eine Rolle, die sie so anlegte: vornehm dezent und in aller Bescheidenheit von innerer Größe. Aus dem eigenen Phantasieraum trat sie in eine für ihn bereitgestellte Öffentlichkeit und fügte sich ein. Das hatten sie schon in Amerika so gemacht. Er hielt die Rede, und in der folgenden *question period* sprach sie, denn dafür reichte sein Englisch nicht. Das ließ sich spielen als ihr gemeinsames Kabarett. War es aber doch nicht. Es waren seine Erfolge, es war seine Realität, in der sie diese Rolle zu spielen hatte. Und sie spielte sie gut. Sie spielte für ihn diese Rolle.

»Abgeholt von Erika und Fahrt im Wagen nach …« Sie fuhr. Selbstverständlich saß sie am Steuer. »Ich fuhr, mein Vater saß neben mir; und, wie immer auf unseren Reisen, nahm meine Mutter im Fond das bißchen gefährdeten Raums ein, das unser getürmtes Gepäck ihr ließ. Er reiste gern im Auto, lieber als in jedem anderen Fahrzeug, und das Gefühl wohliger Geborgenheit, das ihn ankam, sobald der Wagen sich in Bewegung setzte, übertrug sich sehr angenehm auf den Fahrer, dem er kindlich vertraute.«[49] Sie fuhr ihn herum und fuhr ihn spazieren, väterlich-mütterlich am Lenker der Karre. »Besuch mit Frau Katia und Erika Mann in München«, in Stuttgart, in Weimar. In der *Chronik seines Lebens*[50], herausgegeben von Hans Bürgin und Hans-Otto Mayer, finden sich immer wieder Hinweise auf das gemeinsame öffentliche Auftreten zu dritt.

Er übergab ihr seine Schiller-Rede zur Kürzung, statt der erbetenen 22 Seiten hatte er 120 geschrieben. »Ich sehe nicht, wie Du es diesmal schaffen sollst«, hatte er zu ihr gesagt. Und sie hatte gelacht und geantwortet: »Deine Sachen kann ich!«[51] Empfang durch … Zusammentreffen mit … Kollegen, sein Verleger, Professor Doktor, der Minister für Kultur und Volksbildung der DDR, der Bundespräsident der Bundesrepublik. Und immer waren die Herren mit

Gattin, immer waren es Ehepaare wie ihre Eltern. Und sie war daneben als seine Tochter, als Frau Erika oder Frau Erika Mann. Obwohl es in den 1950er Jahren durchaus und nicht anders üblich war, eine unverheiratete Frau mit Fräulein anzureden, war sie Frau Erika Mann. Aber sie war ja verheiratet. Mit Mr. Auden. Nur sagte niemand zu ihr Frau Auden.

Viele Ehrungen kamen für ihren Vater, für sein Lebenswerk. Deutschland hatte an ihm etwas nachzuholen, BRD und DDR gegeneinander um den deutschen Dichter. Sogar aus Lübeck kam die Ehrenbürgerschaft. Gedenkreden waren von ihm zu halten, inzwischen auch auf Beerdigungen alter Freunde. Seine Tochter, sie ging nun auf die Fünfzig, war stets bei ihm. Sein Lebenskreis schloß sich mit ihr darin. Und von seiner Tochter träumte der Vater drei Wochen vor seinem Tod: »Erika erwartet ein Kind.«[52]

Erika Mann war eine Frau ohne Kind. Das hatte sich für sie in ihrem Leben so ergeben. In diese Welt wolle sie kein jüdisches Kind setzen, soll Erika Mann zu Martin Gumpert gesagt haben.[53] Er war deutscher Jude und lebte im amerikanischen Exil zeitweilig mit ihr zusammen. Jüdisch durch ihn? Durch sie? Durch sie beide? Und als »diese Welt« am Ende der Nazizeit 1945 auf die jüdische Katastrophe sah, war Erika Mann eine Frau von vierzig Jahren. »Ich glaube«, schrieb Katia Mann an ihren Sohn Klaus, »im Grunde ist sie tief unbefriedigt von ihrer Existenz, die ja reich und angeregt, aber menschlich eben doch nicht das Richtige ist.«[54]

Erika Manns letzte große Liebe war Bruno Walter. Für ihn schrieb sie Sonette, filigrane Texte, große Lyrik, die sie verfaßte, wenn sie stundenlang in amerikanischen Motels auf ihren alten Liebhaber wartete, denn sie trafen sich heimlich.

Der berühmte Dirigent war Jude, war langjähriger Freund der Familie und war wieder eine aussichtslose Liebe.[55]

Die Tage jenes Sommers, schwer von Glück
und leicht, wie die Beschaffenheit der Träume –
zerstörbar und zerstört im Augenblick;
versunken Haus und Blumen, Gras und Bäume,

verloren Sonne, Wasser und Gelächter
und Stirn und Mund, geliebtes Angesicht.
Wo wart ihr, Engel, höchst befugte Wächter,
saht ihr die Schatten der Verwüstung nicht?

Zuviel des Glaubens und der hellen Gnade,
der Eintracht und der Zärtlichkeit zuviel;
wie heiter unser Ernst, wie ernst das Spiel;

auf unsrer Haut wie sanft die Luft beim Bade!
All dies zuviel und schon (kein Engel wacht'!)
dem Untergang verfallen und der Nacht.

Hatte Martin Gumpert mit Erika Mann eine jüdische Familie gründen wollen, was sie nicht wollte, so war Bruno Walter verheiratet, und als er Witwer war, nahm er sich eine noch Jüngere. Erika Mann konnte sich überhaupt nicht an jemanden binden. Sie war gebunden an ihren Vater. Irmela von der Lühe schreibt in ihrer Biographie von einem Foto, das Erika Mann in ihren letzten Jahren auf ihrem Nachttisch stehen hatte, unmittelbar neben ihrem Bett. Es zeigt Thomas Mann und Bruno Walter einander umarmend.[56]

»Am Dienstag, dem 16. August, eine Viertelstunde vor 2 Uhr, begann Kilchberg zu läuten«, berichtete die *Neue Zürcher Zeitung* vier Tage nach Thomas Manns Tod am 12. August 1955. Zu seiner Beerdigung trug Erika Mann einen Witwenschleier. Genauso wie ihre Mutter. Danach quartierte sie sich oben im Elternhaus ein und legte sich zu Bett. Von hier aus schickte sie die Nachricht an die Freunde in aller Welt. Sie fand es »nicht tunlich, Mielein länger allein zu lassen … als durchaus nötig«[57]. Zudem war zu bewältigen, was infolge seines Todes heranrollte. Das konnte nur sie. Seine Tochter. Das hätte keines seiner Kinder auf sich genommen. Da hätte sie niemanden anders rangelassen. Zehn Tage nach seinem Tod schrieb sie ihren jüdischen Tanten Käthe Rosenberg und Ilse Dernburg, den Cousinen ihrer Mutter: »Ihr werdet wissen wollen, was geschehen ist und wie es geschehen konnte.« Der Brief ist eindrucksvoll. Erika Mann übernahm ihn fast vollständig in ihr Buch *Das letzte Jahr. Bericht über meinen Vater*, das sie wenige Monate danach, Anfang 1956, im S. Fischer Verlag veröffentlichte. Doch so beendete sie diesen Brief an ihre Tanten, »…verzeiht den schnellen, schlechten Brief. Er ist der erste, den ich schreibe und jedes Fünkchen von ›Talent‹ hat mich jetzt verlassen.«[58] War das eine eitle Trauerphrase?

Erika Mann war 16 Jahre alt und schrieb an den »lieben Zauberer! Meinen allerschönsten Glückwunsch zum Geburtstag. Wundre Dich nicht, wenn der Briefchen klein und häßlich wird.«[59] Wie früher mit aufgesetzt kindlich falschen Tönen und extra falschem Deutsch mußte sie sich auch nach seinem Tod, da sie sich schreibend seiner bemächtigte, kleinmachen. Dennoch bleibt unüberhörbar die maßlose Bedeutungsgefräßigkeit, die ihren Worten innewohnte.

An Fritzi Massary, drei Tage vor ihrem eigenen Geburtstag, schreibt Erika Mann: »Ein *kleines* Bißchen, ein *wenig*, doch, hilft bei uns die ständige Beschäftigung mit seinen Dingen, die Sorge um den Nachlaß, die Schrift zu seinem Gedächtnis, an der ich arbeite, ein genauer Bericht über sein letztes Jahr, über die letzten Tage und Stunden. Etwas hohl und müßig bleibt freilich der Zeitvertreib, da er ihm selbst nicht mehr gilt, ihn nicht mehr unterhalten und zum Lachen bringen kann … Meinerseits werde ich mit nächstem 50 (fünfzig!) Jahre alt; daß Z. und ich die Jubiläen im gleichen Jahre feiern würden, – erst er sein großes, dann ich mein kleines, – hatten wir längst, längst errechnet, – falsch, einmal wieder, – zum Weinen falsch. – Ich bekomme ein Auto (im Tausch gegen meine Minxe, die kränkelt) und weiß, daß er sich kindlich gefreut haben würde über dies, sein Geschenk an mich. Es ist hübsch, das zu wissen ... Verzeih mir, Fritzilein, daß ich dem Gegenstand verhaftet scheine. Denn sogar Deine Jacke, mein weitaus bestes Stück, fällt mir, da sie schwarz ist und ich sie öfter trage als je, mit jenem zusammen. – Ob Du gestern den Wiener ›Fidelio‹ gehört hast (seine Lieblingsoper, – verzeih!)?«[60]

»Dem Gegenstand«, ihrem Vater nämlich, blieb Erika Mann bis zu ihrem eigenen Tod verhaftet. Ihr Bericht über sein letztes Jahr wurde ihr erster und einziger schriftstellerischer Erfolg. »Sie haben ein wundervolles Buch geschrieben, das mich tief bewegt«, schrieb Gottfried Bermann Fischer an sie, über viele Jahre Verleger ihres Vaters und nun der ihre. »Es ist Ihnen etwas ganz Einmaliges gelungen. Obwohl aus jedem Wort und jedem Satz Ihre Liebe zu Ihrem Vater spricht, haben Sie in der schriftstellerischen Gestaltung eine Distanzierung gewahrt, die Ihre Darstellung aus der persönlichen Sphäre in die des Kunstwerkes erhebt.«[61] Und aus Pacific Palisades schrieb Lion Feuchtwanger: »Unter den vielen kleinen Dingen, die Sie bei aller Liebe so deutlich gesehen haben, sind manche, zahlreiche, die den ganzen Thomas Mann stehen und sitzen und gehen machen, und sicher nicht nur für diejenigen, die ihn kannten ... Soviel ist gewiß: das kleine Buch trägt zum Verständnis Thomas Manns mehr bei als mancher dicke Wälzer.«[62]

Sie bedankte sich bei Bermann Fischer, ihrem alten Haß-Gegner. Jetzt brauchte sie ihn und er sie. »Meinerseits war – und bin – ich so unsicher bezüglich meiner kleinen Schrift, daß jedes anerkennende Wort mir eine Stärkung bedeutet. Und nun gar ein Lob wie das

Ihre!«[63] Ein Text von der Thomas Mann-Tochter über Thomas Mann? Wer müßte den nicht loben? Sie brauchte jemanden, dem sie vertrauen konnte in der Arbeit. Und dieses gute Gegenüber wurde jetzt für sie Gottfried Bermann Fischer.

1956 hatte der S. Fischer Verlag weltweit eine Suchaktion gestartet nach Briefen von Thomas Mann und an die 10 000 Kopien oder Originale erhalten. Die 51jährige Tochter und die 73jährige Witwe sahen alle Briefe durch. Fischer, schrieb Katia Mann an Lion Feuchtwanger, verlasse »sich ausschließlich«[64] auf sie. Wegen Erikas psychischer Unpäßlichkeiten. Katia Mann schrieb nun des öfteren an ihren alten Freund Lion. Am 17. September 1958: »Eri ... macht mir oft Sorge, weniger wegen der Angelegenheit mit dem Fuß, die zwar langwierig ist, aber nicht tragisch zu nehmen. Sie braucht auch wohl kaum deswegen so viele Monate zu Bett zu liegen, sondern tut dies an sich ganz gerne, was wieder mit ihrem allgemeinen wenig befriedigenden Zustand zusammenhängt.«[65] Erika Mann begann, sich aufzulösen. Die Verkalkung ihrer Knochen nahm rapide zu.

Drei Jahre später war der erste Briefband fertig: *Thomas Mann 1889–1936*, herausgegeben von Erika Mann. »Liebe Erika«, schrieb Gottfried Bermann Fischer am 27. November 1961, »wir haben die ruhige Teestunde mit Ihnen in den Vierjahreszeiten sehr genossen. Inzwischen hat man mir den Briefband in die Hand gelegt. Ich bin ganz glücklich damit.« Große Freude und Bewunderung für ihre »Sorgfalt und Umsicht«, der Anmerkungsteil sei durch ihre »Erläuterungen, die den Stempel Ihrer Persönlichkeit tragen, ... weit mehr als nur eine Sammlung von Erklärungen geworden und stellt für sich allein eine fesselnde Lektüre dar«. Wann sie sich denn wohl »an die geplante Biographie machen«[66] werde?

Erika Mann hatte vor, dann wieder nicht und dann wieder doch, die Lebensgeschichte ihres Vaters zu schreiben. 1960 schloß sie mit Gottfried Bermann Fischer einen Vertrag. Es wurde nichts daraus.

War sie klug genug, es zu lassen? Wurde ihr womöglich ganz einfach schlecht bei der Vorstellung, sich noch einmal und diesmal ganz und gar in sein Leben begeben zu müssen? »Die Biographie des Zauberers kann ich wirklich jetzt nicht schreiben«, vertröstete sie die Opernsängerin und alte Freundin der Familie, Lotte Lehmann, am 3. Mai 1966. »Glaube mir aber, daß die drei T. M.-Briefbände, die ich in sechsjähriger Arbeit ediert habe, sehr wohl so etwas darstellen wie eine Selbstbiographie ... Ich verbiestere ja noch ganz, darf *nur* noch in der Vergangenheit leben, und da ich mich im ›Heute‹ ohnedies nur auf zwei Krücken mühsam und schmerzhaft bewegen kann«[67], und da sie außerdem Briefe beantworten mußte und sich schriftlich in die aktuelle politische Weltlage einmischte, was sie ja viel lieber tat, wurde nichts daraus. Besser so. Sie lag im Bett wie vor seiner Gruft. Erika Mann gab Auskunft und stellte richtig. Sie paßte auf. Täglich kamen Fragen zu Thomas Mann ins Haus.

»Daß Sie, lieber Freund«, hielt sie Theodor W. Adorno vor, »sich sämtliche Kompositionen des Adrian Leverkühn mutterseelensolo ausgedacht haben, wußte ich allerdings nicht, und auch in der ›Entstehung‹[68], dankerfüllt, wie sie doch ist, steht das nicht zu lesen. Nun, vielleicht sehen Sie's so, und er sah es anders.«[69] Und an eine Literaturstudentin: »Übrigens hat T. M. bekanntlich seinerseits Pius den XII. in Privataudienz besucht, und der Zögling hochprotestantischer Tradition beugte ohne gêne und tief beeindruckt das Knie vor dem katholischen Sendboten hienieden.«[70] Dieser Text hätte dem Zauberer gut gefallen, eine homophile Audienz zwischen deutschem Dichter und Papst, gesehen von seiner Tochter.

Und wieder Knochenoperationen. »Am 11. April mußte ich mich einer häßlichen und komplizierten Knochenoperation unterziehen, liege noch heute im Spittel.« Das schrieb sie am 7. Oktober 1962.[71] Aus dem Kantonsspital am 25. September 1964 an ihren jüngsten Bruder Michael: »... wenn Du wüßtest, wie krank ich bin – vier Monate nach jener Höllenoperation.« In die Kur nach Leukerbad/Wallis vom 29. April bis 25. August 1965 nahm sie Arbeit mit, zu *Thomas Mann 1948–1955*, ihrem/seinem letzten Briefband, waren die Anmerkungen zu machen.

Am 5. Mai 1965 schrieb sie von dort aus an den sehr geehrten Herrn Professor Kurella, Vizepräsident der Akademie der Künste zu Berlin (Ost): »Ich wende mich heute an Sie namens und im Auftrag meiner Mutter.« Weil nämlich an Ostberliner Kontrollpunkten die DDR sich erlaubt hatte, folgendes Zitat von Thomas Mann als riesiges Spruchband auszuhängen: »Der Anti-Kommunismus ist die Grundtorheit unseres Jahrhunderts.« Doch so hatte er es nicht gesagt, so kurzgefaßt konnte Thomas Mann niemals gesprochen haben. »Wollen Sie nur bitte dafür Sorge tragen«, schrieb Erika Mann, »daß die fraglichen Plakate *sofort* eingezogen werden, wo immer man sie placiert hat.« Gesagt hatte ihr Vater: »Sie sehen, daß ich in einem Sozialismus, in dem die Idee der Gleichheit die der Freiheit vollkommen überwiegt, nicht das menschliche Ideal erblicke, und ich glaube, ich bin vor dem Verdacht geschützt, ein Vorkämpfer des Kommunismus zu sein. Trotzdem kann ich nicht umhin, in dem Schrekken der bürgerlichen Welt vor dem Wort Kommunismus, diesem Schrecken, von dem der Faschismus so lange gelebt hat, etwas Abergläubisches und Kindisches zu sehen, die Grundtorheit unserer Epoche.«[72] Entweder in voller Länge aufs Transparent oder gar nicht. Es kam ein Eilbrief aus der DDR, für den sie bestens dankte, »ohne freilich recht klug daraus zu werden … Nun, Sie sind ein geschulter Funktionär Ihrer Regierung … Meinerseits bin ich niemandes Funktionär, meine Funktion war es vielmehr immer, gegen den Strom zu schwimmen, und ich habe meinem Non-Konformismus zuviele, zu schwere Opfer gebracht.«[73] Die Plakate wurden entfernt.

Sie wolle »jetzt hinauf nach Klosters«, schrieb sie im Februar 1967, »wo meine Mutter und ich den Wonnemonat März – bei hoffentlich netter Witterung – verbringen werden. Einmal jährlich muß ich der Knochen wegen mindestens auf einen Monat ins Hochgebirg.«[74] Nach immer wiederkehrenden Kopfschmerzen wurde ein Gehirntumor erkannt, der Anfang April 1969 entfernt werden sollte. Bei der Operation fiel Erika Mann ins Koma. Katia Mann war 86 Jahre alt, als ihre Tochter Erika im 64. Lebensjahr am 27. August 1969 starb.

Die Todesanzeige für »unsere liebe Tochter und Schwester Erika Mann Auden« ist unterzeichnet: »Frau Katia Thomas Mann.« In dieser Namenszusammenführung hatte sich Katia Mann ihren toten Ehemann noch einmal an die Seite geholt, für ihre Tochter und sein Erikind. Sie wurde zu seiner Linken begraben. Rechts würde der Platz seiner Frau sein. Elf Jahre später.

Erika Mann hatte keinen Ort für sich. Nach dem Tod ihres Vaters, nachdem die Herausgabe seiner Briefe bewältigt war und sie auch für das Gesamtwerk ihres Bruders einen Verlag gefunden hatte, wurde ihre innere Ortlosigkeit zunehmend offenbar.

Sie empfand sich nicht zugehörig zur Familie ihres Vaters. »Die Familiengeschichte der Manns stand uns nicht sehr nahe.«[75] So formulierte Erika Mann es einmal. Da lebte Thomas Mann nicht mehr. »Das Buch stand uns näher.« Sie meinte *Buddenbrooks*. Uns? Das war die mütterliche Familie, die Pringsheims, und alle, die aus der Verbindung Pringsheim-Mann gekommen waren, ihre Geschwister und sie. Die jüdische Familie. Erika Mann dachte sich nicht jüdisch. Der Zusammenhang war dennoch in ihrer Bemerkung enthalten. Sie aber gehörte in keinen Zusammenhang.

Ihre jüdische Mutter, Katia Mann, geborene Pringsheim, konnte sich über das Jüdische mokieren. Anläßlich des Sechs-Tage-Kriegs Israels gegen Ägypten im Juni 1967 schrieb sie an ihren Zwillingsbruder Klaus Pringsheim: »Die Nachrichten vom siegreichen Blitzkrieg trafen gerade ein, als Klempi«, gemeint war der Dirigent Otto Klemperer, »in der ausverkauften Tonhalle Mahlers zweite Symphonie aufführte – großartig und mit triumphalem Erfolg. Der Gute war ganz außer sich vor Stolz und Freude über die unerhörten Heldentaten seines Volkes. Er ist übrigens kürzlich zum Glauben der Väter zurückgekehrt, besucht fleißig den Tempel und hält die Riten.«[76] In keinem Wort fühlt sich die Schreiberin dieser Zeilen etwa antisemitisch, sondern im Gegenteil ganz behaglich jüdisch. Im vertrauten Ton mit dem Zwillingsbruder ist Katia Mann die Jüdin, die von solchem Schmonzes überhaupt nichts hält.

Das konnte Erika Mann nicht. Nicht einmal soweit empfand sie sich zum Jüdischen zugehörig, daß sie etwas davon oder alles für sich hätte ablehnen können. Sie beschimpfte Juden, das ja, bissig, sarkastisch, aber natürlich für ihren Vater. Alfred Döblin hatte in seiner Zeitschrift *Das Goldene Tor* 1948 drei kritische Stimmen zu Thomas Mann veröffentlicht. Und sie schrieb ihm: »Ich weiß, Sie sind zur Zeit Katholik und daher vermutlich der Psychoanalyse abhold ... was ist denn nur los mit Ihnen ... in Ihren Eigenschaften als Vortragender, Erzieher, Jude, Katholik, Franzose, Ex-Deutscher, Ex-Emigrant, Weltbürger und Mensch scheinen Sie nichts Dringlicheres zu tun zu haben, als T.M. zu beschimpfen, mit sich überschlagender Stimme und Wuttränen im Hals.«[77]

Jedes Wort paßte gleichsam auf sie selbst, einschließlich der Wuttränen im Hals. Im Brustton der väterlichen Repräsentantin hatte sie die Sätze in ihre Schreibmaschine geschrien, gebrüllt, gezischt. Sie griff den Juden Alfred Döblin als Juden an. Das konnte sie. Denn wenn sie sich auch nicht selbst als jüdisch oder als getaufte Jüdin bezeichnete, so gab es in ihr doch als gute Instanz das Elternpaar, das beieinander geblieben war: die Jüdin und der deutsche Dichter. Deren Kind war sie. Und wenn sie irgendwo beheimatet war, dann in der Ausgeschlossenheit.

Aber ihr Herz schlug am 8. Juni 1967[78] ganz auf seiten der Juden, und in großem Ernst schrieb Erika Mann an den israelischen Botschafter in Bern, Shmuel Ben Zur:

»Exzellenz, – in diesen glorreichen Tagen, die freilich von schwerer Sorge keineswegs frei sind, gehen Ihnen natürlich zahllose Beweise der Sympathie und der Solidarität mit Ihrem Lande zu. Meinerseits darf ich meiner leidenschaftlichen Anteilnahme und meiner Verbundenheit Ausdruck geben, indem ich mich – nach meinen Möglichkeiten – an der Sammlung beteilige, von der ich wünsche, sie möchte einen wirklich hilfreichen Gesamtertrag erbringen. Wenn ich Sie mit einem ehrerbietigen ›Schalom‹ begrüße, so schließt das Wort ›Friede‹ den dringenden Wunsch ein, daß das Ende dieses Krieges auch das Ende aller Bedrohung für Israel bedeuten möge. Ihre sehr ergebene Erika Mann.«

Zitatnachweise

Das Besondere, Seite 9 ff.

1 Elisabeth Mann Borgese in: Kerstin Holzer, *Elisabeth Mann Borgese. Ein Lebensportrait.* Frankfurt a. M.: Fischer Taschenbuch Verlag 2003, S. 35

2 Golo Mann, *Erinnerungen und Gedanken.* Hg. v. Hans-Martin Gauger u. Wolfgang Mertz. *Eine Jugend in Deutschland.* Frankfurt a. M.: Fischer Taschenbuch Verlag 1991, S. 165 ff.

3 Peter de Mendelssohn, *Der Zauberer. Das Leben des deutschen Schriftstellers Thomas Mann.* 1. Teil: 1875–1918. Frankfurt a. M.: S. Fischer Verlag 1975, S. 619

4 Thomas Mann an Heinrich Mann, 20.11.1905, in: Thomas Mann/Heinrich Mann, *Briefwechsel 1900–1949.* Hg. v. Hans Wysling. Frankfurt a. M.: S. Fischer Verlag 1970. Die Briefe von Thomas Mann an Heinrich Mann werden im folgenden, wenn nicht anders angegeben, nach dieser Ausgabe zitiert.

5 Arnold Zweig hatte die Briefe von Thomas Mann an Heinrich Mann aus dem Heinrich Mann-Nachlaß im Archiv der Akademie in Berlin (Ost) fotokopiert und an Katia und Erika Mann in die Schweiz geschickt (Arnold Zweig an Lion Feuchtwanger, 12.12.1958, in: Lion Feuchtwanger/Arnold Zweig, *Briefwechsel 1933–1958.* Bd 2: *1949–1958.* Frankfurt a. M.: Fischer Taschenbuch Verlag 1986).

6 *Die Neue Rundschau*, Berlin, 44. Jg., H. 4 (April 1933)

7 Elisabeth Mann Borgese in: Heinrich Breloer, *Unterwegs zur Familie Mann. Begegnungen, Gespräche, Interviews.* Frankfurt a. M.: S. Fischer Verlag 2001, S. 64

8 Katia Mann, *Meine ungeschriebenen Memoiren.* Hg. v. Elisabeth Plessen u. Michael Mann. Frankfurt a. M.: S. Fischer Verlag 1974, S. 162

9 Ruth Gay, *Geschichte der Juden in Deutschland von der Römerzeit bis zum Zweiten Weltkrieg.* Aus d. Engl. v. Christian Spiel. München: C. H. Beck Verlag 1993, S. 219

10 Thomas Mann an Heinrich Mann, 27.2.1904

11 Thomas Mann, *Tagebücher*, 2.3.1919, in: *Tagebücher*. Hg. v. Inge Jens u. Peter de Mendelssohn. 1918–1921. Frankfurt a. M.: S. Fischer Verlag 1979. Die Tagebucheinträge von Thomas Mann werden im folgenden nach dieser mehrbändigen Ausgabe zitiert.

12 1921 angefordert vom *Neuen Merkur*, veröffentlicht erst am 15. 1. 1966 in der FAZ.

13 Ruth Klüger, *Thomas Manns jüdische Gestalten*, in: *Katastrophen. Über deutsche Literatur*. Göttingen: Wallstein Verlag 1994, S. 46

14 Kirsten Jüngling/Brigitte Roßbeck, *Katia Mann. Die Frau des Zauberers*. Berlin: Propyläen Verlag 2003; Inge und Walter Jens, *Frau Thomas Mann. Das Leben der Katharina Pringsheim*. Reinbek b. Hamburg: Rowohlt Verlag 2003

15 Kirsten Jüngling/Brigitte Roßbeck, *Katia Mann*, S. 181

16 Inge und Walter Jens, *Frau Thomas Mann*, S. 292

17 Vgl. Anm. 1

18 Erika Mann an George C. Rosenwald, 17.2.1966, in: Erika Mann, *Briefe und Antworten*. Hg. v. Anna Zanco Prestel. Bd 2. München: edition spangenberg 1985

19 Thomas Mann an Heinrich Mann, 20.11.1905

20 Katia Mann, *Meine ungeschriebenen Memoiren*, S. 29 ff.

21 Peter de Mendelssohn, *Der Zauberer*, S. 593

22 Hedwig Dohm, *Die Antifeministen. Ein Buch der Verteidigung*. Berlin: Dümmler Verlag 1902

Die beliebte Juden-Frage, Seite 31 ff.

1 Peter de Mendelssohn, *Der Zauberer*, S. 592

2 Léon Poliakov, *Geschichte des Antisemitismus*. Aus d. Franz. v. Rudolf Pfisterer. Hg. v. Georg Heintz. Bd 7. Frankfurt a. M.: Athenäum Jüdischer Verlag 1988, S. 30

3 Wilhelm Marr, *Der Sieg des Judenthums über das Germanenthum*. Bern 1879

4 Zit. nach Léon Poliakov, *Geschichte des Antisemitismus*, Bd 6. Frankfurt a. M.: Athenäum Jüdischer Verlag 1987, S. 231

5 Heinrich von Treitschke, *Unsere Aussichten*, in: *Preußische Jahrbücher* 44/45 (1879). Zit. nach Léon Poliakov, *Geschichte des Antisemitismus*, Bd 7, S. 33 f.

6 Hedwig Dohm, *Die wissenschaftliche Emancipation der Frau*. 1874. Zit. nach Margrit Twellmann, *Die deutsche Frauenbewegung. Ihre Anfänge und erste Entwicklung*. Quellen 1843–1889. Meisenheim a. G.: Hain 1972, S. 395 (Marburger Abhandlungen zur Politischen Wissenschaft, Bd 17/II)

7 Hedwig Dohm, *Der Jesuitismus im Hausstande. Ein Beitrag zur Frauenfrage.* Berlin: Wedekind & Schwieger 1873, S. 4 ff.

8 Hedwig Dohm, *Was die Pastoren denken.* Berlin: Verlag Reinhold Schlingmann 1872 – Nachdruck: Zürich: Ala-Verlag 1977

9 Zit. nach Marielouise Janssen-Jurreit, *Sexismus. Über die Abtreibung der Frauenfrage.* München/Wien: Hanser Verlag 1976, S. 27

10 Hedwig Pringsheim, *Meine Eltern Ernst und Hedwig Dohm*, in: *Vossische Zeitung*, Berlin, 11. Mai 1930

11 Peter de Mendelssohn, *Der Zauberer*, S. 592 f.

12 Dieses und die folgenden Zitate: ebd., S. 588 ff.

13 Katia Mann, *Meine ungeschriebenen Memoiren*, S. 13

14 Hedwig Dohm, *Kindheitserinnerungen einer alten Berlinerin*, in: *Erinnerungen und weitere Schriften von und über Hedwig Dohm.* Hg. v. Berta Rahm. Zürich: Ala-Verlag 1980, S. 68

15 Marianne Krüll, *Im Netz der Zauberer. Eine andere Geschichte der Familie Mann.* Zürich: Arche Verlag 1991. Familientafel Pringsheim–Dohm

16 Irmgard Maya Fassmann, *Jüdinnen in der deutschen Frauenbewegung 1865–1919.* Hg. v. Moses Mendelssohn-Zentrum für europäisch-jüdische Studien u. Salomon Ludwig Sternheim-Institut für deutsch-jüdische Geschichte. Bd 6. Hildesheim/Zürich/New York: Olms Verlag 1996, S. 112

17 Ebd., S. 12, Fußnote 7

18 Golo Mann, *Erinnerungen und Gedanken. Eine Jugend in Deutschland*, S. 216

19 Thomas Mann, *Little Grandma*, in: *Autobiographisches.* Hg. v. Erika Mann. Frankfurt a. M.: S. Fischer Verlag 1968, S. 323

20 Hedwig Dohm, *Schicksale einer Seele.* Roman. Mit e. Nachw. v. Ruth-Ellen Boetcher Joeres. München: Frauenoffensive 1988, S. 7

21 Klaus Mann, *Der Wendepunkt. Ein Lebensbericht.* München: Nymphenburger Verlagshandlung 1969, S. 258

22 Peter Kamber, *Ach, die Schweiz … Über einen Kleinstaat in Erklärungsnöten.* Essay. Zürich-Hamburg: Arche Verlag 1998, S. 40

23 Ebd., S. 42

24 Hans-Dieter Schmid (Hg.), *Juden unterm Hakenkreuz. Dokumente und Berichte zur Verfolgung und Vernichtung der Juden durch den Nationalsozialismus 1933–1945.* Düsseldorf: Schwann Verlag 1983, Bd 1, S. 100

25 Katia Mann, *Meine ungeschriebenen Memoiren*, S. 116

Heimlich und unheimlich, Seite 55 ff.

1 Erika Mann, *Zehn Millionen Kinder. Die Erziehung der Jugend im Dritten Reich.* Mit e. Einf. v. Thomas Mann. München: edition spangenberg 1986

2 Erika und Klaus Mann, *Rundherum. Abenteuer einer Weltreise.* Berlin: S. Fischer Verlag 1929 – Neuausgabe mit e. Nachw. v. Uwe Naumann. Reinbek b. Hamburg: Rowohlt Taschenbuch Verlag 2001; *Das Buch von der Riviera. Was nicht im Baedeker steht.* München: Piper Verlag 1913 – Nachdruck mit e. Nachw. v. Martin Ripkens. Berlin: Silver u. Goldstein 1989; *Escape to Life.* Boston: Houghton & Mifflin 1939 – Dt. u. d. T. *Escape to Life. Deutsche Kultur im Exil.* Hg. u. mit e. Nachw. v. Heribert Hoven. München: edition spangenberg 1991

3 Erika Mann, *Wenn die Lichter ausgehen. Geschichten aus dem Dritten Reich.* Aus d. Engl. v. Ernst-Georg Richter. Mit e. Nachw. v. Irmela von der Lühe. Reinbek b. Hamburg: Rowohlt Verlag 2005, Kap. 5: *Dem Andenken eines Helden*, S. 110

4 Ebd., Kap. 1: *»Infolge eines bedauerlichen Irrtums …«*, S. 34

5 Ebd., Kap 2: *Gegenseitige Kontrolle*, S. 45 ff.

6 Ebd., Kap. 3: *Herr Huber, der Fabrikant*, S. 63 ff.

7 Erika Mann an Lotte Walter, 7.1.1940, in: *Briefe und Antworten*, Bd 1

8 Kurt Tucholsky, *Ausgewählte Briefe 1913–1935.* Hg. v. Mary Gerold-Tucholsky u. Fritz J. Raddatz. Reinbek b. Hamburg: Rowohlt Verlag 1962, S. 263

9 Erika Mann an Katia Mann, 17.11.1939, Fußnote 10, in: *Briefe und Antworten*, Bd 1

10 Erika Mann an Berthold Viertel, 22.11.1939, ebd.

11 Erika Mann, *Wenn die Lichter ausgehen*, Kap. 10: *Wenn die Lichter ausgehen*, S. 221

12 Sigmund Freud: *Das Unheimliche.* Studienausgabe. Bd IV: *Psychologische Schriften.* Frankfurt a. M.: S. Fischer Verlag 1994, S. 264

13 Irmela von der Lühe, *Nachwort*, in: Erika Mann, *Wenn die Lichter ausgehen*, S. 278

14 Hedwig Pringsheim, *Thomas Manns Schwiegermutter erzählt oder lebendige Briefe aus großbürgerlichem Hause.* Hg. v. Hans-Rudolf Wiedemann. Mit e. Geleitwort v. Golo Mann. Lübeck: Werkstätten-Verlag 1986, S. 3 f.

15 Inge und Walter Jens, *Frau Thomas Mann*, S. 200

16 Ebd., S. 219

17 Erika Mann, *Wenn die Lichter ausgehen.* Kap. 5: *Dem Andenken eines Helden*, S. 107 ff.

18 Ebd., S. 116

19 Ruth Klüger, *Katastrophen*, S. 40 f.

20 Irmela von der Lühe, *Nachwort*, in: Erika Mann, *Wenn die Lichter ausgehen*, S. 308 f.

21 Erika Mann, *Wenn die Lichter ausgehen.* Kap. 7: *Leidensgenossen*

22 Erika Mann, *Eine Ablehnung*, in: *Briefe und Antworten*, Bd 1, S. 189, Fußnote 1

23 Jean-Jacques Moscovitz, *Humanität, Inhumanität, A-Humanität*, in: *Bruch in der Geschichte und Freudianische Lektüre des Aktuellen.* Vortrag an der Universität Hamburg, 1994. Übers. v. Petra Menzel

24 Irmela von der Lühe, *Erika Mann. Eine Biographie*. Frankfurt a. M.: Fischer Taschenbuch Verlag 1996, S. 15

25 Ebd., S. 102

26 Ebd., S. 263

27 Zit. nach Helga Keiser-Hayne, *Beteiligt euch, es geht um eure Erde. Erika Mann und ihr politisches Kabarett die »Pfeffermühle« 1933–1937*. München: edition spangenberg 1990, S. 114 (Flugblatt)

28 Irmela von der Lühe, *Erika Mann*, S. 125

29 Inge und Walter Jens, *Frau Thomas Mann*, S. 32

30 *Die Manns – Ein Jahrhundertroman*. Regie: Heinrich Breloer. Buch: Heinrich Breloer und Horst Königstein. 2001

31 Die folgenden Zitate stammen aus der Dokumentation *Unterwegs zur Familie Mann*, Transkriptionen der zahlreichen Interviews, die Breloer 2001 nach seinem Fernsehfilm über *Die Manns* herausgab (S. 66 ff.), und werden hier u. im folgenden der Deutlichkeit halber kursiv gesetzt.

32 Kirsten Jüngling/Brigitte Roßbeck, *Katia Mann*, S. 362, Fußnote 1

33 Heinrich Breloer, *Unterwegs zur Familie Mann*, S. 120 f.

34 Kerstin Holzer, *Elisabeth Mann Borgese*, S. 220

35 Heinrich Breloer, *Unterwegs zur Familie Mann*, S. 195

36 Kerstin Holzer, *Elisabeth Mann Borgese*, S. 35

37 Heinrich Breloer, *Unterwegs zur Familie Mann*, S. 481

38 Ebd., S. 454

39 Frido Mann, *Terezín – Der Führer schenkt den Juden eine Stadt.* Eine Parabel. Münster/Hamburg: Lit-Verlag 1994

40 Léon Poliakov, *Geschichte des Antisemitismus*, Bd 8. Frankfurt a. M.: Athenäum Jüdischer Verlag 1988, S. 213 ff.

41 Sandor Ferenczi, *Über obszöne Worte* (1911), in: *Bausteine zur Psychoanalyse.* Bd 1. Leipzig: Internationaler Psychoanalytischer Verlag 1927 – Nachdruck Bern, Stuttgart, Wien: Verlag Hans Huber 1984, S. 175

42 Heinrich Breloer, *Unterwegs zur Familie Mann*, S. 296

43 Otto Fenichel, *Elemente einer psychoanalytischen Theorie des Antisemitismus*, in: Ernst Simmel (Hg.), *Antisemitismus*. Dt. Ausgabe hg. v. Elisabeth Dahmer-Kloss. Frankfurt a. M.: Fischer Taschenbuch Verlag 1993, S. 47
44 Lion Feuchtwanger, *Jud Süss*. Roman. Reinbek b. Hamburg: Rowohlt Taschenbuch Verlag 1965, S. 13 f.

Der deutsche Dichter – die Krone der jüdischen Schöpfung, Seite 93 ff.

1 Henriette Herz (geb. de Lemos, 1764–1847), *Berliner Salon. Erinnerungen und Portraits*. Hg. v. Ulrich Janetzki. Berlin/Wien: Ullstein Verlag 1984, S. 28
2 Dorothea Veit, Schlegel, geb. Brendel Mendelssohn (1763–1839), Rahel Varnhagen, geb. Rachel Levin (1771–1833)
3 Dorothea Schlegel an Schleiermacher, 16.6.1800, in: Henriette Herz, *Berliner Salon*, S. 197
4 Hannah Arendt, *Rahel Varnhagen. Lebensgeschichte einer deutschen Jüdin aus der Romantik*. München: Piper Verlag 1959, S. 119 ff.
5 Fanny Lewald, *Alte Salondamen*, in: Andrea von Dülmen (Hg.), *Frauen. Ein historisches Lesebuch*. München: C. H. Beck 1995, S. 250
6 Hedwig Dohm, *Die Antifeministen*, S. 7 ff.
7 Klaus Mann, *Der Wendepunkt*, S. 13 f.
8 Golo Mann, *Erinnerungen und Gedanken. Eine Jugend in Deutschland*, S. 218 f.
9 Thomas Mann, *Beim Propheten*, in: *Sämtliche Erzählungen*. Frankfurt a. M.: S. Fischer Verlag 1963, S. 289
10 Peter de Mendelssohn, *Der Zauberer*, S. 591
11 Thomas Mann an Heinrich Mann, 27.2.1904
12 Thomas Mann, *Lebensabriß*, in: *Autobiographisches*, S. 234
13 Golo Mann/Marcel Reich-Ranicki, *Enthusiasten der Literatur. Ein Briefwechsel. Aufsätze und Portraits*. Hg. v. Volker Hage. Frankfurt a. M.: S. Fischer Verlag 2000, S. 76
14 Die folgenden Zitate aus *Wälsungenblut* wurden entnommen: *Sämtliche Erzählungen*. Frankfurt a. M.: S. Fischer Verlag 1963, S. 301 ff. – Neuausgabe in: *Werke, Briefe, Tagebücher*. Große kommentierte Frankfurter Ausgabe. Bd 2, 1: *Frühe Erzählungen 1893–1912*. Hg. v. Terence J. Reed. Frankfurt a. M.: S. Fischer Verlag 2004, S. 429 ff.
15 Thomas Mann an Heinrich Mann, 17.1.1906
16 Julia Mann an Heinrich Mann, 16.2.1905, in: Julia Mann, *Ich spreche so gern mit meinen Kindern. Erinnerungen, Skizzen, Briefwechsel mit Heinrich Mann*. Hg. v. Rosemarie Eggert. Berlin/Weimar: Aufbau Verlag 1991, S. 144

17 Hedwig Pringsheim an Maximilian Harden, 22.6.1905, in: Inge und Walter Jens, *Frau Thomas Mann*, S. 73

18 Vgl. Thomas Mann, *Gesammelte Werke*. Bd 13: *Nachträge*. Frankfurt a. M.: S. Fischer Verlag 1974, S. 461 f. Thomas Manns Antwort auf eine Nachfrage der *Münchner Neuesten Nachrichten* zur *Lösung der Judenfrage* von 1907 durfte danach zu Thomas Manns Lebzeiten in keiner Sammlung seiner Texte mehr erscheinen. Vgl. Klaus Harpprecht, *Thomas Mann. Eine Biographie*. Bd 1. Reinbek b. Hamburg: Rowohlt Verlag 1995, S. 277

19 Sander L. Gilman, *Jüdischer Selbsthaß. Antisemitismus und die verborgene Sprache der Juden*. Aus d. Amerikan. v. Isabella König. Frankfurt a. M.: Jüdischer Verlag 1993, S. 60

20 Thomas Mann: *Wälsungenblut*, in: *Werke, Briefe, Tagebücher*. Große kommentierte Frankfurter Ausgabe, S. 463. Die Fassung in: *Sämtliche Erzählungen* endete: »Er wird ein minder triviales Dasein führen, von nun an!« (S. 325)

21 Thomas Mann, *Tagebücher*, 20.4.1933, in: *Tagebücher*. 1933–1934. Frankfurt a. M.: S. Fischer Verlag 1977

22 Thomas Mann, *Tagebücher*, 3.5.1933, ebd.

23 Vgl. Thomas Mann: *Tagebücher*, 2.4.1933, ebd.

24 Heinrich Breloer, *Unterwegs zur Familie Mann*, S. 394

25 Erika Mann an Kurt Sontheimer, 4.5.1958, in: *Briefe und Antworten*, Bd 2

26 Katia Mann, *Meine ungeschriebenen Memoiren*, S. 48

27 Ludwig Marcuse, *Mein zwanzigstes Jahrhundert. Auf dem Weg zu einer Autobiographie*. München: List Verlag 1960, S. 115

28 Hilde Kahn-Reach in: Heinrich Breloer, *Unterwegs zur Familie Mann*, S. 401

29 Dieses und die folgenden Zitate aus: Thomas Mann, *Bekenntnis zum Sozialismus*, in: *Politische Schriften und Reden*. Bd 2. *Das essayistische Werk in 8 Taschenbuch-Bänden*. Hg. v. Hans Bürgin. Frankfurt a. M.: Fischer Taschenbuch Verlag 1968, S. 249 f.

30 Hans Bürgin/Hans-Otto Mayer, *Thomas Mann. Eine Chronik seines Lebens*. Frankfurt a. M.: Fischer Taschenbuch Verlag 1974, 16.4.1933

31 Katia Mann, *Meine ungeschriebenen Memoiren*, S. 103

32 Thomas Mann an Albert Einstein, 15.5.1933, in: Thomas Mann, *Briefe*. Hg. v. Erika Mann. Bd 1: *1889–1936*. Frankfurt a. M.: S. Fischer Verlag 1961

33 Katia Mann, *Meine ungeschriebenen Memoiren*, S. 96

34 Katia Mann an Erika Mann, 9.8.1931, in: Inge und Walter Jens, *Frau Thomas Mann*, S. 156

35 Katia Mann an Erika Mann, 22.8.1927, ebd., S. 157

36 Katia Mann, *Meine ungeschriebenen Memoiren*, S. 105

37 Golo Mann, *Erinnerungen und Gedanken. Eine Jugend in Deutschland*, S. 541

38 Thomas Mann an Gottfried Bermann Fischer, 24.8.1933, in: *Briefwechsel mit seinem Verleger Gottfried Bermann Fischer. 1932–1955*. Hg. v. Peter de Mendelssohn. Frankfurt a. M.: Fischer Taschenbuch Verlag 1975

39 Ruth Klüger, *Katastrophen*, S. 54

40 Thomas Mann, *Tagebücher*, 14.3.1934, in: *Tagebücher. 1933–1934*

41 Inge und Walter Jens, *Frau Thomas Mann*, S. 187

Erlesenes und Verleugnetes, Seite 117 ff.

1 Katia Mann an Erika Mann, 15.12.1924, in: Inge und Walter Jens, *Frau Thomas Mann*, S. 137

2 Kirsten Jüngling/Brigitte Roßbeck, *Katia Mann*, S. 146

3 Inge und Walter Jens, *Frau Thomas Mann*, S. 139 f.

4 Katia Mann, *Meine ungeschriebenen Memoiren*, S. 114

5 Katia Mann an Klaus Mann, 12.8.1937, in: Inge und Walter Jens, *Frau Thomas Mann*, S. 198

6 Thomas Mann an Klaus und Erika Mann, 19.10.1927, in: *Briefe und Antworten*, Bd 1

7 Ebd.

8 Heinrich Breloer, *Unterwegs zur Familie Mann*, S. 35

9 Thomas Mann, *Tagebücher*, 17.8.1933, in: *Tagebücher. 1933–1934*

10 Erika Mann an Eva Herrmann, 18.4.1933, in: *Briefe und Antworten*, Bd 1

11 Monika Sperr, *Therese Giehse. Ich hab nichts zum Sagen*. München/Gütersloh/Wien: Bertelsmann Verlag 1973, S. 21

12 Katia Mann, *Meine ungeschriebenen Memoiren*, S. 110

13 Kerstin Holzer, *Elisabeth Mann Borgese*, S. 73

14 Ebd., S. 60

15 Golo Mann: *Erinnerungen und Gedanken*. Hg. v. Hans Martin Ganger u. Wolfgang Mertz. *Lehrjahre in Frankreich*. Frankfurt a. M.: Fischer Taschenbuch Verlag 2000, S. 23 ff.

16 Golo Mann, Tagebuchauszug, 9.4.1933, in: *Erinnerungen und Gedanken. Eine Jugend in Deutschland*, S. 512

17 Kerstin Holzer, *Elisabeth Mann Borgese*, S. 79

18 Thomas Mann, *Briefe*, Bd 1, S. 52 ff. Die folgenden Briefe von 1904 werden aus dieser Ausgabe zitiert.

19 Heinrich Breloer, *Unterwegs zur Familie Mann*, S. 439

20 In Kraft getreten am 16. September 1935

21 Hedwig Pringsheim an Maximilian Harden, 4.10.1905, in: Peter de Mendelssohn, *Der Zauberer*

22 Katia Mann an Alfred Neumann, in: Inge und Walter Jens, *Frau Thomas Mann*, S. 187

23 Katia Pringsheim, *Meine ungeschriebenen Memoiren*, S. 106

24 Erika Mann an Katia Mann, 24.10.1936, in: *Briefe und Antworten*, Bd 1

25 Golo Mann, *Erinnerungen und Gedanken. Lehrjahre in Frankreich*, S. 12

26 Erika Mann an Katia Mann, 14.2.1937, in: *Briefe und Antworten*, Bd 1

27 Erika Mann an Katia Mann, 19.3.1937, ebd.

28 Vgl. ebd., S. 115, Fußnote 1

29 Peter de Mendelssohn, *Der Zauberer*, S. 661

30 Thomas Mann an Heinrich Mann, 20.11.1905

31 Katia Mann, *Meine ungeschriebenen Memoiren*, S. 29 ff.

32 Elisabeth Mann Borgese in Kerstin Holzer, *Elisabeth Mann Borgese*, S. 73

33 Ebd., S. 68 f.

34 Kerstin Holzer, *Elisabeth Mann Borgese*, S. 69

35 Elisabeth Mann Borgese, *Ascent of Woman.* New York: G. Braziller 1963 – Dt. u. d. T. *Aufstieg der Frau – Abstieg des Mannes?* Aus d. Amerikan. v. Brigitte Kahr. München: List Verlag 1965

36 Katia Mann an Klaus Mann, 28.5.1937, in: Inge und Walter Jens, *Frau Thomas Mann*, S. 203

37 Katia Mann, *Meine ungeschriebenen Memoiren*, S. 22

38 Ebd., S. 15 ff.

39 Hedwig Pringsheim an Dagny Langen-Sautreau (1876–1974; jüngste Tochter von Björnstjerne Björnson; in erster Ehe mit Albert Langen verheiratet, Verleger von Heinrich Mann), 8.3.1907, in: *Thomas Manns Schwiegermutter erzählt*

40 Kirsten Jüngling/Brigitte Roßbeck, *Katia Mann*, S. 359 f., Fußnote 54

41 Vgl. Anm. 1, 12

42 Thomas Mann, *Lösung der Judenfrage* (1907)

43 Thomas Mann an Heinrich Mann, 20.11.1905

44 Edda Uhlmann, *Väterliche Phantasmen im weiblichen Selbst.* In: *Zs. für psychoanalytische Theorie und Praxis*, Heft 1/2 (2002), S. 43

45 Erika Mann an Frau Gamst, 8.2.1960, in: *Briefe und Antworten*, Bd 2

46 Golo Mann, *Erinnerungen und Gedanken. Eine Jugend in Deutschland*, S. 12

47 Edda Uhlmann, *Väterliche Phantasmen im weiblichen Selbst*, S. 44

[48] Thomas Mann, *Tagebücher*, 29.11.1918, in: *Tagebücher. 1918–1921.* Frankfurt a. M.: S. Fischer Verlag 1979

[49] Inge und Walter Jens, *Frau Thomas Mann*, S. 114 f.

[50] Klaus Harpprecht, *Thomas Mann*, S. 482

[51] Kirsten Jüngling/Brigitte Roßbeck, *Katia Mann*, S. 150 ff.

[52] Klaus Harpprecht, *Thomas Mann*, S. 483

[53] Klaus Mann, *Kind dieser Zeit.* Mit e. Nachw. v. Uwe Naumann. Reinbek b. Hamburg: Rowohlt Taschenbuch Verlag 2000, S. 137

[54] Golo Mann, *Erinnerungen und Gedanken. Eine Jugend in Deutschland*, S. 37 u. 212

[55] Heinrich Breloer, *Unterwegs zur Familie Mann*, S. 475 f.

[56] Heinz Pringsheim (1882–1974), Katias Bruder, überlebte in Bayern.

[57] Inge und Walter Jens, *Frau Thomas Mann*, S. 221

[58] Hedwig Pringsheim an Katia Mann, 14.11.1939, in: Kirsten Jüngling/Brigitte Roßbeck, *Katia Mann*, S. 235

[59] Erika Mann an Katia Mann, 17.11.1939, in: *Briefe und Antworten*, Bd 1

[60] Golo Mann, *Geleitwort*, in: Hedwig Pringsheim, *Thomas Manns Schwiegermutter erzählt*, S. 5

[61] Hedwig Pringsheim an Katia Mann, 11.7.1941, in: Kirsten Jüngling/Brigitte Roßbeck, *Katia Mann*, S. 235

Jüdische Polemik, Seite 151 ff.

[1] Hans Mayer, *Erinnerungen an Erika Mann*, in: *Frankfurter Allgemeine Zeitung*, 8.11.1975

[2] Erika Mann an Duff Cooper, 27.8.1948, in: *Briefe und Antworten*, Bd 1

[3] Irmela von der Lühe: *Erika Mann*, S. 295 ff. Übers. v. V. R.

[4] Ebd. »Fünfte Kolonne« ist ein Ausdruck aus der Zeit des Spanischen Bürgerkriegs für Untergrundorganisationen, die zusammen mit Kräften außerhalb ihres Landes gegen den Faschismus arbeiteten.

[5] Zit. nach Irmela von der Lühe, *Erika Mann*, S. 318 f.

[6] Erika Mann, *Blitze überm Ozean. Aufsätze, Reden, Reportagen.* Hg. v. Irmela von der Lühe u. Uwe Naumann. Reinbek b. Hamburg: Rowohlt Taschenbuch Verlag 2001, S. 332 ff.

[7] Sander L. Gilman, *Jewish Self-Hatred. Anti-Semitism and the Hidden Language of the Jews.* Baltimore: Johns Hopkins University Press 1986 – Dt. u. d. T. *Jüdischer Selbsthaß. Antisemitismus und die verborgene Sprache der Juden.* Aus d. Amerikan. v. Isabella König. Frankfurt a. M.: Jüdischer Verlag 1993, S. 105

[8] Ebd., S. 104 ff.

[9] Ebd., S. 138 f.

[10] Erika Mann an Redaktion *Information*, 31.10.1958, in: *Briefe und Antworten*, Bd 2; vgl. ebd., S. 84, Fußnote 7

[11] Erika Mann im Gespräch mit Fritz J. Raddatz, 1968

[12] Erika Mann an Katia Mann, 17.11.1939, in: *Briefe und Antworten*, Bd 1

[13] *Kultur*, 1.12.1958

[14] *Die Tat*, Zürich, 10.1.1959

[15] Erika Mann an Kurt Sontheimer, 4.5.1958, in: *Briefe und Antworten*, Bd 2

[16] Erika Mann, *Blitze überm Ozean*, S. 232

[17] Erika Mann, *School for Barbarians*. Amsterdam: Querido Verlag 1938 – Dt. Neuausgabe u. d. T. *Zehn Millionen Kinder. Die Erziehung der Jugend im Dritten Reich*. Mit e. Einf. v. Thomas Mann. München: edition spangenberg 1986

[18] Erika Mann, *I Of All People. Fragment einer Autobiographie von 1943*, in: *Blitze überm Ozean*, S. 26 ff.

[19] Sander L. Gilman, *Jüdischer Selbsthaß*, S. 274 ff.

[20] Klaus Mann, *Tagebücher. 1934–1935*. Hg. v. Joachim Heimannsberg. München: edition spangenberg 1989, S. 35

[21] Golo Mann, *Erinnerungen und Gedanken. Eine Jugend in Deutschland*, S. 525 u. 536

[22] Bayerisches Hauptstaatsarchiv. Zit. nach Kirsten Jüngling/Brigitte Roßbeck, *Katia Mann*, S. 231

Die deutsche Mischpoche, Seite 167 ff.

[1] Antjekathrin Graßmann (Hg.), *Lübeckische Geschichte*. Lübeck: Verlag Schmidt-Römhild 1988, S. 722 ff.

[2] Katia Mann an Molly Shenstone, in: Inge und Walter Jens, *Frau Thomas Mann*, S. 233, übers. v. V. R.

[3] Hedwig Pringsheim an Katia Mann, 11.4.1940, ebd., S. 232 f.

[4] Erika Mann an Katia Mann, 20.9.1945, in: *Briefe und Antworten*, Bd 1

[5] Golo Mann, *Erinnerungen und Gedanken. Eine Jugend in Deutschland*, S. 510

[6] Heinrich Breloer, *Unterwegs zur Familie Mann*, S. 250 ff. Horst Pringsheim-Reday (geb. 1924), Soldat der Wehrmacht, amerikanische Kriegsgefangenschaft, wurde Opernregisseur und lebt in München.

[7] Thomas Mann, *Die Entstehung des Doktor Faustus. Roman eines Romans*. Frankfurt a. M.: S. Fischer Verlag 1960, S. 17

[8] Elisabeth Mann Borgese in: Heinrich Breloer, *Unterwegs zur Familie Mann*, S. 159

9 Sigrid Petersen, *Heinrich Manns Tochter kehrt in die Geburtsstadt des Vaters zurück. Begegnung mit Leonie Mann-Aškenazy*. In: *Lübecker Nachrichten*, 3.11.1971

10 Jindrich Mann (geb. 1948), Filmregisseur und Drehbuchautor, wuchs in Prag auf, emigrierte 1968 nach dem gewaltsamen Ende des »Prager Frühling« mit seinen Eltern, Leonie Mann-Aškenazy und Ludvik Aškenazy, sowie seinem jüngeren Bruder Ludvig nach München.

11 Heinrich Breloer, *Unterwegs zur Familie Mann*, S. 277 ff.

12 Ebd., S. 303

13 Thomas Mann an Cilly Neuhaus, 18.2.1947, in: *Briefe*. Bd 2: *1937–1947*. Hg. v. Erika Mann. Frankfurt a. M.: S. Fischer Verlag 1963

14 Erika Mann an Lotte Walter, 6.6.1947, in: *Briefe und Antworten*, Bd 1

15 Erika Mann an Eva Hermann, 17.6.1949, ebd.

16 Hier und im folgenden: Katia Mann an Erika Mann, 4.8.1949, ebd.

17 Heinrich Breloer, *Unterwegs zur Familie Mann*, S. 235

18 Katia Mann, *Meine ungeschriebenen Memoiren*, S. 128

19 Hans Bürgin/Hans-Otto Mayer, *Thomas Mann*, S. 244 ff.

20 Hans Mayer, *Ein Deutscher auf Widerruf. Erinnerungen*. Bd 2. Frankfurt a. M.: Suhrkamp Verlag 1984, S. 89

21 Anetta Kahane, *Ich sehe was, was du nicht siehst. Meine deutschen Geschichten*. Berlin: Rowohlt Berlin 2004, S. 36 f.

22 Erika Mann an Kurt Bussmann, 15.2.1966, in: *Briefe und Antworten*, Bd 2

23 Ebd., S. 119

24 Monika Sperr, *Therese Giehse*, S. 44

25 Erika Mann an Günther Sauer, 29.5.1966, in: *Briefe und Antworten*, Bd 2

Im Besitz des Vaters, Seite 187 ff.

1 Ich verdanke diese Tonbandaufnahme des WDR-Fernsehinterviews vom 10.1.1968 der Historikerin Doris Fürstenberg in Berlin.

2 Erika Mann an Arno Herz, 11.5.1958, in: *Briefe und Antworten*, Bd 2

3 Peter de Mendelssohn, *Der Zauberer*, S. 725

4 Thomas Mann, *Die Entstehung des Doktor Faustus*, S. 123

5 Ebd., S. 132

6 Vgl. Anm. 5, 36

7 Peter de Mendelssohn, *Der Zauberer*, S. 591

8 Hedwig Pringsheim in: *Thomas Manns Schwiegermutter erzählt*, S. 10

9 Laut Hilde Kahn in Heinrich Breloer, *Unterwegs zur Familie Mann*, S. 414

10 Andrea Weiss, *Flucht ins Leben. Die Erika- und Klaus-Mann-Story*. Übers. v.

Ernst-Georg Richter. Reinbek b. Hamburg: Rowohlt Taschenbuch Verlag 2000, S. 73

11 Hier und im folgenden: Monika Sperr, *Therese Giehse*, S. 53

12 Zit. nach Inge und Walter Jens, *Frau Thomas Mann*, S. 190

13 Erika Mann an Thomas Mann, 16.8.1934, in: *Briefe und Antworten*, Bd 1

14 Erika Mann an Thomas Mann, 20.4.1935, ebd.

15 Erika Mann an verschiedene Redaktionen in der Schweiz, 22.11.1934, ebd.

16 Joseph Roth an Erika Mann, Frühjahr 1935, ebd.

17 Erika Mann an Thomas Mann, 19.1.1936 (im folgenden) sowie Fußnote 2, ebd.

18 Katia Mann an Erika Mann, 21.1.1936, ebd.

19 Erika Mann an Katia Mann, 23.1.1936, ebd.

20 Thomas Mann an Erika Mann, 23.1.1936, ebd.

21 Erika Mann an Thomas Mann, 26.1.1936, ebd.

22 Klaus Harpprecht, *Thomas Mann*, S. 882

23 Erika Mann, *Briefe und Antworten*, Bd 1, S. 71

24 Erika Mann an Katia Mann, 11.2.1936, ebd.

25 Ebd.

26 Erika Mann an Katia Mann, 27.11.1936, ebd.

27 Monika Sperr, *Therese Giehse*, S. 62

28 Hedwig Pringsheim an Dagny Langen-Sautreau, 22.10.27, in: *Thomas Manns Schwiegermutter erzählt*

29 Katia Mann an Erika Mann, 6.5.1926, in: Inge und Walter Jens, *Frau Thomas Mann*, S. 138

30 Zit. nach Andrea Weiss, *Flucht ins Leben*, S. 41

31 Vgl. Klaus Harpprecht, *Thomas Mann*, S. 1858 ff.

32 Edda Uhlmann, *Väterliche Phantasmen im weiblichen Selbst*, S. 32 ff.

33 Ebd., S. 37

34 Thomas Mann an Hanns Johst, 16.9.1920, in: *Werke, Briefe, Tagebücher*. Große kommentierte Frankfurter Ausgabe. Bd 22: *Briefe 1914–1923*. Hg. v. Thomas Sprecher. Frankfurt a. M.: S. Fischer Verlag 2004

35 10.10.1933, ebd.; vgl. Inge und Walter Jens, *Frau Thomas Mann*, S. 142 f.

36 Zit. nach Klaus Harpprecht, *Thomas Mann*, S. 1820

37 Thomas Mann, *Tagebücher*, S. 457, in: *Tagebücher. 1933–1934*

38 Klaus Harpprecht, *Thomas Mann*, S. 1844

39 Vgl. Andrea Weiss, *Flucht ins Leben*, S. 192

40 Edda Uhlmann, *Väterliche Phantasmen im weiblichen Selbst*, S. 32

41 Erika Mann an Lotte und Bruno Walter, 3.11.1947, in: *Briefe und Antworten*, Bd 1

42 Erika Mann an Thomas Mann, 31.1.1954, in: *Briefe und Antworten*, Bd 2

43 Erika Mann an Thomas Mann, 10.2.1954, ebd.

44 Erika Mann an Rudolf Hirsch, 10.4.1954, ebd.

45 Martin Gregor-Dellin an Erika Mann, 14.3.1969, ebd. Seit 1963 erschienen die Werke von Klaus Mann bei der Nymphenburger Verlagshandlung, München, hg. v. Martin Gregor-Dellin, ab 1974 bei der edition spangenberg im Ellermann Verlag, München.

46 Die folgenden Tagebucheintragungen von Thomas Mann aus seinen letzten beiden Jahren 1954/1955 werden zit. nach Klaus Harpprecht, *Thomas Mann*, Bd 2, S. 1869 ff.

47 Erika Mann, *Blitze überm Ozean*, S. 12 f.

48 Edda Uhlmann, *Väterliche Phantasmen im weiblichen Selbst*, S. 44

49 Erika Mann, *Das letzte Jahr. Bericht über meinen Vater.* Frankfurt a. M.: S. Fischer Verlag 1956, S. 295

50 Hans Bürgin/Hans-Otto Mayer, *Thomas Mann*

51 Erika Mann, *Das letzte Jahr*, S. 302

52 Im Juli 1955. Zit. nach Klaus Harpprecht, *Thomas Mann*, S. 2055

53 Elisabeth Mann Borgese in Heinrich Breloer, *Unterwegs zur Familie Mann*, S. 171

54 Zit. nach Irmela von der Lühe, *Erika Mann*, S. 287

55 Das im folgenden abgedruckte Gedicht wurde gedruckt in *Inspiré*, 3. Jg., Nr. 33 (Januar 1952), S. 24. Zit. nach: ebd., S. 288; vgl. S. 409, Anmerkung 88

56 Ebd., S. 288, Fußnote

57 Erika Mann an Bruno und Lotte Walter, 17.10.1955, in: *Briefe und Antworten*, Bd 2

58 Erika Mann an Käthe Rosenberg und Ilse Dernburg, 22.8.1955, ebd.

59 Erika Mann an Thomas Mann, 6.6.1922, in: *Briefe und Antworten*, Bd 1

60 Erika Mann an Fritzi Massary, 6.11.1955, in: *Briefe und Antworten*, Bd 2

61 Gottfried Bermann-Fischer an Erika Mann, 29.3.1956, ebd.

62 Lion Feuchtwanger an Erika Mann, 26.6.1956, ebd.

63 Erika Mann an Gottfried Bermann-Fischer, 2.4.1956, ebd.

64 Katia Mann an Lion Feuchtwanger, 18.12.1958, in: Kirsten Jüngling/Brigitte Roßbeck, *Katia Mann*, S. 320

65 Katia Mann an Lion Feuchtwanger, 17.9.1958, ebd., S. 319

66 Gottfried Bermann Fischer an Erika Mann, 27.11.1961, in: *Briefe und Antworten*, Bd 2

67 Erika Mann an Lotte Lehmann, 3.5.1966, ebd.

68 Gemeint ist Thomas Mann, *Die Entstehung des Doktor Faustus.*

69 Erika Mann an Theodor W. Adorno, 5.4.1962, in: *Briefe und Antworten*, Bd 2

70 Erika Mann an Swantje Ehrentreich, 3.1.1962, ebd.

71 Erika Mann an R. A. Ottosson, 7.10.1962, ebd.; die folgenden Zitate ebd.

72 Anlage von Erika Mann zu ihrem Brief vom 5.5.1965 an Alfred Kurella, ebd.

73 Erika Mann an Alfred Kurella, 16.6.1965, ebd.

74 Erika Mann an Franz Theodor Csokor, 25.2.1967, ebd.

75 Katia Mann, *Meine ungeschriebenen Memoiren*, S. 93

76 Inge und Walter Jens, *Frau Thomas Mann*, S. 289

77 Erika Mann an Alfred Döblin, 6.5.1948, in: *Briefe und Antworten*, Bd 1

78 Erika Mann an Shmuel Ben Zur, 8.6.1967, in: *Briefe und Antworten*, Bd 2

Literaturverzeichnis

Hannah Arendt, *Rahel Varnhagen. Lebensgeschichte einer deutschen Jüdin aus der Romantik.* München: Piper Verlag 1959

Heinrich Breloer, *Unterwegs zur Familie Mann. Begegnungen, Gespräche, Interviews.* Frankfurt a. M.: S. Fischer Verlag 2001

Hans Bürgin/Hans-Otto Mayer, *Thomas Mann. Eine Chronik seines Lebens.* Frankfurt a. M.: Fischer Taschenbuch Verlag 1974

Hedwig Dohm, *Die Antifeministen. Ein Buch der Verteidigung.* Berlin: Dümmler Verlag 1902

Dies., *Erinnerungen und weitere Schriften von und über Hedwig Dohm.* Hg. v. Berta Rahm. Zürich: Ala-Verlag 1980

Dies., *Der Jesuitismus im Hausstande. Ein Beitrag zur Frauenfrage.* Berlin: Wedekind & Schwieger 1873

Dies., *Schicksale einer Seele.* Roman. Mit e. Nachw. v. Ruth-Ellen Boetcher Joeres. München: Frauenoffensive 1988

Dies., *Was die Pastoren denken.* Berlin: Verlag Reinhold Schlingmann 1872. Neuausgabe, hg. v. Berta Rahm. Zürich: Ala-Verlag 1977

Andrea von Dülmen (Hg.), *Frauen. Ein historisches Lesebuch.* München: C. H. Beck 1995

Irmgard Maya Fassmann, *Jüdinnen in der deutschen Frauenbewegung 1865–1919.* Hg. v. Moses Mendelssohn-Zentrum für europäisch-jüdische Studien und Salomon Ludwig Sternheim-Institut für deutsch-jüdische Geschichte. Bd 6. Hildesheim/Zürich/New York: Olms Verlag 1996

Sandor Ferenczi, *Über obszöne Worte* (1911), in: *Bausteine zur Psychoanalyse.* Bd 1. Leipzig: Internationaler Psychoanalytischer Verlag 1927. Nachdruck Bern/Stuttgart/Wien: Verlag Hans Huber 1984

Lion Feuchtwanger/Arnold Zweig, *Briefwechsel 1933–1958.* Bd 2: *1949–1958.* Frankfurt a. M.: Fischer Taschenbuch Verlag 1986

Ders., *Jud Süss.* Roman. Reinbek b. Hamburg: Rowohlt Taschenbuch Verlag 1965

Kurt-Ingo Flessau, *Schule der Diktatur. Lehrpläne und Schulbücher des Nationalsozialismus*. Frankfurt a. M.: Fischer Taschenbuch Verlag 1979

Sigmund Freud, *Studienausgabe*. Bd IV: *Psychologische Schriften*. Frankfurt a. M.: S. Fischer Verlag 1994

Peter Gay, *Freud, Juden und andere Deutsche. Herren und Opfer der modernen Kultur*. Aus d. Amerikan. v. Karl Berisch. Hamburg: Hoffmann und Campe Verlag 1986

Ruth Gay, *Geschichte der Juden in Deutschland von der Römerzeit bis zum Zweiten Weltkrieg*. Aus d. Engl. v. Christian Spiel. München: C. H. Beck Verlag 1993

Sander L. Gilman, *Jewish Self-Hatred. Anti-Semitism and the Hidden Language of the Jews*. Baltimore: Johns Hopkins University Press 1986. Dt. u. d. T. *Jüdischer Selbsthaß. Antisemitismus und die verborgene Sprache der Juden*. Aus d. Amerikan. v. Isabella König. Frankfurt a. M.: Jüdischer Verlag 1993

Antjekathrin Graßmann (Hg.), *Lübeckische Geschichte*. Lübeck: Verlag Schmidt-Römhild 1988

Klaus Harpprecht, *Thomas Mann. Eine Biographie*. Reinbek b. Hamburg: Rowohlt Verlag 1995

Henriette Herz, *Berliner Salon. Erinnerungen und Portraits*. Hg. v. Ulrich Janetzki. Berlin/Wien: Ullstein Verlag 1984

Kerstin Holzer, *Elisabeth Mann Borgese. Ein Lebensportrait*. Frankfurt a. M.: Fischer Taschenbuch Verlag 2003

Marielouise Janssen-Jurreit, *Sexismus. Über die Abtreibung der Frauenfrage*. München/Wien: Hanser Verlag 1976

Inge und Walter Jens, *Frau Thomas Mann. Das Leben der Katharina Pringsheim*. Reinbek b. Hamburg: Rowohlt Verlag 2003

Luc Jochimsen, *Dieses Jahr in Jerusalem. Theodor Herzl. Traum und Wirklichkeit*. Hg. v. Michel Friedman. Berlin: Aufbau Verlag 2004

Kirsten Jüngling/Brigitte Roßbeck, *Katia Mann. Die Frau des Zauberers*. Berlin: Propyläen Verlag 2003

Anetta Kahane, *Ich sehe was, was du nicht siehst. Meine deutschen Geschichten*. Berlin: Rowohlt Berlin 2004

Peter Kamber, *Ach, die Schweiz ... Über einen Kleinstaat in Erklärungsnöten*. Essay. Zürich-Hamburg: Arche Verlag 1998

Helga Keiser-Hayne, *Beteiligt euch, es geht um eure Erde. Erika Mann und ihr politisches Kabarett die »Pfeffermühle« 1933–1937*. München: edition spangenberg 1990

Ruth Klüger, *Katastrophen. Über deutsche Literatur*. Göttingen: Wallstein Verlag 1994

Marianne Krüll, *Im Netz der Zauberer. Eine andere Geschichte der Familie Mann.* Zürich: Arche Verlag 1991

Irmela von der Lühe, *Erika Mann. Eine Biographie.* Frankfurt a.M.: Fischer Taschenbuch Verlag 1996

Erika Mann, *Blitze überm Ozean. Aufsätze, Reden, Reportagen.* Hg. v. Irmela von der Lühe u. Uwe Naumann. Reinbek b. Hamburg: Rowohlt Taschenbuch Verlag 2001

Dies., *Briefe und Antworten.* Hg. v. Anna Zanco Prestel. Bd 1: 1922–1950. Bd 2: 1951–1969. München: edition spangenberg 1984/1985

Dies., *Das letzte Jahr. Bericht über meinen Vater.* Frankfurt a. M.: S. Fischer Verlag 1956

Dies., *Wenn die Lichter ausgehen. Geschichten aus dem Dritten Reich.* Aus d. Engl. v. Ernst-Georg Richter. Mit e. Nachw. v. Irmela von der Lühe. Reinbek b. Hamburg: Rowohlt Verlag 2005

Dies., *Zehn Millionen Kinder. Die Erziehung der Jugend im Dritten Reich.* Mit e. Einf. v. Thomas Mann. München: edition spangenberg 1986

Erika und Klaus Mann, *Das Buch von der Riviera. Was nicht im Baedeker steht.* München: Piper Verlag 1913. Nachdruck München: edition spangenberg 1989

Dies., *Escape to Life.* Boston: Houghton & Mifflin 1939. Dt. Ausgabe u. d. T. *Escape to Life. Deutsche Kultur im Exil.* Hg. u. mit e. Nachw. v. Heribert Hoven. München: edition spangenberg 1991

Dies., *Rundherum. Abenteuer einer Weltreise.* Berlin: S. Fischer Verlag 1929. Neuausgabe mit e. Nachw. v. Uwe Naumann. Reinbek b. Hamburg: Rowohlt Taschenbuch Verlag 2001

Frido Mann, *Terezín – Der Führer schenkt den Juden eine Stadt. Eine Parabel.* Münster/Hamburg: Lit-Verlag 1994

Golo Mann, *Erinnerungen und Gedanken.* Bd 1: *Eine Jugend in Deutschland.* Bd 2: *Lehrjahre in Frankreich.* Hg. v. Hans-Martin Gauger u. Wolfgang Mertz. Frankfurt a. M.: Fischer Taschenbuch Verlag 1991/2000

Golo Mann/Marcel Reich-Ranicki, *Enthusiasten der Literatur. Ein Briefwechsel. Aufsätze und Portraits.* Hg. v. Volker Hage. Frankfurt a. M.: S. Fischer Verlag 2000

Julia Mann, *Ich spreche so gern mit meinen Kindern. Erinnerungen, Skizzen, Briefwechsel mit Heinrich Mann.* Hg. v. Rosemarie Eggert. Berlin/Weimar: Aufbau Verlag 1991

Katia Mann, *Meine ungeschriebenen Memoiren.* Hg. v. Elisabeth Plessen u. Michael Mann. Frankfurt a. M.: S. Fischer Verlag 1974

Klaus Mann, *Briefe und Antworten 1922–1949*. Hg. v. Martin Gregor-Dellin. Reinbek b. Hamburg: Rowohlt Taschenbuch Verlag 1991

Ders., *Kind dieser Zeit*. Mit e. Nachw. v. Uwe Naumann. Reinbek b. Hamburg: Rowohlt Taschenbuch Verlag 2000

Ders., *Mephisto. Roman einer Karriere*. Reinbek b. Hamburg: Rowohlt Verlag 1984

Ders., *Tagebücher*. Hg. v. Joachim Heimannsberg. 6 Bde. München: edition spangenberg. 1989 ff.

Ders., *Der Wendepunkt. Ein Lebensbericht*. München: Nymphenburger Verlagshandlung 1969

Thomas Mann, *Autobiographisches*. Hg. v. Erika Mann. Frankfurt a. M.: S. Fischer Verlag 1968

Ders., *Briefe*. Hg. v. Erika Mann. Bd 1: 1889–1936. Bd 2: 1937–1947. Bd 3: 1948–1955 und Nachlese. Frankfurt a. M.: S. Fischer Verlag 1961 ff.

Ders., *Briefwechsel mit seinem Verleger Gottfried Bermann Fischer. 1932–1955*. Hg. v. Peter de Mendelssohn. Frankfurt a. M.: Fischer Taschenbuch Verlag 1975

Ders., *Die Entstehung des Doktor Faustus. Roman eines Romans*. Frankfurt a. M.: S. Fischer Verlag 1960

Ders., *Leiden und Größe Richard Wagners*, in: *Die Neue Rundschau*, Berlin, 44. Jg., H. 4 (April 1933)

Ders., *Politische Schriften und Reden. Das essayistische Werk in 8 Taschenbuch-Bänden*. Hg. v. Hans Bürgin. Frankfurt a. M.: Fischer Taschenbuch Verlag 1968

Ders., *Sämtliche Erzählungen*. Frankfurt a. M.: S. Fischer Verlag 1963

Ders., *Tagebücher*. Hg. v. Inge Jens u. Peter de Mendelssohn. Frankfurt a. M.: S. Fischer Verlag 1977 ff.

Ders., *Werke, Briefe, Tagebücher*. Große kommentierte Frankfurter Ausgabe. Frankfurt a. M.: S. Fischer Verlag 2002 ff.

Thomas Mann/Heinrich Mann, *Briefwechsel. 1900–1949*. Hg. v. Hans Wysling. Frankfurt a. M.: S. Fischer Verlag 1970

Elisabeth Mann Borgese, *Ascent of Woman*. New York: G. Braziller 1963. Dt. u. d. T. *Aufstieg der Frau – Abstieg des Mannes?* Aus d. Amerikan. v. Brigitte Kahr. München: List Verlag 1965

Ludwig Marcuse, *Mein zwanzigstes Jahrhundert. Auf dem Weg zu einer Autobiographie*. München: List Verlag 1960

Wilhelm Marr, *Der Sieg des Judenthums über das Germanenthum*. Bern 1879

Hans Mayer, *Ein Deutscher auf Widerruf. Erinnerungen*. 2 Bde. Frankfurt a. M.: Suhrkamp Verlag 1982/1984

Peter de Mendelssohn, *Der Zauberer. Das Leben des deutschen Schriftstellers Thomas Mann.* 1. Teil: 1875–1918. Frankfurt a. M.: S. Fischer Verlag 1975

Michael A. Meyer (Hg.), *Deutsch-jüdische Geschichte in der Neuzeit.* Hg. i. A. des Leo-Baeck-Instituts. Bd 4: *Aufbruch und Zerstörung 1918–1945.* München: Beck Verlag 1997

Jean-Jacques Moscovitz, *Humanität, Inhumanität, A-Humanität,* in: *Bruch in der Geschichte und Freudianische Lektüre des Aktuellen.* Vortrag an der Universität Hamburg, 1994. Übers. v. Petra Menzel

Benjamin Ortmeyer, *Schulzeit unterm Hitlerbild. Analysen, Berichte, Dokumente.* Frankfurt a. M.: Fischer Taschenbuch Verlag 1996

Léon Poliakov, *Geschichte des Antisemitismus in acht Bänden.* Aus d. Franz. v. Rudolf Pfisterer. Hg. v. Georg Heintz. Frankfurt a. M.: Athenäum Jüdischer Verlag 1977 ff.

Hedwig Pringsheim, *Meine Eltern Ernst und Hedwig Dohm,* in: *Vossische Zeitung,* Berlin, 11. Mai 1930

Dies., *Thomas Manns Schwiegermutter erzählt oder lebendige Briefe aus großbürgerlichem Hause.* Hg. v. Hans-Rudolf Wiedemann. Mit e. Geleitwort v. Golo Mann. Lübeck: Werkstätten-Verlag 1986

Marcel Reich-Ranicki, *Mein Leben.* Stuttgart: Deutsche Verlags-Anstalt 1999

Ders., *Thomas Mann und die Seinen.* Frankfurt a. M.: Fischer Taschenbuch Verlag 1990

Brigitte Reimann, *Ich bedaure nichts. Tagebücher 1955–1963.* Berlin: Aufbau Verlag 1997

Viola Roggenkamp, *Das obszöne Wort – Jude,* in: *Geteilte Erinnerung. Generationen des Exils.* Publikation der Dokumentationsstelle für Neuere Österreichische Literatur u. der Internationalen Erich-Fried-Gesellschaft für Literatur und Sprache. Hg. v. Christina Kleiser u. Ursula Seeber. Wien 2003

Dies., *Tu mir eine Liebe. Meine Mamme. Jüdische Töchter und Söhne in Deutschland sprechen über ihre Mutter.* Mit e. Essay über *Nachgeborene Juden in Deutschland und ihr Erbe.* Berlin: Jewish Cultur Edition im Verlag Jüdische Presse 2002

Hans-Dieter Schmid (Hg.), *Juden unterm Hakenkreuz. Dokumente und Berichte zur Verfolgung und Vernichtung der Juden durch den Nationalsozialismus 1933–1945.* 2 Bde. Düsseldorf: Schwann Verlag 1983

Ernst Simmel (Hg.), *Antisemitismus.* Dt. Ausgabe hg. v. Elisabeth Dahmer-Kloss. Frankfurt a. M.: Fischer Taschenbuch Verlag 1993

Monika Sperr, *Therese Giehse. Ich hab nichts zum Sagen.* München/Gütersloh/Wien: Bertelsmann Verlag 1973

Kurt Tucholsky, *Ausgewählte Briefe 1913–1935*. Hg. v. Mary Gerold-Tucholsky u. Fritz J. Raddatz. Reinbek b. Hamburg: Rowohlt Verlag 1962

Margrit Twellmann, *Die deutsche Frauenbewegung. Ihre Anfänge und erste Entwicklung*. Quellen 1843–1889. Meisenheim a. G.: Hain 1972 (Marburger Abhandlungen zur Politischen Wissenschaft, Bd 17/II)

Edda Uhlmann, *Väterliche Phantasmen im weiblichen Selbst*, in: *Zeitschrift für psychoanalytische Theorie und Praxis*, Heft 1/2 (2002), S. 31 ff.

Andrea Weiss, *Flucht ins Leben. Die Erika- und Klaus-Mann-Story*. Übers. v. Ernst-Georg Richter. Reinbek b. Hamburg: Rowohlt Taschenbuch Verlag 2000

Viola Roggenkamp, geb. 1948 in Hamburg, stammt aus einer jüdisch-deutschen Familie. Sie reiste und lebte mehrere Jahre in Ländern Asiens und in Israel und ist eine der renommiertesten Publizistinnen deutscher Sprache. Bei Arche erschienen 2004 der Bestsellerroman *Familienleben* sowie das Hörbuch *»Und auf einmal ist Weihnachten …«*, gelesen von der Autorin.

Viola Roggenkamp bei Arche

Viola Roggenkamp liest:
»Und auf einmal ist Weihnachten ...«
aus ihrem Roman *Familienleben*
Eine jüdisch-deutsche Weihnachtsgeschichte
1 CD. 39:29 Min. Dpac mit Booklet

»Wie die 13jährige Erzählerin Fania vom Weihnachtsfest ihrer jüdisch-deutschen Familie erzählt, das ist berührend und komisch zugleich. Viola Roggenkamp hat diese Szene aus ihrem hoch gelobten Roman *Familienleben* für das wunderbare Hörbuch selbst gelesen.«
Brigitte

Viola Roggenkamp bei Arche

Familienleben
Roman
448 Seiten. Gebunden. Leseband

»*Familienleben* heißt der überwältigende Roman, den Roggenkamp als literarisches Debüt vorgelegt hat; darin erzählt sie eine jüdische Familiengeschichte im Nachkriegsdeutschland aus der Sicht der ›Nachgeborenen‹, zu denen sie sich erklärtermaßen selbst zählt. Nie wird die Autorin von ihrem dichten, intensiven, alles memorierenden und alles bezweifelnden Erzählton verlassen; keine Szene entgleitet ihr, alle Personen werden souverän geführt, dramaturgisch klar und doch psychologisch widersprüchlich.«
Jana Hensel, *Der Spiegel*

»In kleinen Andeutungen nur tut sich eine Welt auf an Farbigkeit, Kraft, Witz, Menschlichkeit – Alltagsleben einer jüdisch geprägten Familie, eine heute seltene Kostbarkeit an Kulturgeschichte, auch von Kulturgeschichte in Deutschland.«
Barbara von Becker, *Frankfurter Rundschau*

»Ein großer, schöner Familienroman.«
Elke Heidenreich, *Lesen!*